Beck-Wirtschaftsberater

Basiswissen Rechnungswesen

dtv

Beck-Wirtschaftsberater

Basiswissen

Rechnungswesen

Buchführung, Bilanzierung,
Kostenrechnung, Controlling

Von Dr. Volker Schultz

6., überarbeitete und erweiterte Auflage

Deutscher Taschenbuch Verlag

Im Internet:
dtv.de
beck.de

Originalausgabe

Deutscher Taschenbuch Verlag GmbH & Co. KG,
Friedrichstraße 1a, 80801 München
© 2011. Redaktionelle Verantwortung: Verlag C.H. Beck oHG
Druck und Bindung: Druckerei C.H. Beck, Nördlingen
(Adresse der Druckerei: Wilhelmstraße 9, 80801 München)
Satz: Fa. ottomedien, Darmstadt
Umschlaggestaltung: Agentur 42, Bodenheim
ISBN 978-3-423-50815-5 (dtv)
ISBN 978-3-406-61208-4 (C. H. Beck)

9 783406 612084

Vorwort zur 6. Auflage

Grundlagenwissen aus dem Bereich des Rechnungswesens ist auch für „Nichtkaufleute" von zunehmender Bedeutung. Dies belegen die konstant hohen Verkaufszahlen dieses Buches, die nun schon die sechste Auflage erforderlich machen.

Auch in dieser Auflage wurde die bewährte Konzeption beibehalten, so dass die im Vorwort zur ersten Auflage (vgl. S. VII) genannten Zielsetzungen uneingeschränkt fortbestehen. Das Buch führt prägnant und leicht verständlich in die verschiedenen Teilbereiche des Rechnungswesens ein. Das umfangreiche Register lässt das Buch zu einem Nachschlagewerk und Handbuch für Studium und Praxis werden, mit dem sich auftauchende Fachbegriffe oder Fragestellungen rasch klären lassen.

Für die Neuauflage wurde der gesamte Text kritisch durchgesehen. Umfangreiche Änderungen ergaben sich vor allem in den Kapiteln 3 und 4 durch das Bilanzrechtsmodernisierungsgesetz „BilMoG" vom 25. 5. 2009, das die größte und gravierendste Reform des Handelsgesetzbuchs seit dem Bilanzrichtliniengesetz von 1985 darstellt.

Für Hinweise und Anregungen zu diesem Buch bin ich dankbar; speziell dafür steht die E-Mail-Adresse **bw.rechnungswesen@gmx.de** zur Verfügung. Allen, die mir auf diesem Wege Bemerkungen zur fünften Auflage zukommen ließen, möchte ich herzlich danken.

Abschließend sei auf die beiden anderen Bände meiner in der Reihe „Beck-Wirtschaftsberater im dtv" erschienen „Basiswissen-Trilogie" hingewiesen, die eine sinnvolle Ergänzung dieses Buchs darstellen: Das **„Basiswissen Betriebswirtschaft"** gibt einen Überblick über die gesamte Betriebswirtschaft, während das **„Basiswissen Controlling"** eine praxisorientierte Einführung in das Instrumentarium des Controllings liefert.

Darmstadt, im Oktober 2010   *Dr. Volker Schultz*

Vorwort zur 1. Auflage

Steigende Kosten, abnehmende Gewinne und knappe Finanzmittel führen dazu, dass betriebswirtschaftliche Fragestellungen in zunehmendem Maße für Unternehmen eine existenzielle Bedeutung erlangen. Dies äußert sich dadurch, dass in den meisten Industrieunternehmen, aber auch in öffentlichen Verwaltungen

■ von den Mitarbeitern **„Kostenbewusstsein"** und „wirtschaftliches Denken" verlangt,

■ in Sitzungen mit Fachbegriffen aus dem Bereich des Rechnungswesens operiert und

■ auf allen Hierarchieebenen „betriebswirtschaftlich" argumentiert wird. Auch Zeitungen, Rundfunk und Fernsehen setzen häufig die Kenntnis von wirtschaftswissenschaftlichen Grundbegriffen voraus.

Das vorliegende Buch bietet eine Hilfestellung, sich in der Begriffs- und Gedankenwelt des Rechnungswesens und des Controllings zurechtzufinden. Es soll

■ dem Leser einen **Überblick** über das betriebliche Rechnungswesen geben,

■ **„Nicht-Kaufleuten"** eine **rasche Einarbeitung** in die Materie ermöglichen sowie

■ als **vorlesungs- oder lehrgangsbegleitende Lektüre** für Lernende (Studenten, Seminarteilnehmer u. a.) geeignet sein.

Es werden die einzelnen Verfahren, deren Einsatzmöglichkeiten, aber auch deren Grenzen aufgezeigt. Das umfangreiche Register am Ende des Buches erleichtert das **Nachschlagen**, so dass sich in Beruf oder Studium auftauchende Fachbegriffe oder Fragestellungen rasch klären lassen.

Mit diesem Buch soll all denen geholfen werden, die sich in kurzer Zeit in das Rechnungswesen einarbeiten müssen, aber die voluminöse Lehrbuchliteratur zu diesem Thema scheuen.

Darmstadt, im September 1998   *Dr. Volker Schultz*

Inhaltsübersicht

Inhaltsverzeichnis

Abbildungsverzeichnis

Abkürzungsverzeichnis

Abb. .... Abbildung
AG .... Aktiengesellschaft
AG .... Arbeitgeber
AktG .... Aktiengesetz
AO .... Abgabenordnung
Aufl. .... Auflage

BGB .... Bürgerliches Gesetzbuch
bzw. .... beziehungsweise

DATEV .... Datenverarbeitungsorganisation des steuerberatenden Berufs in Deutschland e.G.
DB .... Gesamtdeckungsbeitrag
db .... Stückdeckungsbeitrag
DRSC .... Deutsches Rechnungslegungs Standards Committee e.V.

€ .... Euro (europäische Währungseinheit)
e .... Engpassbelastung
EDV .... Elektronische Datenverarbeitung
e.G. .... Eingetragene Genossenschaft
EG .... Europäische Gemeinschaft (heute: EU)
engl. .... englisch
EPG .... Europäische Privatgesellschaft
EStG .... Einkommensteuergesetz
etc. .... Et cetera (und so weiter)
e.V. .... Eingetragener Verein
EU .... Europäische Union
EWG .... Europäische Wirtschaftsgemeinschaft (heute: EU)

f. .... folgende Seite
ff. .... folgende Seiten
FiFo .... First in, First out (Verfahren)

GbR	Gesellschaft bürgerlichen Rechts
GKR	Gemeinschaftskontenrahmen der Industrie
GmbH	Gesellschaft mit beschränkter Haftung
GmbHG	GmbH-Gesetz
GoB	Grundsätze ordnungsmäßiger Buchführung
GuV	Gewinn- und Verlustrechnung
H	Haben
h	Stunde
HGB	Handelsgesetzbuch
HiFo	Highest in, First out (Verfahren)
HK	Herstellkosten
IAS	International Accounting Standards
IASB	International Accounting Standards Board
IASC	International Accounting Standards Committee
IFRIC	International Finance Reporting Interpretations Committee
IFRS	International Financial Reporting Standards
IKR	Industriekontenrahmen
InsO	Insolvenzordnung
IOSCO	International Organisation of Securities Commissions (Internationale Organisation der Wertpapieraufsichtsbehörden)
K	Gesamtkosten
k	Stückkosten
$K(x)$	Kostenfunktion
Kap.	Kapitel
K_{FIX}	Fixkosten
kg	Kilogramm
KG	Kommanditgesellschaft
K_{IST}	Istkosten zu Planpreisen (d. h. Preissteigerungen sind herausgerechnet)
K_{IST}^{*}	Istkosten zu Istpreisen (tatsächliche Kosten)
KLR	Kosten- und Leistungsrechnung

K_{PLAN} .... Plankosten

K_{SOLL} .... Sollkosten (geplante Kosten bei Ist-Beschäftigung)

K_{VER} .... Verrechnete Plankosten

K_{VAR} .... Variable Gesamtkosten

k_{VAR} .... Variable Stückkosten

kW .... Kilowatt

kWh .... Kilowattstunde

lat. .... lateinisch

LiFo .... Last in, First out (Verfahren)

LoFo .... Lowest in, First out (Verfahren)

lt. .... laut

Ltd. .... Private Limited Company (britische Unternehmensrechtsform)

m^2 .... Quadratmeter

m^3 .... Kubikmeter

ME .... Mengeneinheit

m_i .... Istmenge

Mio. .... Millionen

m_p .... Planmenge

MwSt .... Mehrwertsteuer

OHG .... Offene Handelsgesellschaft

p .... Preis

p_i .... Istpreis

PIMS .... Profit Impact of Market Strategies (Studie)

PKS .... Prozesskostensatz

p_p .... Planpreis

RAP .... Rechnungsabgrenzungsposten

ROCE .... Return on Capital Employed

ROI .... Return on Investment (Gesamtkapitalrendite)

S .... Soll

S. .... Seite

sdb	Spezifischer Deckungsbeitrag
SE	Societas Europaea (Europäische Gesellschaft, Europa-AG)
SEC	Securities and Exchange Commission (US-Börsenaufsicht)
sog.	so genannt
SPE	Societas Privata Europaea (Europäische Privatgesellschaft, Europa-GmbH)
t	Tonne
u. a.	und anderes
UG	Haftungsbeschränkte Unternehmergesellschaft
USA	Vereinigte Staaten von Amerika
US-GAAP	US-Generally Accepted Accounting Principles
USt-IdNr.	Umsatzsteueridentifikationsnummer
UStG	Umsatzsteuergesetz
vgl.	vergleiche
x	Beschäftigung, Ausbringungsmenge
x_{IST}	Istbeschäftigung, tatsächliche Ausbringungsmenge
x_{PLAN}	Planbeschäftigung, geplante Ausbringungsmenge
z. B.	zum Beispiel
ZBB	Zero Base Budgeting
€	Euro (europäische Währungseinheit)
Σ	Summe

Formelzeichen, die sich nur auf eine bestimmte Gleichung beziehen, sind nicht in das Verzeichnis aufgenommen worden. Sie werden unmittelbar bei der jeweiligen Gleichung erläutert.

1. Kapitel

Einleitung

1.1 Aufgaben und Bestandteile des betrieblichen Rechnungswesens

Das betriebliche Rechnungswesen bildet den Kern des **Informationssystems** eines Unternehmens. Alle Vorgänge in einem Unternehmen, die zahlenmäßig darstellbar sind, werden durch das Rechnungswesen erfasst, verarbeitet und an die zuständigen Stellen innerhalb und außerhalb des Unternehmens weitergeleitet. Damit dokumentiert das Rechnungswesen zum einen die wirtschaftliche Situation eines Unternehmens, zum anderen werden Grundlagen für Entscheidungen zur Verfügung gestellt.

Es lassen sich folgende **Aufgaben** des Rechnungswesens unterscheiden:

- Informationsgewinnung
  Das Rechnungswesen hat alle Geld- und Leistungsströme, die innerhalb eines Unternehmens, aber auch durch Geschäftsbeziehungen mit der Unternehmensumwelt auftreten, zu erfassen und zu dokumentieren.

- Informationsverarbeitung
  Die gewonnenen Informationen sind auszuwerten und so aufzubereiten, dass sie zur Planung, Steuerung und Kontrolle im Unternehmen eingesetzt werden können. Die Art und der Umfang der Aufbereitung ergeben sich aus gesetzlichen Bestimmungen, aber auch aus den Informationswünschen der Empfänger (z. B. der Unternehmensleitung).

■ Informationsweiterleitung
Die aufbereiteten Informationen werden anschließend an unternehmensexterne und unternehmensinterne Adressaten weitergeleitet.

Aus den beiden Adressatenkreisen ergibt sich eine Aufteilung des Rechnungswesens in die beiden **Bestandteile** externes und internes Rechnungswesen.

Das **externe Rechnungswesen** hat die Aufgabe, alle Geschäftsvorfälle eines Unternehmens zu dokumentieren und Rechenschaft gegenüber Anteilseignern (Aktionäre, Gesellschafter), Arbeitnehmern, Geschäftspartnern, dem Staat (Steuerbehörden) oder der interessierten Öffentlichkeit abzulegen. Zum externen Rechnungswesen zählen die **Buchführung** und der aus der Buchführung abgeleitete **Jahresabschluss**. Durch eine gesetzliche Reglementierung des externen Rechnungswesens soll die Vergleichbarkeit der ermittelten Zahlen sichergestellt, und willkürliche Festlegungen sollen verhindert werden.

Die Informationen, die aus dem externen Rechnungswesen gewonnen werden können, sind für die Unternehmensleitung oder Entscheidungsträger in Fachabteilungen im Regelfall nicht ausreichend. Zur Erfüllung von Planungs-, Kontroll-, Steuerungs- und Entscheidungsaufgaben werden zusätzliches Datenmaterial und detaillierte Analysen benötigt. Je größer und komplexer ein Unternehmen ist, desto höher sind die Anforderungen an diese Informationen. Die Informationsbereitstellung übernimmt das **interne Rechnungswesen**, das ohne gesetzliche Vorgaben durch das Unternehmen frei ausgestaltet werden kann. Im Regelfall greifen die Unternehmen beim Aufbau eines internen Rechnungswesens jedoch auf bewährte Verfahren und Methoden zurück, die von der Betriebswirtschaftslehre ständig fortentwickelt und erweitert werden.

Den Hauptbestandteil des internen Rechnungswesens bildet die **Kostenrechnung**, die teilweise auch als „Kosten- und Leistungsrechnung" oder als „Kosten- und Erlösrechnung" bezeichnet wird. In dem vorliegenden Buch wird konsequent der Begriff „Kostenrechnung" angewandt, da die meisten Verfahren aus diesem Bereich ausschließlich Kosten betrachten und eigenständige Verfahren zur Leistungsrechnung weitgehend fehlen (vgl. dazu Kap. 5.3.5.3).

Die Kostenrechnung ermöglicht eine Kontrolle des Unternehmenserfolgs, die Zurechnung von Kosten auf bestimmte Unternehmensbereiche und unterstützt die Preisfestlegung. Durch Planungsrechnungen, **statistische Auswertungen** (beispielsweise Produktions-, Verkaufs- und Personalstatistiken) und verdichtete Kennzahlen lässt sich der Informationsgehalt der Kostenrechnung erweitern.

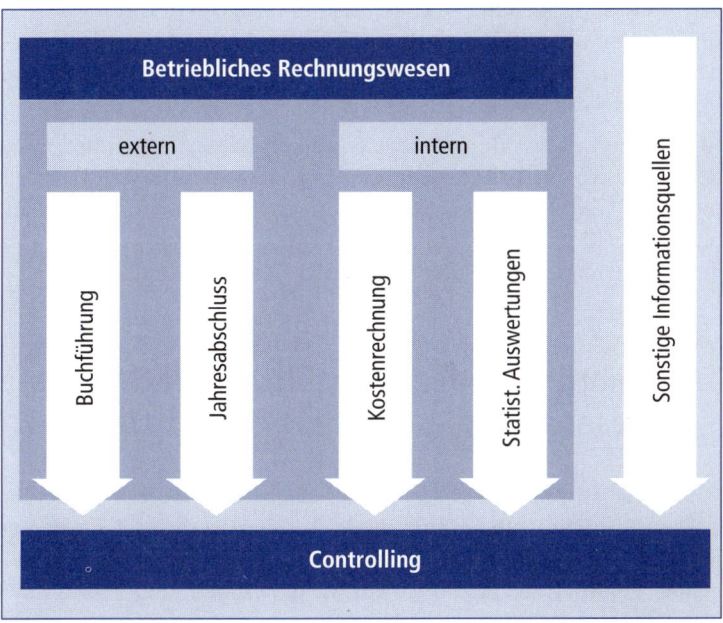

Abb. 1–1: Bestandteile des Rechnungswesens und Verknüpfung mit dem Controlling

Der Einfluss, den das Rechnungswesen durch die von ihm bereitgestellten Informationen auf die Entscheidungsfindung und die Unternehmenspolitik gewonnen hat, ist in den letzten Jahrzehnten ständig gewachsen. Daher muss durch ein übergeordnetes Führungsunterstützungssystem sichergestellt werden, dass Planung, Kontrolle und Informationsversorgung zum Wohle des Unternehmens aufeinander abgestimmt sind. Diese Koordinationsfunktion wird durch das **Controlling** wahrgenommen.

Der Controllingbegriff ist vielgestaltig und wird in Praxis und Wissenschaft nicht einheitlich verwendet (vgl. Kap. 5.1). Allgemein anerkannt ist die Aussage, dass das Controlling unternehmerische Entscheidungen durch eine zielgerichtete Beschaffung der benötigten Informationen unterstützt. Wie Abb. 1–1 verdeutlicht, stammen die meisten der durch das Controlling verarbeiteten Informationen aus dem Rechnungswesen. Die enge Verknüpfung von Rechnungswesen und Controlling wird auch dadurch deutlich, dass in vielen Unternehmen die heutigen Controllingabteilungen aus dem zentralen Rechnungswesen hervorgegangen sind.

Im Rahmen dieses Buches werden die einzelnen Bestandteile des Rechnungswesens näher erläutert. Nach der Buchführung (Kap. 2) und dem Jahresabschluss (Kap. 3) wird ausführlich auf die Kostenrechnung (Kap. 4) eingegangen. Mit dem Controlling und den von ihm genutzten Instrumenten beschäftigt sich das 5.Kapitel.

1.2 Einordnung des betrieblichen Rechnungswesens in die Betriebswirtschaftslehre

Die Betriebswirtschaftslehre lässt sich nach verschiedenen Kriterien gliedern. Eine gängige und zugleich übersichtliche Gliederung unterteilt die Betriebswirtschaftslehre nach den einzelnen betrieblichen Funktionen, die in einem Unternehmen wahrgenommen werden.

Abb. 1–2 zeigt schematisch die wichtigsten Funktionen eines Unternehmens und die das Unternehmen mit seiner Umwelt verbindenden Güter-, Finanz- und Informationsströme.

Auf den Beschaffungsmärkten sind Güter (Rohstoffe, Zukaufteile, Maschinen) und Dienstleistungen durch die Materialwirtschaft, Kapital durch die Finanzwirtschaft sowie Arbeitskräfte durch die Personalwirtschaft zu beschaffen. Diese Ressourcen werden durch den Produktionsprozess zusammengeführt, zu Produkten (oder Dienst-

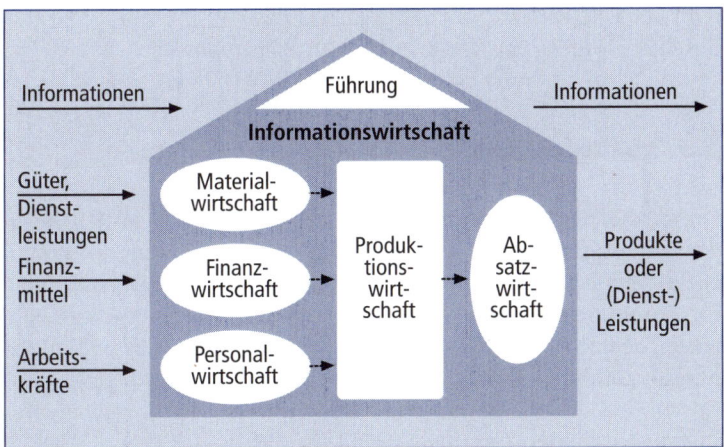

Abb. 1–2: Bereiche der Betriebswirtschaft

leistungen) geformt und anschließend auf den Absatzmärkten angeboten. Im Rahmen der Absatzwirtschaft erfolgt der Vertrieb und das Marketing.

Die Steuerung des Unternehmens, die Schaffung organisatorischer Rahmenbedingungen und die Ausrichtung des gesamten Unternehmens auf gemeinsame Ziele ist Aufgabe der (Unternehmens-)Führung. Um die anliegenden Planungs-, Organisations- und Steuerungsaufgaben erfüllen zu können, wird die Führung durch die Informationswirtschaft unterstützt, die in Abb. 1–2 durch den blau unterlegten Bereich dargestellt ist. Die **Informationswirtschaft** verbindet alle übrigen betrieblichen Funktionsbereiche und sorgt für den erforderlichen Informationsaustausch.

Die wesentlichen Bestandteile der Informationswirtschaft eines Unternehmens sind das Rechnungswesen und das Controlling (vgl. Kap. 1.1). Durch das Rechnungswesen werden sämtliche Güter-, Finanz- und Informationsströme aufgezeichnet und überwacht. Das Controlling hat die Aufgabe, die durch das Rechnungswesen bereitgestellten Daten und zusätzliche Informationen entscheidungsgerecht für die Unternehmensführung aufzubereiten. Darüber hinaus hat das Controlling den Auftrag, das bestehende Informationssystem des Unternehmens ständig an künftige Anforderungen (z. B. durch die Einführung neuer Instrumente) anzupassen.

1.3 Grundlegende Begriffe

Durch die Betriebswirtschaftslehre werden einige Begriffe, die in der Umgangssprache nicht eindeutig zur Anwendung kommen, exakt definiert. Für das Rechnungswesen haben Abgrenzungen, die im Zusammenhang mit Zahlungs- und Leistungsströmen stehen, eine grundlegende Bedeutung. Es sind dies die Begriffspaare Einzahlung/Auszahlung, Einnahme/Ausgabe, Ertrag/Aufwand und Erlös/Kosten. Jedes dieser Begriffspaare lässt sich einer der folgenden **vier Rechnungsebenen** zuordnen:

- **Zahlungsmittelebene** (Einzahlung und Auszahlung)
  Die Zahlungsmittelebene bildet den Zahlungsverkehr eines Unternehmens ab. Unter Zahlungsmitteln versteht man den Bestand an **Bargeld** (Münzen, Banknoten) und an **Buchgeld** (Guthaben auf Konten bei Kreditinstituten). Ein Zufluss von Zahlungsmitteln wird als **Einzahlung**, ein Abfluss als **Auszahlung** bezeichnet.

- **Geldvermögensebene** (Einnahme und Ausgabe)
  Bei der Betrachtung des Geldvermögens werden zusätzlich zum Zahlungsverkehr auch Kreditgeschäfte berücksichtigt (Debitoren- und Kreditorenbuchführung). Das Geldvermögen setzt sich aus dem Zahlungsmittelbestand (Bar- und Buchgeld) sowie dem Bestand von **Forderungen** (ausstehende Zahlungen von Kunden) und **Verbindlichkeiten** („Schulden", z. B. in Form eines Bankkredits) zusammen. Fließt Geldvermögen zu, ist dies eine **Einnahme**; ein Abfluss wird als **Ausgabe** bezeichnet. Durch eine Ausgabe vermindert sich die Liquidität eines Unternehmens, während Einnahmen die Liquidität steigern.

- **Reinvermögensebene** (Ertrag und Aufwand)
  Das Reinvermögen besteht aus **Geldvermögen** und **Sachvermögen**. Ein Geschäftsvorfall, der zu einer Zunahme des Reinvermögens führt (also einen Wertzuwachs bewirkt), wird als **Ertrag**

bezeichnet. Einen das Reinvermögen vermindernden Vorgang („wertmäßigen Verbrauch") nennt man **Aufwand**. Im Rahmen der Buchführung werden Erträge und Aufwendungen periodenbezogen gegenübergestellt, um daraus Gewinn oder Verlust sowie den Jahresabschluss ableiten zu können.

■ **Betriebsebene** (Erlös und Kosten)
Auf der Betriebsebene werden die dem Unternehmenszweck dienende Gütererstellung und der Güterverbrauch eines Unternehmens betrachtet. Die entsprechenden Begriffe zur Charakterisierung der Bestandsveränderungen sind **Erlös** und **Kosten**, die im Rahmen der Kostenrechnung näher betrachtet werden. Teilweise wird, vor allem in älteren Veröffentlichungen, statt des Begriffs „Erlös" auch die Bezeichnung „Leistung" verwendet (vgl. Kap. 5.3.5.3) und somit Kosten und Leistungen gegenübergestellt.

Im Rechnungswesen besitzen die Begriffe „Aufwand" und „Kosten" eine besondere Bedeutung. Aufwendungen werden in der Buchführung berücksichtigt, während Kosten in die Kostenrechnung eingehen. In den meisten Fällen entsprechen sich Aufwand und Kosten. Doch es gibt sowohl Aufwendungen, denen keine Kosten gegenüberstehen, wie auch Kosten, denen keine Aufwendungen entsprechen. Dadurch können die Ergebnisse von Buchführung und Kostenrechnung voneinander abweichen. Abb. 1–3 verdeutlicht diesen Zusammenhang.

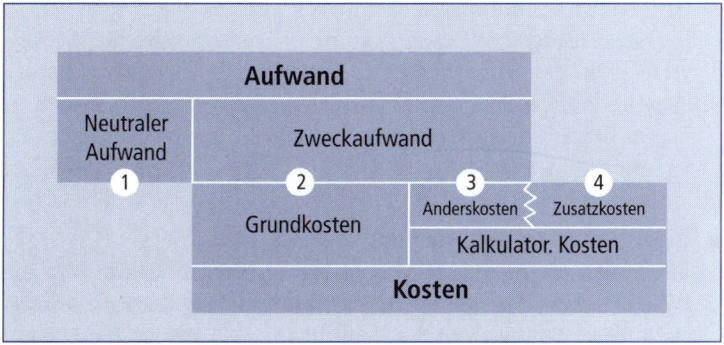

Abb. 1–3: Abgrenzung von Aufwand und Kosten

Der Unterschied zwischen Aufwand und Kosten ergibt sich aus den Definitionen der beiden Begriffe. Aufwendungen entstehen durch einen mit Ausgaben verbundenen Güterverbrauch, während bei Kosten zusätzlich ein „Sachzielbezug", aber nicht unbedingt eine Ausgabe vorliegen muss. Sachzielbezogen sind alle Aufwendungen, die dem eigentlichen Unternehmenszweck im Rahmen der normalen („ordentlichen") Geschäftstätigkeit dienen.

Gemäß Abb. 1–3 lassen sich bei der Abgrenzung von Aufwand und Kosten die folgenden vier Bereiche unterscheiden:

■ Bereich (1): **Neutraler Aufwand**
Aufwendungen, die keine Kosten darstellen, werden als neutrale Aufwendungen bezeichnet. Es sind dies Aufwendungen, die

– keinen Sachzielbezug besitzen, also nicht dem primären Unternehmensziel dienen (**betriebsfremde Aufwendungen** wie z. B. Spenden an karitative Einrichtungen), oder

– einer anderen Zeitperiode zuzurechnen sind (**periodenfremde Aufwendungen**) oder

– nicht durch den gewöhnlichen Geschäftsbetrieb entstanden sind (so genannter **„außerordentlicher Aufwand"** wie z. B. Brandschäden).

Im Schrifttum wird teilweise auch ein bewertungsbedingter neutraler Aufwand angeführt, der hier aus systematischen Gründen zu Bereich (3) gerechnet wird.

■ Bereich (2): **Grundkosten** und **Zweckaufwand**
In Buchführung und Kostenrechnung werden die gleichen Beträge verrechnet. Derartige Kosten heißen Grundkosten, die entsprechenden Aufwendungen werden als Zweckaufwand bezeichnet. In diesen Bereich fallen die meisten Ausgaben eines Unternehmens, wie die Löhne der Arbeiter, Gehälter der Angestellten oder der Verbrauch von Rohstoffen.

■ Bereich (3): **Anderskosten** und **Zweckaufwand**
Einem Teil des Zweckaufwands stehen Kosten gegenüber, die zwar dieselbe Ursache haben, für die aber in der Kostenrechnung ein anderer Betrag als in der Buchführung verrechnet wird. Diese Kosten tragen die Bezeichnung „Anderskosten" oder aufwands-

ungleiche Kosten, da in Buchführung und Kostenrechnung unterschiedliche („andere") Wertansätze gewählt werden. Derartige Abweichungen entstehen beispielsweise durch die Wahl von unterschiedlichen Abschreibungssätzen in Kostenrechnung und Bilanzierung.

■ Bereich (4): **Zusatzkosten** (aufwandslose Kosten)
Unter „Zusatzkosten" versteht man Kosten, die keinen Aufwand bilden, da keine Ausgabe erfolgt ist. Als Zusatzkosten werden kalkulatorische Zinsen (Zinsen auf das eingesetzte Eigenkapital), kalkulatorische Wagniskosten (Periodisierung aperiodischer Ereignisse wie Ausschuss oder Materialschwund), kalkulatorischer Unternehmerlohn und kalkulatorische Mieten unterschieden.

Anderskosten und Zusatzkosten werden zusammen als **kalkulatorische Kosten** bezeichnet. Sie erhöhen die Genauigkeit der Kostenrechnung (vgl. Kap. 4.2.3). Im externen Rechnungswesen bleiben die kalkulatorischen Kosten unberücksichtigt.

In der Umgangssprache wird häufig auch von „Unkosten" gesprochen. Neben dem betriebswirtschaftlichen Kostenbegriff hat dieser Ausdruck keinen Platz und sollte vermieden werden.

Im betriebswirtschaftlichen Schrifttum finden sich detaillierte Abgrenzungen auch für die Begriffspaare der übrigen Rechnungsebenen (beispielsweise bei *Wöhe*, Einführung in die Allgemeine Betriebswirtschaftslehre, S. 690 ff.), auf die an dieser Stelle verzichtet werden kann.

In den bisherigen Ausführungen wurde ein **wertmäßiger Kostenbegriff** zugrunde gelegt, der Abweichungen zwischen Aufwendungen und Kosten bzw. zwischen Buchführung und Kostenrechung ausdrücklich zulässt. Als **Wertansatz** können je nach Zielrichtung der Kostenrechnung Anschaffungskosten, Wiederbeschaffungskosten oder auch Opportunitätskosten angesetzt werden. **Wiederbeschaffungskosten** stellen darauf ab, dass für die Beschaffung einer Maschine (oder einer Produktionsanlage) aufgrund von Preissteigerungen, aber auch aufgrund der technologischen Fortentwicklung heute ein höherer Betrag zu zahlen ist als bei der Anschaffung; für den ursprünglich gezahlten Betrag wäre heute keine Maschine mehr erhältlich. **Opportunitätskosten** bilden die Gewinneinbuße ab, die entsteht, wenn ein Wirtschaftsgut für einen bestimmten Zweck eingesetzt und damit einem anderen Einsatzzweck entzogen wird (sog. „Nutzenentgang"). Das ist beispielsweise der Fall, wenn ein OHG-Gesellschafter einen privaten Lagerschuppen kostenlos seinem Unternehmen zur Nutzung überlässt, obwohl ein anderer Interessent dafür 500 € Miete pro Monat zahlen würde. Die Opportunitätskosten wären in diesem Falle 500 € pro Monat.

Neben dem wertmäßigen Kostenbegriff spielen in der Betriebswirtschaftslehre auch pagatorische Kosten eine Rolle. **Pagatorische Kosten** orientieren sich an tatsächlichen Auszahlungen; als Kosten sind somit die Anschaffungskosten anzusetzen. Dadurch bleiben die Gestaltungsmöglichkeiten der Kostenrechnung begrenzt; deshalb basieren die weiteren Ausführungen auf dem wertmäßigen Kostenbegriff.

2. Kapitel

Buchführung

2.1 Grundlagen

2.1.1 Aufgaben der Buchführung

Die Buchführung, die auch als **„Finanzbuchführung"**, als **„Geschäftsbuchführung"** oder im angelsächsischen Sprachraum als „Financial Accounting" bezeichnet wird, hat die Aufgabe, den laufenden Geschäftsverkehr eines Unternehmens abzubilden. Jedes Unternehmen ist gesetzlich verpflichtet, im Rahmen seiner Buchführung alle Geschäftsvorfälle chronologisch, systematisch und lückenlos aufzuzeichnen. Unter **Geschäftsvorfällen** werden alle in Zahlenwerten festgehaltenen, wirtschaftlich bedeutsamen Vorgänge wie Güterbewegungen (Warenverkauf) oder Zahlungsvorgänge verstanden. Geschäftsvorfälle können sich aus Geschäftsbeziehungen mit Lieferanten, Kunden, Kreditinstituten, Arbeitnehmern und dem Staat ergeben, aber auch durch innerbetriebliche Strukturveränderungen veranlasst werden.

Durch die chronologische Aufzeichnung aller Geschäftsvorfälle dokumentiert die Buchführung die Tätigkeit des Unternehmens und ermöglicht eine externe **Rechenschaftslegung** gegenüber Anteilseignern, Banken, dem Staat und der interessierten Öffentlichkeit.

Daneben hat die Buchführung die Aufgabe, eine **periodische Ermittlung des Erfolgs** zu ermöglichen. Durch die Gegenüberstellung von Vermögen (Aktiva) und Schulden (Passiva) bzw. von Aufwendungen und Erträgen lässt sich der Gewinn oder Verlust für eine Abrechnungsperiode bestimmen. Durch die Aufstellung einer Bilanz wird die Zusammensetzung des Unternehmensvermögens und die Herkunft des Kapitals deutlich.

2.1.2 Buchführungssysteme

Grundsätzlich lassen sich kameralistische Buchführung und kaufmännische Buchführung unterscheiden.

Die **kameralistische Buchführung** oder **Kameralistik** ist das Buchführungssystem der Behörden und öffentlichen Verwaltungen. Sie orientiert sich am staatlichen Haushaltsplan (Etat), der durch das zuständige Parlament verabschiedet wird. Durch die Kameralistik soll in erster Linie eine Kontrolle der tatsächlichen Ausgaben ermöglicht werden. Dazu wird ein Vergleich zwischen tatsächlich angefallenen Ausgaben und Einnahmen einerseits und den entsprechenden Soll-Ansätzen des Haushaltsplans andererseits vorgenommen. Weitere Anforderungen, wie etwa eine Aufwandsrechnung oder eine Erfolgskontrolle, können an die Grundform der Kameralistik nicht gestellt werden. Durch Modifikationen und Erweiterungen lässt sich der Aussagegehalt der Kameralistik verbessern, doch für einen Einsatz im kaufmännischen Bereich ist sie nicht zweckmäßig. Aufgrund der Grenzen der Kameralistik findet derzeit in vielen Bereichen des öffentlichen Dienstes eine Umstellung auf die kaufmännische Buchführung statt.

Bei der **kaufmännischen Buchführung** bestehen zwei Varianten, die einfache und die doppelte Buchführung.

Bei der **einfachen Buchführung** werden lediglich Einnahmen und Ausgaben buchmäßig auf Bestandskonten festgehalten. Die Ermittlung des Periodenerfolgs erfolgt durch einen Bestandsvergleich am Periodenende. Es bestehen keine Erfolgskonten zur Erfassung von Aufwendungen und Erträgen, so dass keine Gewinn- und Verlustrechnung aufgestellt werden kann. Früher wurde die einfache Buchführung von kleinen Handwerks- oder Einzelhandelsunternehmen eingesetzt. Heute ist sie in Deutschland handelsrechtlich nicht mehr zulässig.

Das im kaufmännischen Bereich üblicherweise eingesetzte Buchführungssystem ist das der **doppelten Buchführung**. Bei der doppelten Buchführung (kurz auch als „**Doppik**" bezeichnet) wird der Periodenerfolg auf zweifache Weise ermittelt: zum einen durch einen Bestandsvergleich über die Bilanz, zum anderen durch die Gewinn- und Verlustrechnung. Zudem werden bei der Verbuchung von Geschäftsvorfällen mindestens zwei Konten berührt und eine getrennte chronologische und sachliche Erfassung vorgenommen. Durch die doppelte Verbuchung ist zugleich eine Kontrolle für die Richtigkeit der ermittelten Ergebnisse sichergestellt.

Die grundsätzlichen Regeln der doppelten Buchführung wurden erstmals 1494 in dem Buch „Summa de Arithmetica" durch den Venezianer *Luca Pacioli* zusammengestellt. Aufgrund der regen Handelsbeziehungen zwischen den großen Handelshäusern gelangten sie bald nach Deutschland und fanden dort Verbreitung. In den folgenden Jahrhunderten entwickelte sich die doppelte Buchführung zu einem umfangreichen System mit erheblichen länderspezifischen Besonderheiten. Seit 1968 wird versucht, in den Ländern der Europäischen Union die Regelungen zu harmonisieren. Dazu wurden mehrere europäische Richtlinien mit Mindestanforderungen an das Rechnungswesen herausgegeben, die jeder EU-Staat in nationales Recht umsetzen muss.

Die folgenden Ausführungen beschränken sich ausschließlich auf das System der doppelten Buchführung. Die Kameralistik und die einfache Buchführung werden nicht weiter betrachtet.

2.1.3 Rechtsgrundlagen

Da die Buchführung als Informationsquelle und als Instrument der Rechenschaftslegung für unternehmensexterne Adressaten (Anteilseigner, Gläubiger, Staat u. a.) dienen soll, ist sicherzustellen, dass die Zahlen der Buchführung nach einheitlichen Regelungen erfasst und dargestellt werden. Ferner müssen die Zahlen nachprüfbar sein. Aus diesem Grund hat der Gesetzgeber im Handels- und im Steuerrecht Rahmenrichtlinien zur Buchführung festgelegt. Die gesetzlichen Regelungen werden durch die „Grundsätze ordnungsmäßiger Buchführung" ergänzt, die sich an den Gepflogenheiten, die „ordentliche und ehrenwerte Kaufleute" zeigen sollen, orientieren.

Für die Buchführung grundlegend sind die Regelungen des **Handelsgesetzbuchs** (HGB). Das gesamte dritte Buch des HGB beschäftigt sich mit den „Handelsbüchern" und Vorschriften zu deren Führung. Nach § 238 HGB ist jeder Kaufmann und jedes Unternehmen verpflichtet, nach den Grundsätzen ordnungsmäßiger Buchführung Bücher zu führen. Lediglich Einzelkaufleute, bei denen in zwei aufeinander folgenden Geschäftsjahren die Umsatzerlöse 500.000 Euro und der Jahresüberschuss 50.000 Euro nicht überschreiten, sind nach § 241a HBG von der Pflicht zur Buchführung befreit; sie müssen lediglich eine steuerliche Einnahme-Überschuss-Rechnung nach § 4 Absatz 3 EStG erstellen. Darüber hinaus enthalten das Aktiengesetz, das GmbH-Gesetz und das Genossenschaftsgesetz Regelungen, die die Buchführung betreffen.

Steuerliche Bestimmungen, die bei Buchführung und Bilanzierung zu beachten sind, finden sich in der Abgabenordnung, im Einkommensteuergesetz, im Körperschaftsteuergesetz und im Umsatzsteuergesetz.

Durch den unbestimmten Rechtsbegriff der **„Grundsätze ordnungsmäßiger Buchführung"** (GoB) werden die gesetzlichen Regelungen spezifiziert und an den gesellschaftlichen und wirtschaftlichen Wandel, der durch die Automatisierung und Internationalisierung des Rechnungswesens ausgelöst wird, angepasst. Mehrere GoB sind in das HGB integriert und bilden damit kodifiziertes Recht. Für die übrigen GoB gilt die Generalnorm des § 238 HGB, nach der die GoB bei der Buchführung zu beachten sind.

Es lassen sich formelle und materielle GoB unterscheiden. Die **formellen GoB** sollen Klarheit und Übersichtlichkeit der Aufzeichnungen sicherstellen. Es wird gefordert, dass die Buchführung systematisch und verständlich geführt werden muss. Ferner gilt das **„Belegprinzip"**, nach dem **keine Buchung ohne Beleg** ausgeführt werden darf. Korrekturen müssen nachvollziehbar sein. Durch die Vorgabe von Aufbewahrungsfristen für Belege und Buchungsunterlagen soll eine nachträgliche Überprüfung ermöglicht werden.

Die **materiellen GoB** zielen auf Vollständigkeit und Richtigkeit ab. So ist die Verbuchung fingierter Geschäftsvorfälle ebenso unzulässig wie die Nichtverbuchung von buchungspflichtigen Vorgängen.

2.1.4 Organisation der Buchführung

Zur Aufzeichnung der Geschäftsvorfälle dienen die „Bücher", die heute im Regelfall die Form von EDV-Dateien oder Computerlisten besitzen.

Im **Grundbuch**, das auch die Bezeichnungen Journal, Memorial, Primanota oder Tagebuch trägt, werden alle Geschäftsvorfälle chronologisch geordnet aufgelistet. Nach den organisatorischen Gegebenheiten eines Unternehmens kann das Grundbuch in mehrere Teilbücher (z. B. Kassenbuch, Wareneinkauf, Warenverkauf, Bankkonto) aufgeteilt werden.

Eine zweite Verbuchung erfolgt im **Hauptbuch** nach sachlichen Kriterien. Aus dem Hauptbuch lassen sich **Nebenbücher** ausgliedern. Die Nebenbücher werden getrennt geführt. Über verdichtete Buchungen (Sammelbuchungen) fließen die Daten der Nebenbücher dann in das Hauptbuch ein. Nebenbücher werden häufig für das Warenlager, die Lohn- und Gehaltsabrechnung und die Anlagenverwaltung angelegt. In weiteren Nebenbüchern werden die Geschäftsbeziehungen mit Kunden (Debitorenbuchführung) und Lieferanten (Kreditorenbuchführung) aufgezeichnet. Die Aufzeichnungen sind nach einzelnen Kunden bzw. Lieferanten geordnet, so dass die individuellen Kreditverhältnisse deutlich werden.

Grundlage für jede Verbuchung bildet ein Beleg. Im Regelfall liegen so genannte **„natürliche Belege"** oder Urbelege vor, die auf Transaktionen zwischen den Unternehmen und Dritten beruhen. Natürliche Belege sind Rechnungen, Quittungen, Frachtbriefe oder Bankauszüge. Ist ein natürlicher Beleg nicht vorhanden, muss ein **künstlicher Beleg** angefertigt werden. Beispiele für künstliche Belege sind Materialentnahmescheine, Lohn- und Gehaltslisten oder Umbuchungsanweisungen.

Die Belege sind geordnet abzulegen und zehn Jahre lang aufzubewahren (§ 257 Absatz IV HGB). Bei einer chronologischen Ablage können die abgelegten Belege als Grundbuchersatz dienen.

Die vorherrschende **Buchführungsform** ist heute die EDV-gestützte Buchführung, durch die eine Mehrfacherfassung vermieden und die automatisierte Weiterverarbeitung erleichtert wird. Traditionelle Buchführungstechniken wie die Übertragungsbuchführung oder die Durchschreibebuchführung spielen heute keine Rolle mehr.

Kleinere Unternehmen betrauen häufig ihren Steuerberater nicht nur mit der Erstellung ihrer Steuererklärung, sondern auch mit der Durchführung der Buchführung. Steuerberater können dazu auf die Dienste der DATEV zurückgreifen, die als zentrales Großrechenzentrum der steuerberatenden Berufe 1966 in Nürnberg gegründet wurde. Über die DATEV können Steuerberater Buchführung, Bilanzierung, das Mahnwesen, die Lohnabrechnung, aber auch die Kostenrechnung und die Steuerberechnung für ihre Klienten EDV-technisch abwickeln.

2.2 Grundelemente der doppelten Buchführung

2.2.1 Inventur und Inventar

Zur Durchführung einer ordnungsmäßigen Buchführung muss bekannt sein, welche Bestände an Vermögen (z. B. Bargeld, Waren, Maschinen) und Schulden (z. B. offene Rechnungen, Kredite) ein Unternehmen aufweist. Die zu diesem Zweck regelmäßig durchgeführten Bestandsaufnahmen werden als **Inventur** bezeichnet. Nach § 240 HGB muss eine Inventur zu Beginn der Aufnahme eines Handelsgewerbes und dann mindestens alle 12 Monate erfolgen.

Die Inventur bildet die Grundlage für den Jahresabschluss; zugleich ermöglicht die Inventur

■ eine Überprüfung der Buchbestände,

- eine Korrektur der Lagerbuchführung durch die Ermittlung von Diebstählen oder von verdorbenen Waren und

- eine Feststellung des tatsächlichen Materialverbrauchs.

Durch die Vorgabe, mindestens einmal im Jahr eine Inventur durchführen zu müssen, zwingt der Gesetzgeber die Unternehmen zur Selbstinformation.

Bei der Inventur wird ein Verzeichnis erstellt, in dem die Vermögensgegenstände und Schulden eines Unternehmens vollständig, detailliert und unter Angabe eines Wertes aufgeführt sind. Dieses Verzeichnis trägt die Bezeichnung **Inventar.**

Das Inventar gliedert sich in die drei Teile „Vermögensgegenstände", „Schulden" und „Reinvermögen". Die Vermögensgegenstände werden nach ihrer Liquidierbarkeit (Veräußerbarkeit) in Anlage- und in Umlaufvermögen unterteilt.

Schwer veräußerbar ist das **Anlagevermögen** eines Unternehmens, das dem Geschäftsbetrieb längere Zeit dienen soll. Es besteht aus Grundstücken, Gebäuden, Maschinen und Geräten sowie aus der Betriebs- und Geschäftsausstattung. Leichter liquidierbar sind die Gegenstände des **Umlaufvermögens,** wie Vorräte, Material, Forderungen gegenüber Kunden, Bankguthaben oder die Barkasse des Unternehmens.

Im zweiten Abschnitt des Inventars sind die **Schulden,** geordnet nach abnehmender Fälligkeit, aufgeführt. Aus der Differenz zwischen Vermögensgegenständen und Schulden errechnet sich das **Reinvermögen** des Unternehmens. Das Reinvermögen ist somit der Betrag, um den das Vermögen eines Unternehmens dessen Schulden übersteigt. Es wird auch als „Eigenkapital" bezeichnet.

In Abb. 2–1 ist als Beispiel das Inventar eines kleinen Einzelhandelsunternehmens dargestellt. Die einzelnen Positionen sind untereinander in Form einer Liste (so genannte „Staffelform") angeordnet.

Die Erfassung der Wirtschaftsgüter kann durch eine körperliche oder eine buchmäßige Bestandsaufnahme sowie aufgrund von Urkunden erfolgen. Bei der **körperlichen Bestandsaufnahme** wird die Menge für jede Vermögensgegenstandsart durch Zählen, Messen

---

Inventar Modehaus Heckmann, Darmstadt, zum 31. 12. 2010
(Angaben in €)

A. **Vermögensgegenstände**
  I. Anlagevermögen
    1 Kleintransporter 45.000,–
    50 Regale 12.500,–
    24 Rundständer 10.200,–
    6 Schreibtische 6.000,–
    6 Bürostühle 1.800,–
    4 Computer 8.000,–
    2 Laserdrucker 2.400,–
    1 Registrierkasse 1.300,–
  II. Umlaufvermögen
    81 Stück Herrenhosen zu 40,– €................................... 3.240,–
    123 Stück Herrenhosen zu 65,– €................................. 7.995,–
    49 Stück Herrensakkos zu 80,– €.................................. 3.920,–
    Weitere Warenvorräte (aus Vereinfachungsgründen
    zu einer Position zusammengefasst) 64.280,–
    Forderungen an Kunden (aus Vereinfachungsgründen
    zu einer Position zusammengefasst) 17.514,–
    Bankguthaben 12.854,–
    Kassenbestand 9.176,–
  Summe der Vermögensgegenstände 206.179,–

B. **Schulden**
  I. Langfristiger Bankkredit 110.000,–
  II. Verbindlichkeiten bei Lieferanten
    Großhändler A 30.461,–
    Großhändler B 17.528,–
    Schneiderei Z 8.064,–
  Summe der Schulden 166.053,–

C. **Reinvermögen**
    = Vermögensgegenstände abzüglich Schulden 40.126,–

Abb. 2–1: Beispiel für ein Inventar

oder Wiegen ermittelt. Dies kann durch eine vollständige Aufnahme aller Vermögensgegenstände (Vollinventur) oder durch die Erfassung einer Teilmenge (Stichprobeninventur) und einer anschließenden Hochrechnung erfolgen. Eine **buchmäßige Bestandsaufnahme** wird über eine Fortschreibung der Bestände aufgrund von schriftlichen Unterlagen (z. B. bei nichtkörperlichen Wirtschaftsgütern wie Forderungen, Bankguthaben oder Verbindlichkeiten) vorgenommen.

Das Inventar muss für einen bestimmten Stichtag aufgestellt werden. Bei den meisten Unternehmen ist das Geschäftsjahr identisch mit dem Kalenderjahr, so dass der Inventarstichtag auf den 31.12. fällt. Ein Unternehmen kann jedoch auch ein Geschäftsjahr wählen, das vom Kalenderjahr abweicht (gemäß § 4a EStG).

Die eigentliche Inventur muss nicht am Inventarstichtag durchgeführt werden. Nach dem Zeitpunkt der Inventurdurchführung unterscheidet man folgende **Inventurformen**:

- **Stichtagsinventur:** Die Bestandsaufnahme erfolgt am Stichtag oder am davor- bzw. danachliegenden arbeitsfreien Tag. Diese Form der Inventur ist auf Betriebe beschränkt, die technisch in der Lage sind, alle Bestände an einem oder zwei Tagen aufzuzeichnen.

- **Ausgeweitete Stichtagsinventur:** Die Bestandsaufnahme erfolgt innerhalb von zehn Tagen vor oder nach dem Stichtag. Die Inventurergebnisse sind mengen- und wertmäßig auf den Inventarstichtag fortzuschreiben oder zurückzurechnen.

- **Vor- oder nachverlagerte Inventur:** Die Bestandsaufnahme erfolgt in den letzten drei Monaten vor oder den ersten zwei nach Geschäftsjahresschluss. Ebenso wie bei der ausgeweiteten Stichtagsinventur sind die Ergebnisse mengen- und wertmäßig auf den Inventarstichtag umzurechnen.

- **Permanente Inventur:** Die Bestandsaufnahme erfolgt zu einem beliebigen Zeitpunkt; Bestandsveränderungen zwischen Aufnahmetag und Inventarstichtag werden durch mengenmäßige Fortschreibung berücksichtigt. Diese Inventurform stellt besondere Anforderungen an die Aufzeichnung von Zu- und Abgängen, beispielsweise in Form einer Lagerkartei. Sie hat den Vorteil, dass sich die Inventurarbeiten über das ganze Jahr verteilen. Eine komplette Lagerbestandserfassung kann dann erfolgen, wenn die Lagerbestände nach einem Räumungsverkauf niedrig sind.

Eine Kombination der verschiedenen Inventurformen ist zulässig.

2.2.2 Bilanz

Eine Bilanz ist eine auf einen bestimmten Stichtag bezogene Gegenüberstellung von Vermögen und Kapital eines Unternehmens. Sie wird im Bereich öffentlicher Verwaltungen auch als „Vermögensrechnung" bezeichnet.

Die Bilanz wird aus dem Inventar abgeleitet, das ebenfalls eine stichtagsbezogene Aufstellung von Vermögen und Kapital darstellt (vgl. Abschnitt 2.2.1). Bei der Aufstellung einer Bilanz werden die Inventar-Einzelpositionen aus Gründen der Übersichtlichkeit zu übergeordneten Einheiten zusammengefasst. Im Gegensatz zum Inventar enthält eine Bilanz ausschließlich Wertangaben, auf Mengenangaben und auf eine Auflistung von Einzelpositionen wird verzichtet. Damit wird zugleich auch verhindert, dass die Bilanz externen Lesern einen zu detaillierten Einblick in das Unternehmen gewährt.

Bilanz der Firma... (Name) **zum...** (Datum)			
Aktiva			**Passiva**
A. Anlagevermögen	...	A. Eigenkapital	...
B. Umlaufvermögen	...	B. Fremdkapital (= Schulden)	...
C. Aktiver Rechnungs abgrenzungsposten	...	C. Passiver Rechnungs abgrenzungsposten	...
	Summe		Summe

Abb. 2–2: Grundaufbau einer Bilanz nach § 247 HGB

Traditionell lässt sich eine Bilanz in Form einer zweispaltigen Tabelle („**Kontenform**") darstellen. In der linken Spalte der Tabelle werden die als „Aktiva" bezeichneten Vermögensgegenstände, in der rechten Spalte das als „Passiva" bezeichnete Eigen- und Fremdkapi-

tal des Unternehmens aufgeführt. Daneben enthalten beide Bilanz-
seiten Korrekturpositionen („Rechnungsabgrenzungsposten"), auf
die in Abschnitt 2.4.3 näher eingegangen wird. In Abb. 2–2 sind die
Grundpositionen einer Bilanz in Kontenform gemäß den Anforderungen des § 247 HGB dargestellt.

In Fortführung des Beispiels aus Abb. 2–1 ist in Abb. 2–3 die Bilanz
für ein kleines Einzelhandelsunternehmen aufgestellt.

Bilanz Modehaus Heckmann, Darmstadt, zum 31.12.2010 (Angaben in €)			
Aktiva		Passiva	
A. Anlagevermögen Betriebs- und Geschäfts- ausstattung	87.200	A. Eigenkapital	40.126
		B. Fremdkapital Bankkredit	110.000
B. Umlaufvermögen Warenvorräte	79.435	Verbindlich- keiten gegenüber Lieferanten	56.053
Forderungen gegen- über Kunden	17.514		
Bankguthaben	12.854		
Kasse	9.176		
	206.179		206.179

Abb. 2–3: Beispiel für eine Bilanz (abgeleitet aus dem Inventar gemäß
Abb. 2–1)

Die **Aktiva** verdeutlichen die **Verwendung des Kapitals**. Die Aktiva
werden durch das gesamte „aktiv" im Unternehmen arbeitende Vermögen gebildet. Wie auch beim Inventar werden die Vermögensgegenstände nach zunehmender Liquidierbarkeit, gegliedert in An-
lage- und Umlaufvermögen, aufgeführt. Ein Vergleich von Abb. 2–1
und Abb. 2–3 zeigt, wie durch die Verdichtung der Einzelpositionen
die Bilanz eine größere Übersichtlichkeit als das Inventar besitzt: So
sind acht Inventarpositionen zu der Bilanzposition „Betriebs- und
Geschäftsausstattung" zusammengefasst.

Die **Passiva** dokumentieren die **Herkunft** des dem Unternehmen zur Verfügung stehenden Kapitals. Es setzt sich aus Eigen- und aus Fremdkapital zusammen. Das **Fremdkapital** zeigt die Ansprüche der Gläubiger gegen das Unternehmen, also die vorhandenen Schulden. Der durch die Anteilseigner selbst aufgebrachte Anteil des Kapitals wird als Eigenkapital bezeichnet.

Das **Eigenkapital** ist definitionsgemäß die Differenz zwischen Vermögen und Fremdkapital, also der Restbetrag, der übrigbleibt, wenn man von der Summe der Vermögensgegenstände die Schulden des Unternehmens abzieht. Aufgrund dieser Definition ist das Gleichgewicht zwischen den beiden Seiten der Bilanz immer gegeben, eine Bilanz ist definitionsgemäß immer ausgeglichen. Dieser Zusammenhang lässt sich durch die so genannten **Bilanzgleichungen** „Vermögen" = „Kapital" oder „Aktiva" = „Passiva" ausdrücken.

Die Tatsache, dass eine Bilanz ausgeglichen sein muss, sagt nichts über den finanziellen Zustand eines Unternehmens aus. Es ist möglich, dass bei einem Unternehmen die Schulden höher als die vorhandenen Vermögensgegenstände sind und das Eigenkapital dadurch einen negativen Wert annimmt. Es liegt dann eine **Überschuldung** vor, die bei Unternehmen mit der Rechtsform einer Kapitalgesellschaft (GmbH, AG) zur Eröffnung eines Insolvenzverfahrens gemäß § 19 InsO führen muss.

Bei der Aufstellung einer Bilanz hat das Unternehmen handels- und steuerrechtliche Bestimmungen zu beachten. So sind die Gliederung und die Positionen einer Bilanz für Kapitalgesellschaften in § 266 Absatz 2 f. HGB festgelegt. Ferner bestehen Vorschriften, mit welchem Wert die einzelnen Positionen in der Bilanz anzusetzen sind. Genauere Ausführungen zu diesem Themenkomplex enthält Kap. 3.4 „Grundzüge der Bilanzierung nach HGB".

2.2.3 Buchungstypen

Jeder Geschäftsvorfall führt zu einer Veränderung der Bilanz. Es ist ein Merkmal der doppelten Buchführung, dass pro Geschäftsvorfall eine Veränderung bei mindestens zwei Bilanzpositionen eintritt. Auch wenn sich die Bilanzstruktur ändert, bleibt die Bilanzgleichung „Aktiva gleich Passiva" weiterhin erfüllt. Nach den Auswirkungen innerhalb der Bilanz lassen sich vier **„Buchungstypen"** unterscheiden:

- Aktivtausch
  Ein Aktivtausch betrifft ausschließlich Bilanzpositionen auf der Aktivseite: Ein Aktivposten nimmt zu, ein anderer Aktivposten nimmt ab. Beispiel für einen Aktivtausch ist ein Barverkauf von Waren: Die Warenvorräte nehmen ab, der Kassenbestand nimmt hingegen zu.

- Passivtausch
  Ein Passivtausch betrifft nur Positionen auf der Passivseite der Bilanz. Dieser Fall tritt ein, wenn ein Gläubiger (z. B. ein Lieferant) als Gesellschafter in ein Unternehmen eintritt. Dann wandeln sich die Schulden, die das Unternehmen bei diesem Lieferanten hat, in Eigenkapital um.

- Bilanzverlängerung (Aktiv-Passiv-Mehrung)
  Die Bilanzsumme erhöht sich, da sowohl ein Aktivposten als auch ein Passivposten zunehmen. Dieser Sachverhalt liegt vor, wenn Waren „auf Ziel" (d. h. ohne sofortige Barzahlung) gekauft werden. In diesem Fall nehmen sowohl die Warenvorräte auf der Aktivseite wie auch die Verbindlichkeiten gegenüber Lieferanten auf der Passivseite der Bilanz zu.

- Bilanzverkürzung (Aktiv-Passiv-Minderung)
  Bei der Bilanzverkürzung vermindert sich die Bilanzsumme, da sowohl ein Aktivposten wie auch ein Passivposten abnehmen. Dies tritt bei der Rückzahlung eines Darlehens mittels einer Banküberweisung ein.

Grundsätzlich wäre es denkbar, bei jedem Geschäftsvorfall die Bilanz zu verändern, d. h. direkt in die Bilanz zu buchen. Dies wäre aber äußerst umständlich, unübersichtlich und nicht mit den Grundsätzen ordnungsmäßiger Buchführung vereinbar. Deshalb wird die Bilanz in einzelne Bestandteile zerlegt, auf denen während eines Geschäftsjahres die Geschäftsvorfälle verbucht werden und aus denen sich am Geschäftsjahresende wieder eine Bilanz ableiten lässt. Diese Bilanzbestandteile bezeichnet man als Konten.

2.2.4 Konten

Unter einem **Konto** wird eine zweiseitige Rechnung verstanden, die zur Verbuchung von Geschäftsvorfällen dient. Konten fördern eine systematische Verbuchung, indem gleichartige Geschäftsvorfälle durch eine Verbuchung auf demselben Konto zusammengeführt werden.

Eine übersichtliche Darstellungsform ist die des **T-Kontos**, bei dem die einzelnen Bereiche durch Linien in Form des Buchstabens „T" getrennt sind. Über dem horizontalen T-Balken steht die Kontobezeichnung. Die vertikale Linie trennt die beiden Seiten des Kontos. Auf der einen Seite eines Kontos werden der Anfangsbestand und die Zugänge, auf der anderen die Abgänge und der Endbestand aufgeführt (vgl. Darstellung in Abb. 2–5).

Für die linke Seite eines Kontos ist die Bezeichnung **„Soll"**, für die rechte Kontoseite die Bezeichnung **„Haben"** üblich. Plausibel werden diese Begriffe, wenn man Kreditbeziehungen betrachtet: Aus Sicht des Unternehmens stehen im „Soll" Beträge, die der Kunde noch zahlen **soll**, also die Schulden des Kunden. Im „Haben" stehen Beträge, die der Kunde guthat.

Ein Beispiel für ein Konto aus dem privaten Bereich ist das Girokonto bei einem Kreditinstitut. Das Kreditinstitut führt für jeden Kunden ein eigenes Konto, auf dem aus Sicht des Kreditinstituts die Gutschriften für den Kunden (Haben-Buchungen) und Belastungen (Soll-Buchungen) verbucht werden.

Konten lassen sich aus der Bilanz durch deren Zerlegung in einzelne Positionen ableiten. In Abhängigkeit davon, welchem Bereich der Bilanz (Vermögen, Schulden oder Eigenkapital) die jeweilige Position zugerechnet werden kann, lassen sich verschiedene Kontenarten unterscheiden (vgl. Abb. 2–4). Alle Kontenarten besitzen denselben Grundaufbau, unterscheiden sich aber dadurch, auf welcher Kontoseite Anfangsbestand, Zugänge, Abgänge und der Endbestand zu verbuchen sind.

Bestandskonten werden aus den Vermögens- und Kapital**beständen** der Bilanz des Unternehmens abgeleitet, indem die Bilanz zer-

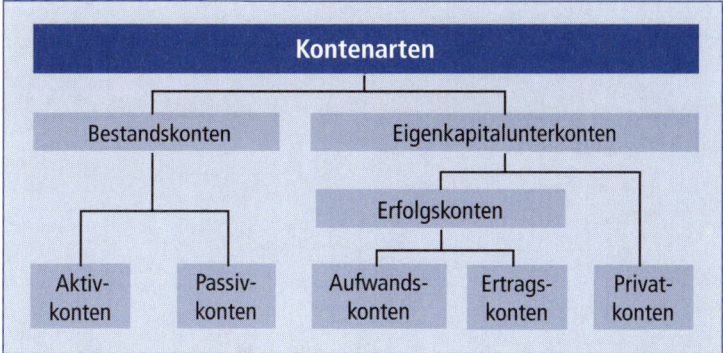

Abb. 2–4: Arten von Konten

legt und jeder Bilanzposition ein eigenes Konto zugeordnet wird. Je nachdem, ob das Konto für einen Aktiv- oder Passiv-Posten der Bilanz eingerichtet wird, spricht man von Aktiv- oder von Passivkonten. Der aus der Bilanz übernommene Anfangsbestand wird auf der Seite des Kontos eingetragen, auf der er in der Bilanz steht: Gemäß Abb. 2–5 stehen bei Aktivkonten Anfangsbestände und Zugänge auf der linken Seite (Soll-Seite), bei Passivkonten werden Anfangsbestände und Zugänge auf der Haben-Seite verbucht.

Zur Zusammenfassung der Konten zu einer Abschlussbilanz erfolgt zum Bilanzstichtag der Abschluss aller Konten. Dazu werden bei jedem Konto Soll- und Habenseite getrennt aufaddiert. Die sich zwischen Soll- und Habenseite ergebende Differenz trägt die Bezeichnung **„Saldo"** und spiegelt den Endbestand des Kontos wider. Die Endbestände aller Bestandskonten werden anschließend in das Schlussbilanz-Konto gebucht, das inhaltlich identisch mit der neuen Bilanz ist.

Bestandskonten und die nur sie berührenden Geschäftsvorfälle sind „erfolgsneutral": Es werden Bestandsveränderungen dokumentiert; ob sich dadurch Gewinne oder Verluste ergeben haben, lässt sich erst am Periodenende über einen Vergleich zwischen dem ermittelten Eigenkapital und dem Eigenkapital der Vorperiode bestimmen. Wenn das Eigenkapital zugenommen hat, liegt ein Gewinn vor, bei einer Eigenkapitalabnahme wurde in der Periode ein Verlust erwirtschaftet. Diese Methode der Gewinnermittlung ist umständlich.

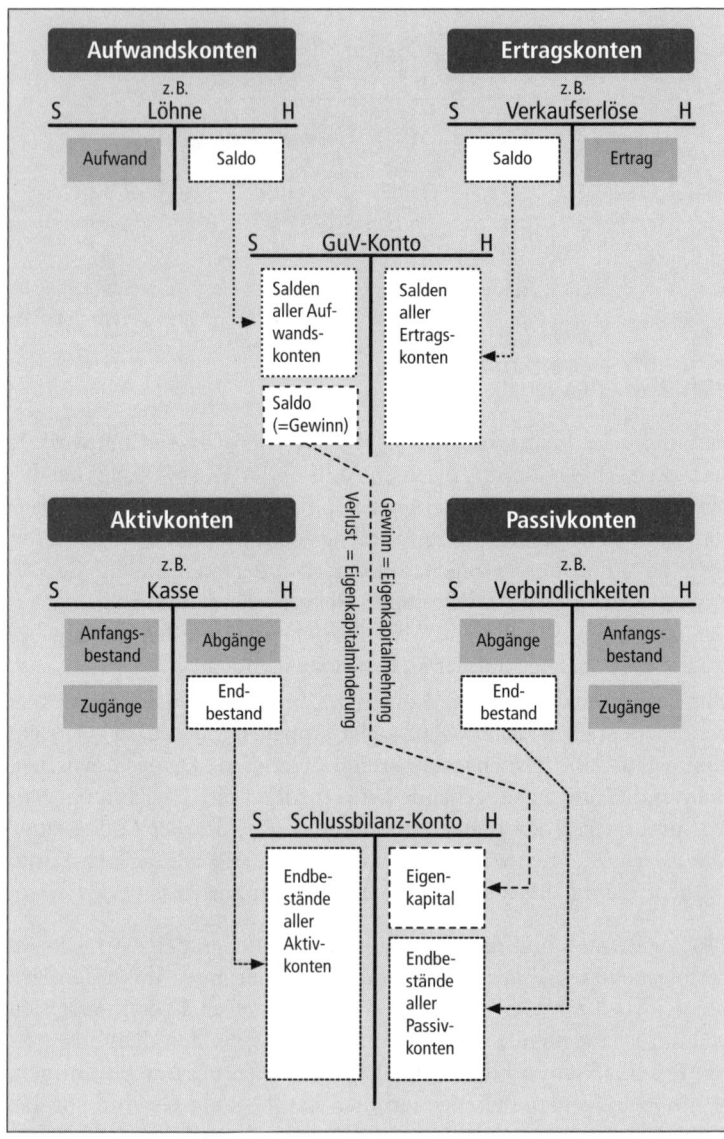

Abb. 2–5: Grundsätzlicher Aufbau und Abschluss der Konten

Daher arbeitet man im Rahmen der doppelten Buchführung mit Erfolgskonten, die als Unterkonten des Eigenkapitals interpretiert werden können.

Auf den **Erfolgskonten** werden Aufwendungen (wie Löhne, Gehälter) und Erträge (wie z. B. Verkaufserlöse) verbucht (zum Begriff von Aufwand und Ertrag vgl. Kap. 1.3). Aufwendungen vermindern das Eigenkapital und werden im Soll gebucht, während Erträge als das Eigenkapital erhöhende Positionen im Haben gebucht werden (vgl. Abb. 2–5).

Aus Gründen der Übersichtlichkeit wird für jede Aufwands- und Ertragsart ein eigenes Konto eingerichtet. Dabei ist das Prinzip der getrennten Kontenführung zu beachten: Eine Saldierung (Verrechnung) zwischen gleichartigen Aufwendungen und Erträgen (z. B. Mietaufwand und Mietertrag) darf nicht erfolgen.

Am Periodenende werden die Erfolgskonten über ein „Gewinn- und Verlustkonto" (kurz: „GuV-Konto") genanntes Sammelkonto abgeschlossen. Der Saldo dieses Kontos bildet den Periodenerfolg: Wenn die Erträge die Aufwendungen übersteigen, entsteht ein Saldo auf der Soll-Seite, und es liegt ein Gewinn vor. Im umgekehrten Fall (Aufwendungen sind höher als die Erträge) wurde in der Periode ein Verlust erwirtschaftet.

Neben den Erfolgskonten besteht bei Einzel- und Personengesellschaften als weiteres Unterkonto des Eigenkapitals das **Privatkonto**, auf dem private Entnahmen und Einlagen des Eigentümers verbucht werden. Mit der Führung dieses Kontos sollen private Transaktionen von betrieblichen Geschäftsvorfällen getrennt gehalten werden. Am Ende eines Geschäftsjahres wird das Privatkonto direkt über das Eigenkapitalkonto abgeschlossen. Bei mehreren Anteilseignern wird für jeden Eigentümer ein eigenes Privatkonto angelegt.

Grundsätzlich ist es möglich, auf einem Konto gleichzeitig Bestands- und Erfolgselemente zu verbuchen. So kann auf einem Konto sowohl der Wareneinkauf, der eine erfolgsneutrale Bestandsveränderung darstellt, als auch der erfolgswirksame Warenverkauf verbucht werden. Ein derartiges Konto wird als **gemischtes Konto** bezeichnet.

Gemischte Konten sind unübersichtlich und ihre Salden schwer zu klassifizieren. Zur Trennung von erfolgsneutralen und erfolgswirksamen Buchungen lässt sich jedes gemischte Konto in ein Bestands- und ein Erfolgskonto aufteilen. Im Falle des Warenkontos erfolgt eine Aufteilung in ein Wareneinkaufskonto als Bestandskonto und ein Warenverkaufskonto als Erfolgskonto (vgl. dazu Kap. 2.3.1).

2.2.5 Buchungssatz

Es ist ein charakteristisches Merkmal der doppelten Buchführung, dass **jeder Buchungsvorgang mindestens zwei Konten** berührt. Um die Verbuchung eines Geschäftsvorfalls exakt nachvollziehen zu können, wird in der Unternehmenspraxis auf dem zu buchenden Beleg ein Kontierungsstempel angebracht und ein so genannter **Buchungssatz** eingetragen. Der Buchungssatz zeigt, welche Konten durch den Geschäftsvorfall betroffen sind und auf welcher Kontoseite der Sachverhalt jeweils zu verbuchen ist. Im Buchungssatz wird zunächst das Konto genannt, bei dem im Soll gebucht wird, anschließend das Konto mit der Habenbuchung. Sollbuchung und Habenbuchung werden durch das Wörtchen „an" miteinander verbunden.

Um einen Buchungssatz aufstellen zu können, ist es erforderlich zu wissen, auf welcher Seite Zugänge und Abgänge zu verbuchen sind. Dazu ist die Kenntnis der in Kap. 2.2.4 dargestellten Unterscheidung in Aktiv-, Passiv-, Aufwands- und Ertragskonten hilfreich. So bildet (gemäß der Kontendarstellung in Abb. 2–5) ein Zugang bei Aktivkonten immer eine Soll-Buchung, bei Passivkonten hingegen eine Haben-Buchung.

BEISPIEL für einen einfachen Buchungssatz: Zu verbuchen ist die Einzahlung von 500,– € auf dem Bankkonto. Dieser Geschäftsvorfall berührt die beiden Konten „Bank" und „Kasse", bei denen es sich um Aktivkonten handelt. Da das Bankkonto einen Zugang zu verzeichnen hat, wird im „Soll" gebucht; die Kasse vermindert sich um den gleichen Betrag; daher handelt es sich um eine Habenbuchung. Der zugehörige Buchungssatz lautet somit:

Bank   500,–   **an**   Kasse   500,–

Neben einfachen Buchungssätzen, bei denen zwei Konten berührt werden, existieren auch **zusammengesetzte Buchungen**, bei denen durch einen Geschäftsvorfall mehr als zwei Konten angesprochen werden. Bei dem entsprechenden Buchungssatz werden zuerst alle Konten genannt, bei denen im Soll gebucht wird, dann die Konten mit den Habenbuchungen.

> **BEISPIEL für einen zusammengesetzten Buchungssatz:** Ein Kunde zahlt die Hälfte seiner Schulden von 1500,– € in bar, die andere Hälfte per Überweisung. Das bedeutet, dass die Konten Kasse und Bank jeweils um 750,– € zunehmen (Sollbuchungen), während der Bestand der Forderungen an den Kunden um 1500 € abnimmt (Habenbuchung). Der zugehörige Buchungssatz lautet:
>
> Kasse   750,–
> Bank   750,–   **an**   Kundenanforderung   1500,–

2.2.6 Kontenrahmen und Kontenplan

Es erleichtert die Durchführung der Buchführung, wenn die Konten eines Unternehmens klar und zweckmäßig gegliedert sind. Grundsätzlich wäre es denkbar, dass jedes Unternehmen seine eigene Kontensystematik entwickelt. Dies wäre jedoch äußerst ineffizient und würde die Vergleichbarkeit und die Einheitlichkeit des Rechnungswesens erschweren. Daher wurden so genannte „Kontenrahmen" entwickelt, die als allgemeine Ordnungsschemata eine systematische Übersicht über die in der Buchhaltung eines Unternehmens möglicherweise auftretenden Konten geben. Üblich ist eine Gliederung der Konten nach dem dekadischen (numerischen) Prinzip: Ein derartiger Kontenrahmen enthält zehn Kontenklassen, die in zehn Kontengruppen zu jeweils zehn Kontenarten unterteilt sind. Bei Bedarf ist es möglich, die Kontenarten noch weiter in Unterkonten zu unterteilen. Durch ein Ziffernsystem, das ebenfalls dem dekadischen Prinzip folgt, wird eine eindeutige und schnelle Zuordnung der Konten erleichtert. Dabei tragen Kontenklassen einstellige, Kontengruppen zweistellige, Kontenarten dreistellige und Unterkonten vierstellige Nummern.

Kontenklassen	Kontengruppen (Auswahl)
0 **Immaterielle Vermögens-gegenstände und Sach-anlagen**	[05] Grundstücke und Gebäude [07] Anlagen und Maschinen [08] Betriebs-/Geschäftsausstattung
1 **Finanzanlagen**	[13] Beteiligungen
2 **Umlaufvermögen und aktive Rechnungsabgren-zung**	[20] Rohstoffe [21] Unfertige Erzeugnisse [22] Fertige Erzeugnisse (Wareneinkauf) [24] Forderungen aus Lieferung/Leistung [241] Dubiose Forderungen [26] Sonstige Forderungen [260] Vorsteuer [28] Bank, Kasse [29] Aktive Rechnungsabgrenzung
3 **Eigenkapital und Rück-stellungen**	[30] Privatkonto [36] Wertberichtigungen [39] Rückstellungen
4 **Verbindlichkeiten und passive Rechnungs-abgrenzung**	[44] Verbindlichkeiten aus Lieferungen und Leistungen [48] Sonstige Verbindlichkeiten [480] Umsatzsteuer [49] Passive Rechnungsabgrenzung
5 **Erträge**	[50] Umsatzerlöse (Warenverkauf) [51] Erlösberichtigungen [54] Sonstiger betrieblicher Ertrag
6 **Betriebliche Aufwen-dungen**	[61] Aufwand für bezogene Leistungen [62] Löhne [64] Soziale Abgaben (AG-Anteil) [65] Abschreibung auf Anlagen [67] Mietaufwand [69] Abschreibung auf Forderungen
7 **Weitere Aufwendungen**	[76] Außerordentlicher Aufwand
8 **Ergebnisrechnungen**	[801] Schlussbilanzkonto [803] GuV-Konto
9 Freigehalten für **Kosten- und Erlösrechnung**	

Abb. 2–6: Kontenklassen des Industriekontenrahmens

Einen ersten Kontenrahmen gab im Jahre 1937 das Reichswirt-schaftsministerium heraus. Daraus wurden Spezialkontenrahmen für bestimmte Zweige der Wirtschaft (Einzelhandel, Großhandel, Industrieunternehmen) abgeleitet. In der Praxis besitzen der Ge-meinschaftskontenrahmen der Industrie (GKR), der Industriekontenrahmen (IKR) sowie die DATEV-Kontenrahmen (insbesondere SKR 04) eine große Bedeutung.

Der **Gemeinschaftskontenrahmen** der Industrie (GKR) wurde 1951 vom Bundesverband der Deutschen Industrie seinen Mitgliedern zur Verwendung empfohlen. Die zehn Kontenklassen orientieren sich am betrieblichen Produktionsprozess und dessen Abbildung im Rechnungswesen („prozessorientiert").

Der **Industriekontenrahmen** (IKR) stammt aus dem Jahre 1971 und wurde 1986 überarbeitet. Er wurde für Gewerbe-, Industrie- und Handelsunternehmen entwickelt und ist abschlussorientiert. Die Einteilung der Kontenklassen folgt den einzelnen Positionen der Jahresbilanz und der Erfolgsrechnung. Für jede Bilanz- und GuV-Position wurde eine korrespondierende Kontenklasse geschaffen. In Abb. 2–6 sind die Kontenklassen des Industriekontenrahmens und ausgewählte Kontengruppen, die in den folgenden Kapiteln dieses Buches zur Anwendung kommen, aufgeführt. In eckigen Klammern [] ist die jeweilige Kontonummer angegeben, auf die in diesem Buch bei Buchungssätzen zurückgegriffen wird.

Die in Abb. 2–6 aufgeführten Konten und Kontengruppen werden in den folgenden Kapiteln 2.3 und 2.4 näher erläutert.

Die „Datenverarbeitungsorganisation des steuerberatenden Berufs in Deutschland e.G." (abgekürzt: DATEV) betreibt in Nürnberg ein Großrechenzentrum, über das Steuerberater die Buchführung ihrer Mandanten abwickeln können. Zu diesem Zweck hat die DATEV schon frühzeitig EDV-taugliche Kontenrahmensysteme entwickelt, die insbesondere bei kleineren und mittleren Unternehmen eine weite Verbreitung besitzen. Die größte Bedeutung haben der prozessorientierte **Spezialkontenrahmen** SKR03 und der abschlussorientierte SKR04. Der SKR04 ist an den Industriekontenrahmen angelehnt, wobei Unterschiede bezüglich der Kontenaufteilung des Anlagevermögens sowie im Bereich von Aufwendungen und Erträgen bestehen.

Jeder Kontenrahmen enthält ein umfassendes Kontensystem. Ein einzelnes Unternehmen benötigt im Regelfall nicht alle diese Konten. Daher leitet sich das Unternehmen aus dem Kontenrahmen einen **Kontenplan** ab, der nur diejenigen Konten des Kontenrahmens berücksichtigt, die im Unternehmen zur Anwendung kommen. Ein Kontenplan ist somit eine unternehmensspezifische Ausgestaltung eines Kontenrahmens, wobei die Kontennummerierung des Kontenrahmens übernommen wird.

2.3 Laufender Geschäftsverkehr

Während des Geschäftsjahrs fällt in einem Unternehmen eine Vielzahl von Geschäftsvorfällen an, die verbucht werden muss. Im Folgenden werden die wichtigsten Buchungsfälle eines Industrie- oder Handelsunternehmens betrachtet. Neben dem Warenverkehr sind dies die Verbuchung von Löhnen und Gehältern, Wechseln und Steuern. Ferner sind außerordentliche Aufwendungen und Erträge abzugrenzen, die außerhalb der gewöhnlichen Tätigkeit des Unternehmens auftreten.

Es ist zu beachten, dass die Umsätze eines Unternehmens der Umsatzsteuer (Mehrwertsteuer) unterliegen. Aus Vereinfachungsgründen wird die Mehrwertsteuer erst in Kap. 2.3.4 eingeführt; in den Kapiteln 2.3.1, 2.3.2 und 2.3.3 bleiben umsatzsteuerrechtliche Vorschriften unberücksichtigt.

2.3.1 Warenverkehr

Der Ein- und Verkauf von Waren ist die Hauptaktivität eines jeden Handelsunternehmens. Daher steht die Verbuchung des Warenverkehrs im Mittelpunkt der Buchführung eines Handelsbetriebs. Aber auch für industrielle Produktionsunternehmen spielt der Austausch von Gütern und dessen Verbuchung eine wichtige Rolle.

In den meisten Unternehmen besteht eine organisatorische Trennung in die Bereiche „Einkauf" und „Verkauf". Der **Einkauf** („Beschaffung") betrachtet die Geschäftsbeziehungen mit den Lieferanten des Unternehmens. Das Unternehmen tritt als Schuldner auf, durch den Kauf von Waren entstehen Zahlungsverpflichtungen, die bis zur Bezahlung als „Verbindlichkeiten" die Passivseite der Bilanz belasten. Zuständig für die buchungstechnische Abwicklung ist die **Kreditorenbuchführung.**

Dem Einkauf steht der **Verkauf**sbereich („Absatz") gegenüber, in dem die Geschäftsbeziehungen zu Kunden abgebildet werden. Das Unternehmen ist der Gläubiger seiner Kunden, bis diese ihre offenen Rechnungen (Forderungen) bezahlt haben. Dieser Bereich der Buchführung wird auch als **Debitorenbuchführung** bezeichnet.

2.3.1.1 Warenkonto

Die Verbuchung des Warenverkehrs erfolgt über das **Warenkonto.** Grundsätzlich ist es denkbar, dass zur Abrechnung des Warenverkehrs nur ein einziges Konto geführt wird, auf dem sowohl Bestandsveränderungen als auch Verkaufserlöse gebucht werden. Da im Regelfall Waren zu einem höheren Preis verkauft werden als sie eingekauft wurden, ist ein derartiges „gemischtes" Konto sehr unübersichtlich. Deshalb wird empfohlen, zur Verbuchung des Warenverkehrs das Warenkonto in ein Bestandskonto (Wareneinkaufskonto) und ein Erfolgskonto (Warenverkaufskonto) aufzuspalten. Im Folgenden wird nur dieser Fall weiter betrachtet.

Das **Wareneinkaufskonto** dient zur Verbuchung der Geschäftsbeziehungen mit den Lieferanten des Unternehmens. Auf der Soll-Seite des Wareneinkaufskontos werden der aus der Eröffnungsbilanz übernommene Anfangsbestand und sämtliche Zugänge zu **Einkaufspreisen** verbucht. Auf der Haben-Seite stehen Wertminderungen des Warenbestandes, die nicht auf Verkäufe zurückzuführen sind. Auslöser für solche Minderungen können die Rücksendung von Waren, die Berücksichtigung von Preisnachlässen oder der Eigenverbrauch von Waren bilden. Ferner wird auf der Haben-Seite der über eine Inventur ermittelte Waren-Endbestand eingetragen. Der verbleibende Saldo ist der „Wareneinsatz", wobei die Waren zu Einkaufspreisen bewertet sind.

Auf dem **Warenverkaufskonto** werden auf der Haben-Seite alle Warenverkäufe zu **Verkaufspreisen** verbucht. Auf der Soll-Seite sind von Kunden zurückgesandte Waren sowie gewährte Preisnachlässe zu verbuchen. Als Saldo entsteht der Verkaufserlös der Periode. Abb. 2–7 zeigt den Aufbau der beiden Konten.

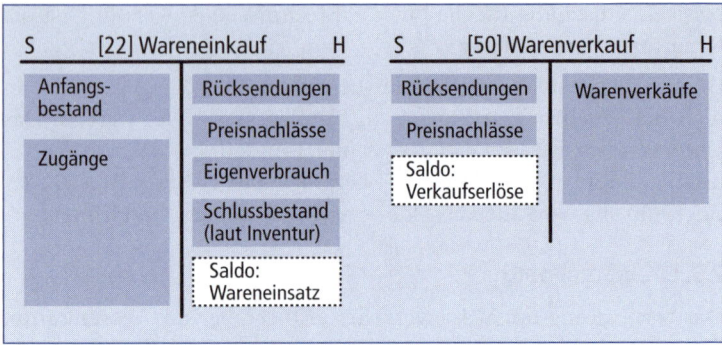

Abb. 2–7: Aufbau von Wareneinkaufs- und Warenverkaufskonto

Am Periodenende sind das Wareneinkaufs- und das Warenverkaufskonto wieder zusammenzuführen. Dabei lassen sich zwei Vorgehensweisen unterscheiden, die Netto- und die Bruttomethode.

Bei der **Nettomethode** wird der Saldo des Wareneinkaufskontos (d. h. der Wareneinsatz) auf das Warenverkaufskonto übertragen. Der danach auf dem Warenverkaufskonto entstehende Saldo bildet den Rohgewinn (oder Rohverlust). Dieser Betrag wird auf das Gewinn- und Verlust-Konto (kurz: GuV-Konto) gebucht.

Bei der **Bruttomethode** werden die Salden beider Warenkonten direkt auf das GuV-Konto übertragen. Dies hat den Vorteil, dass für einen externen Betrachter im GuV-Konto die Umsätze sichtbar sind, die zur Erzielung des Roherfolgs geführt haben. Die aussagekräftigere Bruttomethode ist nach § 276 HGB jedoch nur bei großen Kapitalgesellschaften vorgeschrieben (zur Größenabgrenzung vgl. Kap. 3.4). Die übrigen Unternehmen sind bei der Wahl der Abschlussmethode frei.

Ein einfaches **BEISPIEL**, das in Abb. 2–8 dargestellt ist, verdeutlicht die Verbuchung auf den Warenkonten und deren Abschluss nach der Bruttomethode. Es basiert auf den folgenden Zahlenangaben:

Anfangsbestand: 25 Stück A zu 20,– €/Stück
                                   40 Stück B zu 15,– €/Stück
Wareneinkauf: 10 Stück A zu 20,– €

Warenverkauf:	8 Stück A zu 30,– €
	20 Stück B zu 20,– €
Endbestand (laut Inventur):	27 Stück A, 20 Stück B
Übrige Aufwendungen:	150,– €

Die Salden von Wareneinkauf und Warenverkauf sind in Abb. 2–8 mit punktierten Rahmen gekennzeichnet. Diese Salden werden auf das GuV-Konto gebucht. Als Saldo entsteht auf dem GuV-Konto ein Reingewinn in Höhe von 30 €.

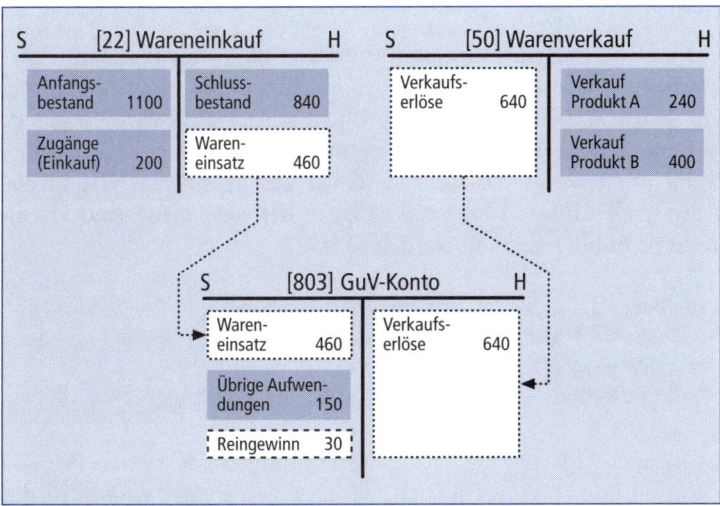

Abb. 2–8: Beispiel zum Abschluss von Wareneinkaufs- und Warenverkaufskonto nach der Bruttomethode (Zahlenangaben in €)

Bei schwankenden Anschaffungspreisen (z. B. bei Rohstoffen oder Massengütern) kann der exakte Anschaffungspreis dem einzelnen Gut nicht immer zugeordnet werden. In diesen Fällen muss auf Methoden zur Bewertung der Waren zurückgegriffen werden, auf die in Kap. 2.4.1 näher eingegangen wird.

2.3.1.2 Bezugsaufwand

Unter Bezugsaufwendungen werden Verpackungsspesen, Post- und Speditionsgebühren, Transportversicherungen, Rollgelder, Provisionen oder Einfuhrzölle verstanden. Sie erhöhen den Einkaufspreis und werden auch als **Anschaffungsnebenkosten** bezeichnet.

Nach § 255 Absatz 1 HGB zählen Bezugsaufwendungen zu den Anschaffungskosten und sind daher zu aktivieren, d. h. auf einem Aktivkonto zu verbuchen. Dadurch wird der Bezugsaufwand trotz seiner Bezeichnung nicht als „Aufwand", sondern als Bestandsgröße verbucht.

Die Aktivierung des Bezugsaufwandes erfolgt, indem er zum **Einkaufspreis** dazuaddiert und der so ermittelte **Wareneinstandspreis** auf dem Wareneinkaufskonto verbucht wird. Damit wird bei jedem Verbrauch oder Verkauf der Ware auch der zugehörige Bezugsaufwand mitverbucht. Dadurch wird der Bezugsaufwand erst in der Periode als Aufwand berücksichtigt, in der die zugehörigen Waren verbraucht oder verkauft werden.

> **BEISPIEL:** Es werden Rohstoffe für 10.000 € gekauft. Der Bezugsaufwand beträgt 500 €. Buchungssatz (in eckigen Klammern die Kontengruppen-Nr. gemäß Abb. 2–6):
> [20] Rohstoffe 10.500 **an** [44] Verbindlichkeiten 10.500

Es ist auch zulässig, die Bezugsaufwendungen auf einem „Bezugsaufwandskonto" zu verbuchen, das als Unterkonto (Vorkonto) des Wareneinkaufskontos zu interpretieren ist. Bei einer derartigen Verbuchung erhält man einen besseren Einblick in die Zusammensetzung der Anschaffungsnebenkosten. Am Periodenende ist das Bezugsaufwandskonto über das Wareneinkaufskonto abzuschließen, um die im HGB geforderte Aktivierung des Bezugsaufwandes zu erreichen.

2.3.1.3 Preisnachlässe

Unter einem Preisnachlass wird eine Minderung des ursprünglichen Listenpreises verstanden. Nach dem Zeitpunkt, an dem die Minderung vorgenommen wird, lassen sich Rabatte, Skonti und Boni unterscheiden. In Abb. 2–9 sind die Arten der Preisnachlässe und ihre Ermittlung dargestellt. Für die Verbuchung ist es wichtig zu unterscheiden, ob die Preisnachlässe von einem Lieferanten gewährt oder ob sie von einem Kunden in Anspruch genommen wurden.

Listenpreis	
–	Rabatt → sofortiger Preisnachlass, wird direkt abgezogen
+	Bezugsaufwand → „Aktivierung", vgl. Kap. 2.3.1.2
=	**Einstandspreis** („Nettopreis")
+	Mehrwertsteuer (vgl. Kap. 2.3.4)
=	**Rechnungsbetrag** („Bruttopreis")
–	Skonto → Nachlass bei Zahlung innerhalb einer Frist
–	Bonus → nachträglicher Preisnachlass
=	**Zu zahlender Betrag**

Abb. 2–9: Arten von Preisnachlässen

Ein **Rabatt** ist ein sofortiger Preisnachlass auf den Rechnungsbetrag, der bereits bei der Rechnungsstellung berücksichtigt wird. Da die Höhe des Rabatts vor der Verbuchung des Geschäftsvorfalls bekannt ist, wird sogleich der verminderte Rechnungsbetrag verbucht, so dass der ursprüngliche Rechnungsbetrag nicht in der Buchführung auftaucht.

Die Gründe für eine Rabattgewährung können vielfältig sein. So können Mengenrabatte, Wiederverkäuferrabatte, Einführungsrabatte oder auch Treuerabatte gewährt werden.

Ein **Bonus** (Mehrzahl: Boni) ist ein nachträglich gewährter Preisnachlass auf den Kaufpreis. Beispiele für eine Bonusgewährung sind Treueboni an langjährige Kunden oder Umsatzboni beim Erreichen bestimmter Umsätze. Da die Verbuchung des Geschäftsvorfalls bereits erfolgt ist, muss eine nachträgliche Korrektur vorgenommen werden. Boni, die das Unternehmen von seinen Lieferanten gewährt bekommen hat, werden über das Ertragskonto „Lieferantenboni", Boni, die Kunden gewährt wurden, über das Aufwandskonto „Kundenboni" verbucht. Die Boni-Konten müssen am Periodenende über das Warenkonto abgeschlossen werden.

Unter einem **Skonto** wird ein Nachlass verstanden, der bei Zahlung innerhalb einer bestimmten Frist gewährt wird. Er soll einen Anreiz dafür bieten, dass der Kunde möglichst pünktlich oder vorzeitig zahlt. Der Skonto lässt sich als eine Form des Preisnachlasses interpretieren, aber auch als Zins für eine Kreditgewährung: Wenn ein Kunde nicht innerhalb der Skontofrist zahlt, nimmt er einen Kredit in Anspruch, für den er Zinsen in der Höhe des Skontos zahlen muss. Obwohl die Interpretation des Skontos als Zins in der Betriebswirtschaftslehre ausführlich diskutiert wird, ist eine Verbuchung als Preisnachlass nach § 255 Absatz 1 HGB zwingend vorgeschrieben. Von Lieferanten erhaltene Skonti (Lieferantenskonti) werden bei den Anschaffungskosten abgesetzt, an Kunden gewährte Skonti (Kundenskonti) führen zur Korrektur der Umsatzerlöse.

2.3.1.4 Retouren

Im Falle der Rückgabe einer Ware (Retour) muss eine Korrektur der ursprünglichen Buchung in Form einer Stornobuchung (Stornierung) vorgenommen werden. Dazu erfolgt eine spiegelbildliche Buchung der ursprünglichen Buchung.

Wenn das Unternehmen Waren an einen Lieferanten zurücksendet, spricht man von Lieferantenretouren. Die Stornierung hat dann auf dem Wareneinkaufskonto zu erfolgen. Bei einer Rücksendung von Waren, die an Kunden geliefert worden waren (Kundenretouren), wird die Stornierung auf dem Warenverkaufskonto vorgenommen.

2.3.2 Löhne und Gehälter

Für ihre Mitarbeit im Unternehmen erhalten die Arbeitnehmer das Arbeitsentgelt. Historisch bedingt unterscheidet man **Löhne**, die an gewerbliche Arbeitnehmer (Arbeiter) und **Gehälter**, die an Angestellte gezahlt werden. Die Mindesthöhe des **Bruttoarbeitsentgeltes** legen zwischen den Tarifvertragsparteien (Arbeitgeber, Gewerkschaften) ausgehandelte Tarifverträge fest, wobei durch Betriebsvereinbarungen und individuell ausgehandelte Verträge höhere Entgelte vereinbart werden können.

Das Bruttoarbeitsentgelt bildet die Grundlage für die Verbuchung der Lohn- und Gehaltszahlung, wobei der Arbeitnehmer nur einen Teilbetrag, das so genannte **Nettoarbeitsentgelt**, ausgezahlt bekommt, während das Unternehmen zusätzlich zum Bruttoarbeitsentgelt auch noch die **Personalzusatzkosten** tragen muss.

Das **Nettoarbeitsentgelt** errechnet der Arbeitgeber, indem er vom Bruttoarbeitsentgelt folgende Abzüge vornimmt:

■ **Lohnsteuer:** Für Einkünfte aus nichtselbstständiger Arbeit ist die Einkommensteuer als „Lohnsteuer" durch direkten Abzug vom Arbeitsentgelt einzubehalten und durch den Arbeitgeber direkt an das zuständige Finanzamt abzuführen. Für die Ermittlung der Lohnsteuer muss der Arbeitnehmer dem Arbeitgeber seine Lohnsteuerkarte vorlegen, auf der die Merkmale für die Besteuerung (Steuerklasse, Kinderfreibetrag, Religionszugehörigkeit) vermerkt sind. Zur Vereinfachung der Ermittlung des Lohnsteuerbetrags kann auf Lohnsteuertabellen zurückgegriffen werden, die durch das Bundesministerium der Finanzen zusammengestellt sind.

■ **Kirchensteuer:** Für Arbeitnehmer, die einer Religionsgemeinschaft angehören, wird die Kirchensteuer einbehalten und an das Finanzamt abgeführt. Das Finanzamt leitet den Betrag dann an die zuständige Religionsgemeinschaft weiter. Die Kirchensteuer errechnet sich aus der Lohnsteuer; sie beträgt je nach zuständiger Landeskirche oder zuständigem Bistum 8 oder 9 Prozent der Einkommensteuer.

■ **Solidaritätszuschlag:** Der Solidaritätszuschlag musste im Zeitraum vom 1. 7. 1991 bis 30. 6. 1992 zur Finanzierung des Aufbaus der neuen Bundesländer gezahlt werden. Zum 1. 1. 1995 wurde er wieder eingeführt. Der Solidaritätszuschlag betrug zunächst 7,5 Prozent der Einkommensteuer und wurde zum 1.1. 1998 auf 5,5 Prozent reduziert.

■ **Arbeitnehmeranteil an der Sozialversicherung:** Grundsätzlich ist jeder Arbeitnehmer sozialversicherungspflichtig. Die Sozialversicherung besteht aus der Kranken-, Arbeitslosen-, Renten- und Pflegeversicherung. Die Beiträge dieser Versicherungen trugen Arbeitnehmer und Arbeitgeber bis Ende 2004 je zur Hälfte.

Zum 1.1. 2005 erfolgte in der Pflegeversicherung die Einführung eines Zusatzbeitrags von 0,25 %, den kinderlose Arbeitnehmer (ohne Arbeitgeberbeteiligung!) zu tragen haben. Zum 1.7. 2005 wurde durch den Gesetzgeber der bisherige Krankenversicherungsbeitrag um 0,9 % gesenkt. Die Finanzierung des verbliebenen Beitrags teilen sich Arbeitgeber und Arbeitnehmer weiterhin hälftig. Zugleich wurde jedoch ein Zusatzbeitragssatz von 0,9 % eingeführt, den nun alleine der Arbeitnehmer zu tragen hat. Durch beide Maßnahmen erhöht sich der Anteil, den der Arbeitnehmer an der Sozialversicherung zahlen muss.

Der Arbeitgeber behält den Arbeitnehmeranteil vom Arbeitslohn ein und führt ihn zusammen mit dem Arbeitgeberanteil an die zuständige Krankenkasse ab, die die Verteilung auf die einzelnen Sozialversicherungsträger (Krankenkasse, Bundesagentur für Arbeit, Rentenversicherungsanstalt) vornimmt.

■ **Weitere Abzüge**, die vom Bruttoarbeitsentgelt einbehalten werden, sind die Rückzahlung von erhaltenen Vorschüssen oder vermögenswirksamen Leistungen: Durch vermögenswirksame Leistungen soll die Vermögensbildung von Arbeitnehmern gefördert werden. Je nach (tarif-)vertraglicher Vereinbarung können sie entweder eine Zusatzleistung des Arbeitgebers, eine Eigenleistung des Arbeitnehmers oder eine Kombination aus beidem darstellen. Sie werden nicht ausgezahlt, sondern in einer gesetzlich vorgeschriebenen Anlageform (z. B. Bausparvertrag, Sparvertrag) für den Arbeitnehmer angelegt.

Neben diesen Abzügen, die den Arbeitnehmer belasten, hat der Arbeitgeber weitere Aufwendungen und Kosten zu tragen. Diese zusätzlichen Beträge werden auch als **Personalzusatzkosten**, Personalnebenkosten oder Lohnnebenkosten bezeichnet. Deutschland nimmt bei der Höhe der Personalzusatzkosten weltweit einen führenden Platz ein, was zum einen an gesetzlichen Vorgaben, zum anderen aber auch an tarifvertraglichen oder betrieblichen Vereinbarungen liegt. Branchenabhängig schwanken die Personalzusatzkosten zwischen 60 und 100 Prozent des Bruttoarbeitsentgelts. Dies bedeutet, dass für 100,– €, die ein Arbeitnehmer brutto verdient, der Aufwand für den Arbeitgeber bis zu 200,– € beträgt.

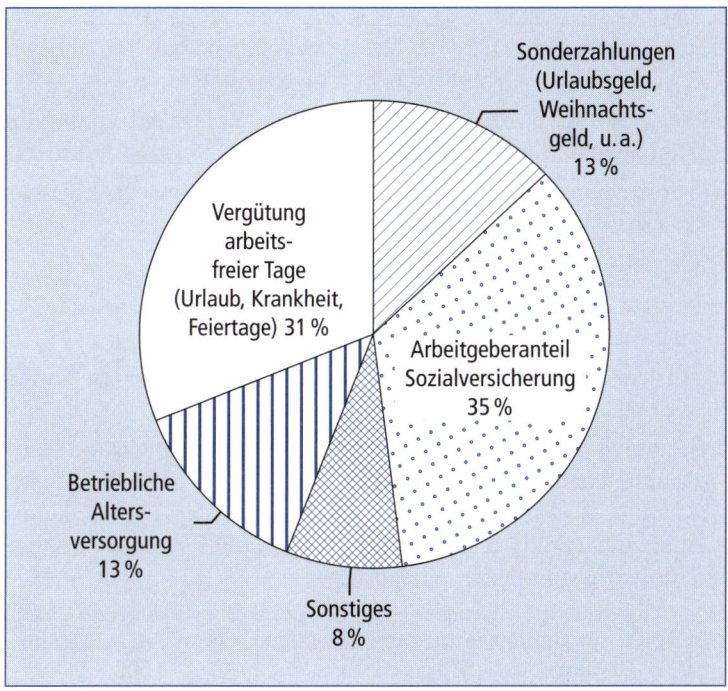

Abb. 2–10: Aufteilung der Personalzusatzkosten im produzierenden Gewerbe (eigene Darstellung auf der Basis von Daten aus *Institut der deutschen Wirtschaft*, Deutschland in Zahlen, S. 49)

Die **Personalzusatzkosten** eines Unternehmens lassen sich in die folgenden Kategorien einteilen (vgl. Abb. 2–10):

■ **Soziale Abgaben:** Hierunter fällt der Arbeitgeberanteil zur Sozialversicherung, da Arbeitgeber und Arbeitnehmer die Beiträge zur Kranken-, Arbeitslosen-, Renten- und Pflegeversicherung anteilig tragen. Zusätzlich muss der Arbeitgeber für jeden Arbeitnehmer Beiträge zur Unfallversicherung an die zuständige Berufsgenossenschaft abführen. Außerdem hat der Arbeitgeber eine Insolvenzgeldumlage in Höhe von 0,41 % des Bruttoarbeitsentgelts an die jeweilige Krankenkasse abzuführen, die den Betrag an die Bundesagentur für Arbeit weiterleitet. Mit der Umlage wird das Insolvenzgeld finanziert, das an Arbeitnehmer von insolventen Unternehmen für einen Zeitraum von maximal drei Monaten von der Bundesagentur für Arbeit ausgezahlt wird.

- Bezahlte Ausfallzeiten (Feiertage, Urlaub, Entgeltfortzahlung im Krankheitsfall, Mutterschutz).

- Sonderzahlungen (13. Monatsgehalt oder Weihnachtsgeld, Urlaubsgeld, Vermögensbildung).

- Betriebliche Altersversorgung.

- Soziale Dienste und Einrichtungen (Werksärztlicher Dienst, Kantine, Werksbücherei, Unterhalt von Sportanlagen).

- Kosten der Betriebsverfassung und der Mitbestimmung (durch die Freistellung von Betriebsratsmitgliedern).

Im Rahmen der Buchführung sind sämtliche Bestandteile des Bruttoarbeitsentgeltes und die sozialen Abgaben detailliert für jeden Mitarbeiter zu erfassen. Dies setzt das Bestehen einer eigenen Lohnbuchhaltung voraus, die eine Führung von Lohn- oder Gehaltskonten für jeden Mitarbeiter ermöglicht.

BEISPIEL zur Gehaltsverbuchung: Manfred Ägidius (evangelisch, ledig, keine Kinder) bezieht ein Bruttoarbeitsentgelt von 2.500,– €. Vermögenswirksame Leistungen in Höhe von 28 €, die gemäß Tarifvertrag von ihm selbst zu tragen sind, fließen in einen Bausparvertrag. Zur Ermittlung des Nettoarbeitsentgeltes wird in der Personalabteilung seines Arbeitgebers die folgende Gehaltsabrechnung aufgestellt (Stand der Steuer- und Beitragssätze: 1. 10. 2010):

Bruttoarbeitsentgelt	**2.500,– €**
– Lohnsteuer (lt. Lohnsteuertabelle)	348,91 €
– Evang. Kirchensteuer (8 % von 348,91 €)	27,91 €
– Solidaritätszuschlag (5,5 % von 348,91 €)	19,19 €
– Arbeitnehmeranteil Rentenversicherung (9,95 % von 2.500 €)	248,75 €
– Arbeitnehmeranteil Arbeitslosenversicherung (1,4 % von 2.500 €)	35,00 €
– Arbeitnehmeranteil Krankenversicherung (7,45 % von 2.500 €)	186,25 €
– Zusatzbeitrag Krankenversicherung (0,9 % von 2.500 €)	22,50 €

– Arbeitnehmeranteil Pflegeversicherung (0,975 % von 2.500 €)	24,38 €
– Zusatzbeitrag Pflegeversicherung für Kinderlose (0,25 % von 2.500 €)	6,25 €
= Nettoarbeitsentgelt	**1.580,86 €**
– Vermögenswirksame Leistungen	28,– €
= Auszahlungsbetrag	**1.552,86 €**

Manfred Ägidius erhält einen Betrag in Höhe von 1.552,86 € überwiesen. Der Personalaufwand für das Unternehmen beträgt mindestens 3.004,63 €. Dieser Betrag setzt sich aus dem Bruttoarbeitsentgelt von 2.500 €, dem Arbeitgeberanteil an den gesetzlich vorgeschriebenen Bestandteilen der Personalzusatzkosten in Höhe von 494,38 € (= 248,75 € + 35,00 € + 186,25 € + 24,38 €) und der Insolvenzgeldumlage von 10,25 € (= 0,41 % von 2.500 €) zusammen. Hinzu kommen für den Arbeitgeber der Beitrag für die Berufsgenossenschaft, dessen Höhe abhängig von dem Bruttoarbeitsentgelt und der jeweiligen Branche ist, sowie weitere Personalzusatzkosten, die sich aus dem Tarifvertrag oder dem Arbeitsvertrag ergeben können.

Zur Verbuchung der Gehaltszahlung sind folgende Buchungssätze erforderlich:

[62]	Löhne	2.500,00			
[64]	Soziale Abgaben (Arbeitgeberanteil)	504,43 **an**	[28]	Bank (= Auszahlung an Arbeitnehmer)	1.552,86
			[28]	Bank (= Überweisung an Bausparkasse)	28,00
			[48]	Sonstige Verbindlichkeiten (abzuführen an Finanzamt)	396,01
			[48]	Sonstige Verbindlichkeiten (abzuführen an Krankenkasse)	1.027,76

Der Betrag, der an das Finanzamt abgeführt werden muss, setzt sich aus der Summe von Lohnsteuer, Kirchensteuer und Solidaritätszuschlag zusammen. An die Krankenkasse sind Arbeitnehmer- und Arbeitgeberanteil von Kranken-, Arbeitslosen-, Renten- und Pflegeversicherung (523,13 € + 494,38 €) sowie die Insolvenzgeldumlage (10,25 €) abzuführen.

2.3.3 Wechselgeschäfte

Der Wechsel ist ein im Handelsverkehr übliches Zahlungsinstrument, das bereits im 12. Jahrhundert von Geldwechslern entwickelt worden war. Unter einem Wechsel versteht man ein Wertpapier, das bestimmte, in § 1 des Wechselgesetzes exakt definierte Bestandteile enthält und die Zahlung einer Schuld zu einem bestimmten Zeitpunkt zusichert.

Wechsel werden im Handelsverkehr eingesetzt, wenn ein Kunde die Rechnung für eine Warenlieferung nicht in der gewährten Zahlungsfrist bezahlen kann und deshalb einen Kredit benötigt. Anstelle der Kreditaufnahme bei einer Bank kann ein Wechsel ausgestellt werden.

> Das folgende **BEISPIEL** verdeutlicht den Vorteil der Verwendung von Wechseln: Großhändler G liefert an Zwischenhändler Z Waren, die dieser wiederum an mehrere Einzelhändler weiterleitet. Die Einzelhändler können bei Lieferung noch nicht zahlen, hoffen aber nach Verkauf der Waren in drei Monaten zahlungsfähig zu sein. Z kann nun von den Einzelhändlern Wechsel unterschreiben lassen und diese an G zur Begleichung seiner eigenen Schulden weitergeben.

Bei einem Wechselgeschäft treten mindestens zwei Personen auf: Der Gläubiger, der den Kredit gewährt, und der Schuldner, der den Kredit in Anspruch nimmt. Der Schuldner wird auch als **Zahlungspflichtiger**, **Bezogener**, Trassat oder, wenn er den Wechsel unterschrieben hat, als Akzeptant bezeichnet.

Die **Ausstellung** des Wechsels können sowohl der Schuldner als auch der Gläubiger vornehmen. Im ersten Fall spricht man von einem **Solawechsel**. Der Schuldner stellt den Wechsel aus und leitet den von ihm unterschriebenen Wechsel als Zahlungsversprechen an den Gläubiger weiter (vgl. Abb. 2–11). Den Regelfall bildet jedoch der **gezogene Wechsel**: Der Gläubiger stellt den Wechsel aus und übersendet das auch als **„Tratte"** bezeichnete Dokument an den Schuldner, der es mit seiner Unterschrift anerkennt („querschreibt", „akzeptiert") und anschließend an den Gläubiger zurückreicht. Ein akzeptierter Wechsel wird als **„Akzept"** bezeichnet.

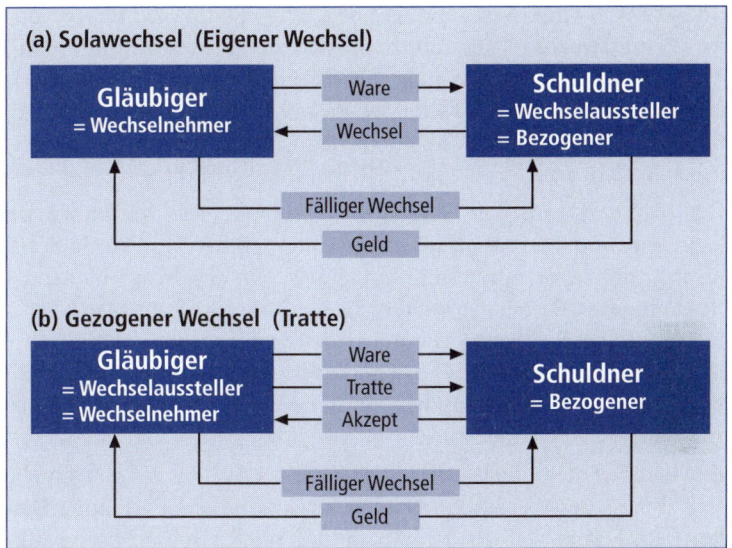

Abb. 2–11: Wechselarten

Nach **Ablauf der Laufzeit** hat der Schuldner gegen Vorlage des Wechsels die Wechselsumme zu begleichen. Im einfachsten Fall bewahrt der Gläubiger den Wechsel auf und legt ihn am Verfallstag vor. Es ist aber auch möglich, den Wechsel während der Laufzeit an eine Bank zu verkaufen (so genannte „Diskontierung" des Wechsels) oder zur Begleichung eigener Schulden an einen Lieferanten weiterzugeben.

Bei der Weitergabe eines Wechsels hat der Veräußerer auf der Rückseite des Wechsels ein so genanntes **Indossament** anzubringen. Darunter wird seine Unterschrift, die durch Ort, Datum und den Namen des Empfängers ergänzt werden kann, verstanden. Ein Wechsel kann so mehrfach weitergegeben werden, wobei jede Weitergabe durch Indossament zu registrieren ist.

Am Fälligkeitstag legt der Wechselinhaber dem Bezogenen den Wechsel vor und erhält den Wechselbetrag ausgezahlt. Löst der Bezogene den Wechsel nicht ein, muss „Protest" erhoben werden. Dazu wird die Nichteinlösung durch einen Notar oder Gerichtsvollzieher amtlich beurkundet. Zu Protest gegangene Wechsel, die sich im Besitz des Unternehmens befinden, sind auf das gesonderte Konto **„Protestwechsel"** umzubuchen. Mit der Protesturkunde kann der Wechselinhaber dann einen beliebigen der vorherigen Wechselinhaber, die auf der Rückseite des Wechsels ein Indossament angebracht hatten, in Regress nehmen. Beim Rückgriff ist der Wechselinhaber nicht an eine bestimmte Reihenfolge gebunden.

Das Risiko, das mit der Übernahme eines Wechsels verbunden ist, kann vermindert werden, wenn ein Unternehmen nur Wechsel annimmt, die zuvor mindestens ein „gutes" Unternehmen in seinem Bestand hatte. Da bei der Weitergabe eines Wechsels stets die Gefahr besteht, selbst in Regress genommen zu werden, falls der Bezogene nicht zahlt, ist dieses Risiko einer Eventualverbindlichkeit gemäß § 251 HGB als **„Wechselobligo"** unter der Bilanz des Unternehmens zu vermerken.

Ein Wechsel stellt eine Form eines Kredites dar. Als Entgelt für die Gewährung des Wechselkredits fällt als Zinsen der so genannte **Diskont** an. Ferner werden dem Schuldner Wechselspesen (wie Bankprovision, Bearbeitungsgebühr oder Inkassogebühr) in Rechnung gestellt. Es ist üblich, dass Diskont und Spesen nicht in den Wechselbetrag eingerechnet, sondern gesondert gezahlt werden.

Der Diskont für einen Wechsel liegt im Regelfall 3,5 bis 4 Prozent über dem aktuellen, von der Europäischen Zentralbank festgelegten Basiszinssatz. Er berechnet sich nach der folgenden Formel:

$$\text{Diskont} = \frac{K \cdot p \cdot t}{360 \cdot 100}$$

mit: K = Wechselsumme in €

p = Diskontsatz in %

t = Laufzeit in Tagen

BEISPIEL: Wechselsumme: 1.100,– €, vereinbarter Diskontsatz: 8 %, Laufzeit: 90 Tage.
Damit errechnet sich ein Diskont von 22,– €.

Der Diskont wird beim Gläubiger als Diskontertrag, beim Schuldner als Diskontaufwand verbucht, während die Wechselspesen unter die Position „sonstige Erträge" bzw. „sonstige Aufwendungen" fallen.

Buchungstechnisch sind **Schuldwechsel** und Besitzwechsel zu unterscheiden. Unter Schuldwechseln werden Wechsel verstanden, bei denen man selbst der Schuldner (Bezogene) ist, die also eine Verbindlichkeit darstellen. **Besitzwechsel** sind hingegen Wechsel, die sich im Besitz des Unternehmens befinden. Das Unternehmen ist Zahlungsempfänger („Remittent") und hat eine Forderung gegenüber den Bezogenen. Schuld- und Besitzwechsel dürfen nicht gegeneinander verrechnet werden; es besteht ein Saldierungsverbot.

Ein Sonderfall des Wechselgeschäfts stellt die **Wechselprolongation** dar. Darunter wird die Verlängerung eines Wechselkredits durch das Ausstellen eines neuen Wechsels verstanden. Eine Prolongation tritt ein, wenn der Bezogene sich am Verfallstag nicht in der Lage sieht, den Wechselbetrag zu bezahlen und zur Vermeidung eines Wechselprotestes ein neuer Wechsel ausgestellt wird. Für die Neuausstellung des Wechsels fallen für den Schuldner erneut Diskont und Spesen an.

Problematisch wird eine Prolongation, wenn der Wechsel bereits weitergegeben wurde und der derzeitige Besitzer die Einlösung fordert. In diesem Fall ist nicht nur ein neuer Wechsel auszustellen, sondern dem Bezogenen müssen auch finanzielle Mittel zur Einlösung des alten Wechsels zur Verfügung gestellt werden.

2.3.4 Steuern

Unter Steuern werden nach § 3 Absatz 1 der Abgabenordnung Geldleistungen an den Staat verstanden, die der Staat einseitig festsetzt und denen keine Gegenleistungen gegenüberstehen. Aus Sicht der Buchführung können Steuern auf vier verschiedene Arten das Unternehmen beeinflussen:

- **Aufwandsteuern** sind durch das Unternehmen veranlasst und zu tragen. Sie stellen für das Unternehmen einen Aufwand dar und werden auf speziellen Steueraufwandskonten verbucht. Beispiele für Aufwandsteuern sind:
  - **Körperschaftsteuer**, die auf den Gewinn von Kapitalgesellschaften erhoben wird (bei Einzelunternehmen und Perso-

nengesellschaften versteuert den Gewinn nicht das Unternehmen selbst, sondern dessen Anteilseigner im Rahmen ihrer privaten Einkommensteuer),

- **Kraftfahrzeug-Steuer** für betrieblich genutzte Fahrzeuge,
- **Grundsteuer** für betrieblich genutzte Grundstücke.

■ **Aktivierbare Steuern:** Bestimmte Steuern werden nicht als Aufwand verbucht, sondern als Anschaffungsnebenkosten direkt dem beschafften Wirtschaftsgut zugerechnet und auf einem Aktivkonto verbucht („aktiviert"). Dazu zählen die Grunderwerbsteuer (für betrieblich genutzte Grundstücke), die beim Kauf von Wertpapieren anfallende Börsenumsatzsteuer oder Einfuhrzölle für aktivierungsfähige Wirtschaftsgüter.

■ **Privatsteuern:** Bei Unternehmen in der Rechtsform eines Einzelunternehmens oder einer Personengesellschaft (zu den Rechtsformen vgl. Kap. 3.3) werden private Einlagen oder Entnahmen auf einem so genannten **„Privatkonto"** verbucht. Wenn die Zahlung von Steuern, bei denen der Inhaber oder Gesellschafter Steuerschuldner ist, über betriebliche Konten abgewickelt wird, sind diese Beträge auf das jeweilige Privatkonto zu buchen und belasten damit das Unternehmen nicht. Als Privatsteuern sind die Einkommen- und Kirchensteuer des Einzelunternehmers oder Gesellschafters, aber auch die Kraftfahrzeugsteuer für nicht betrieblich genutzte Fahrzeuge denkbar.

■ **Durchlaufende Steuern** werden vom Unternehmen einbehalten und an das Finanzamt abgeführt. Das Unternehmen wird wirtschaftlich nicht durch diese Steuern belastet, buchungstechnisch bilden die einbehaltenen Steuern bis zur Abführung an das Finanzamt einen durchlaufenden Posten. Steuerträger ist ein Dritter, das Unternehmen fungiert lediglich als „Steuereintreiber". Zu den durchlaufenden Steuern zählen die einbehaltene **Lohn- und Kirchensteuer** der Arbeitnehmer (vgl. Abschnitt 2.3.2) und die **Umsatzsteuer**, auf die im Folgenden ausführlich eingegangen wird.

Die **Umsatzsteuer** ist eine Steuer auf den Umsatz eines Unternehmens, wobei die Steuer nicht von den Unternehmen, sondern von den Endverbrauchern (Konsumenten) getragen werden soll. Die Unternehmen müssen die Steuer einbehalten und an das Finanzamt abführen, werden jedoch wirtschaftlich nicht von der Steuer belastet. Geregelt ist die Umsatzbesteuerung im Umsatzsteuergesetz (UStG).

Grundlage für die Besteuerung ist der **Umsatz** eines Unternehmens. Dabei lassen sich folgende Kategorien von Umsätzen unterscheiden:

- **Steuerbare Umsätze** unterliegen der Umsatzbesteuerung. Zu den steuerbaren Umsätzen zählen nach § 1 Abs. 1 UStG:
  - Lieferungen und sonstige Leistungen von Unternehmern im Inland, die durch das Unternehmen gegen Entgelt ausgeführt werden,
  - Eigenverbrauch (Entnahme oder Gebrauch von Gegenständen für private Zwecke),
  - Einfuhr („Einfuhrumsatzsteuer").

- **Steuerbefreite Umsätze** erfüllen die Merkmale von steuerbaren Umsätzen, sind aber aufgrund besonderer Regelungen von der Umsatzbesteuerung ausdrücklich ausgenommen. Dazu zählen Ausfuhrlieferungen (§ 4 Nr. 1 UStG) oder Umsätze, die explizit in § 4 UStG genannt sind, wie z. B. Bankgeschäfte oder die Vermietung und Verpachtung von Grundstücken.

- **Nichtsteuerbare Umsätze:** Nicht der Umsatzsteuer unterliegen Umsätze von Privatpersonen (z. B. Verkauf eines Autos von Privat an Privat).

- **Umsätze mit Umsatzsteuer-Identifikationsnummer** (USt-IdNr.): Seit 1993 können beim Handel zwischen Unternehmen innerhalb der Europäischen Union Lieferungen umsatzsteuerfrei erfolgen, wenn der Empfänger seine USt-IdNr. angibt. Die Versteuerung ist dann durch den Empfänger der Lieferung in seinem Heimatland vorzunehmen. So kann ein französischer Käseproduzent an eine deutsche Handelskette Käse ohne Inrechnungstellung der Umsatzsteuer liefern, wenn die deutsche Handelskette ihre USt-IdNr. mitteilt. Diese hat dann die Versteuerung der Waren in Deutschland zu veranlassen.

Das in Deutschland zum 1. 1. 1968 eingeführte Umsatzsteuersystem stellt auf die erzielte Wertschöpfung, den so genannten „Mehrwert", ab und trägt daher auch die Bezeichnung **„Mehrwertsteuer"** (abgekürzt: MwSt). Die exakte Bezeichnung der deutschen Umsatzsteuer lautet „Allphasen-Nettoumsatzsteuer mit Vorsteuerabzug". Der Begriff **„Allphasen-Steuer"** verdeutlicht, dass die Umsatzsteuer auf jeder Stufe des Produktionsprozesses erhoben wird. Von einer **Nettoumsatzsteuer** wird gesprochen, weil die Bemessungsgrundlage für die Steuerermittlung nicht der Verkaufspreis (inklusive Mehrwertsteuer), sondern das **Entgelt** (Preis ohne Umsatzsteuer) bildet. Unternehmen können die Umsatzsteuer, die sie für den Einkauf von Waren und Dienstleistungen aufwenden mussten, von der Steuerzahllast in Abzug bringen. Aufgrund dieses **Vorsteuerabzugs** sind letztlich nur die Endverbraucher mit der Steuer belastet.

Der **Mehrwertsteuersatz** ist in mehreren Schritten von zehn Prozent im Jahre 1968 auf derzeit **19 Prozent** erhöht worden. Der ermäßigte Steuersatz, der für bestimmte Produkte (z. B. für Lebensmittel oder Bücher) gilt, stieg seit 1968 von fünf auf derzeit sieben Prozent. Abb. 2–12 zeigt die Entwicklung der Steuersätze seit 1968.

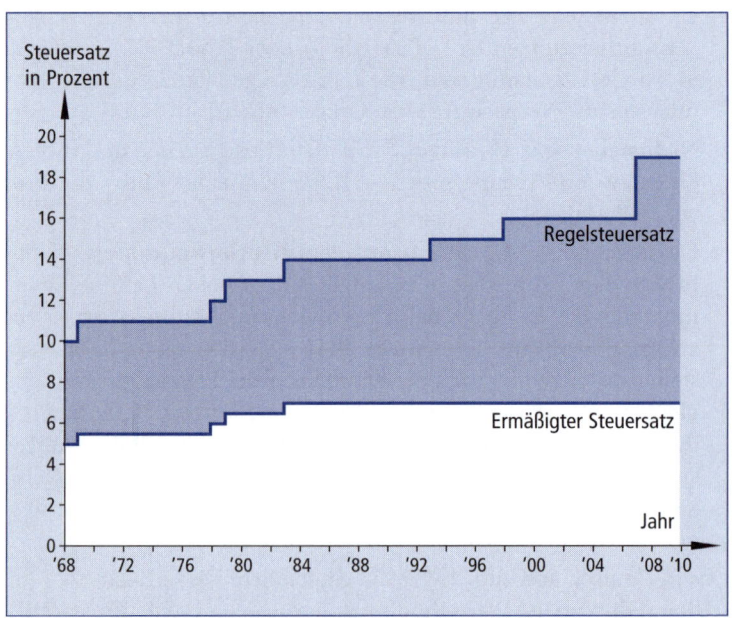

Abb. 2–12: Entwicklung der Mehrwertsteuersätze in Deutschland

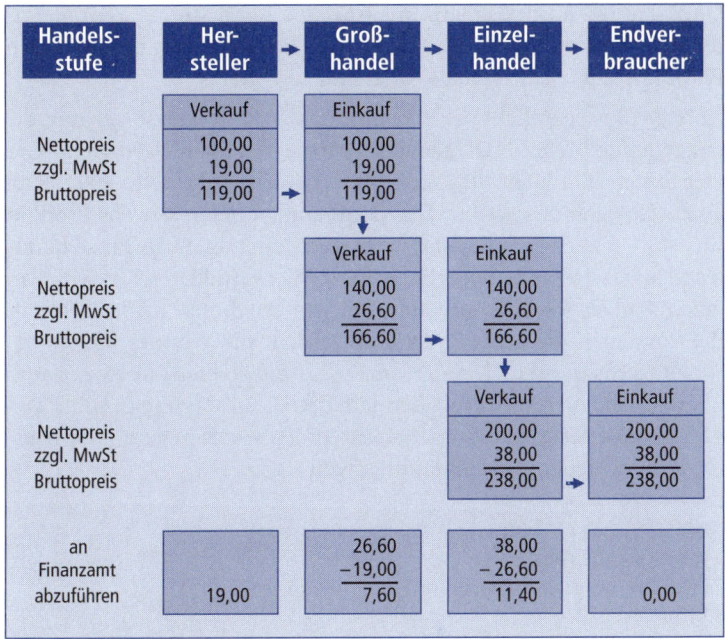

Abb. 2–13: Berechnung der Umsatzsteuer bei mehreren Handelsstufen

Buchungstechnisch sind Vorsteuer und berechnete Mehrwertsteuer durch eine Verbuchung auf unterschiedlichen Konten zu trennen. Die **Vorsteuer** ist die Umsatzsteuer, die ein Unternehmen bei Einkäufen selbst zahlen musste, während die **berechnete Mehrwertsteuer** ein Unternehmen seinen Kunden in Rechnung gestellt hat. Die Beträge, die auf diesen beiden Konten auflaufen, werden monatlich miteinander verrechnet. Dazu muss ein Unternehmer bis zum 10. des Folgemonats eine Umsatzsteuervoranmeldung für den abgelaufenen Monat beim Finanzamt abgeben und die so genannte „Mehrwertsteuer-Zahllast" an das Finanzamt abführen. Die **Mehrwertsteuer-Zahllast** wird wie folgt ermittelt:

Berechnete MwSt	(= den Kunden in Rechnung gestellt)
– Vorsteuer	(= an Lieferanten gezahlt)
= Mehrwertsteuer-Zahllast	(= an Finanzamt abzuführen)

Die Meldung an das Finanzamt trägt die Bezeichnung „Voranmeldung", weil durch die Gewährung von Preisnachlässen oder durch Retouren eine nachträgliche Korrektur möglich ist.

Abb. 2–13 verdeutlicht die Berechnung der Mehrwertsteuer und die entstehende Mehrwertsteuerzahllast für einen Handelsvorgang über vier Stufen: Ein Hersteller verkauft ein Produkt für netto 100,– € an einen Großhändler weiter. Der Großhändler veräußert das Produkt für 140,– € zuzüglich 26,60 € Mehrwertsteuer an einen Einzelhändler, der das Produkt schließlich für 238,– € (inkl. 19 % MwSt) an einen Endverbraucher verkauft. Die Unternehmen bringen jeweils die Vorsteuer, die beim Einkauf zu zahlen war, von der Mehrwertsteuer, die sie ihrem Kunden in Rechnung stellten, in Abzug und überweisen nur den verbleibenden Betrag an das Finanzamt. Dagegen muss der Endverbraucher durch den von ihm gezahlten Bruttopreis die Steuer in voller Höhe tragen.

BEISPIELE zur Verbuchung der Umsatzsteuer (MwSt-Satz 19 %):

(1) Warenverkauf, der Rechnungsbetrag beträgt 119000,– €.

[24] Forderungen	119.000	[50] Umsatzerlöse	100.000
		an [480] Mehrwertsteuer	19.000

(2) Kunde aus (1) erhält einen Rabatt von 8 %.
Nebenrechnung: 8 % von 119.000 € = 9.520,– €

[51] Erlösberichtigung	8.000		
[480] Mehrwertsteuer	1.520	**an** [24] Forderung	9.520

(3) Reparaturrechnung über 17.850,– € geht ein.

[61] Aufwand für bezogene Leistungen	15.000		
[260] Vorsteuer	2.850	**an** [44] Verbindlichkeiten	17.850

(4) Überweisung der Rechnung aus (3) nach vier Tagen.

[44] Verbindlichkeiten	17.850	**an** [28] Bank	17.850

(5) Ermittlung der MwSt-Zahllast aus den Vorfällen (1) bis (4):
19.000 – 1.520 – 2.850 = 14.630 €

2.3.5 Außerordentliche Aufwendungen und Erträge

Nach § 277 Absatz 4 HGB sind Erträge und Aufwendungen, die außerhalb der gewöhnlichen Geschäftstätigkeit einer Kapitalgesellschaft anfallen, auf den speziellen Konten „außerordentliche Aufwendungen" und „außerordentliche Erträge" zu verbuchen.

Außerordentliche Aufwendungen fallen bei Schadensfällen durch Katastrophen, Diebstahl, Unterschlagungen, Betrug oder Schwund an, unter außerordentlichen Erträgen sind empfangene Subventionen oder Sanierungsgewinne zu verbuchen.

BEISPIEL: In der Kasse fehlen 50,– €.
[76] Außerordentl. Aufwand   50   **an** [28] Kasse   50

2.4 Abschlussvorbereitungen

Zum Ende des Geschäftsjahres muss jedes Unternehmen einen Jahresabschluss erstellen. Dazu müssen alle Konten abgeschlossen und eine Abgrenzung von Vorgängen vorgenommen werden, die die Grenzen des Geschäftsjahres überschreiten. In den folgenden Kapiteln werden Buchungen und Maßnahmen zur Vorbereitung des Jahresabschlusses erläutert.

2.4.1 Lagerbestandsveränderungen

Zum Abschluss der Warenkonten sind die Veränderungen des Lagerbestandes an Material, an unfertigen und an fertigen Erzeugnissen zu erfassen und zu bewerten.

Als **Material** bezeichnet man Rohstoffe (z. B. Blech), Zulieferteile (z. B. Räder), Hilfsstoffe (Schrauben, Nägel) und Betriebsstoffe (Strom, Schmiermittel). Um den Materialverbrauch differenziert zu erfassen, werden zunächst getrennt der mengenmäßige Materialverbrauch und anschließend dessen Preis ermittelt.

Zur Erfassung der **Verbrauchsmenge** stehen die folgenden Verfahren zur Verfügung:

- **Skontration** (Fortschreibung): In größeren industriellen Betrieben wird der Materialverbrauch unmittelbar durch Materialentnahmescheine erfasst, durch die eine Fortschreibung („Skontration") des Bestands im Rahmen einer eigenen **„Lagerbuchführung"** möglich ist. Diese Form der Erfassung ist relativ arbeitsintensiv, hat aber den Vorteil, dass der Verbrauch unmittelbar einem Produkt zugeordnet werden kann. Ferner können durch einen Vergleich zwischen den Bestandswerten der Lagerbuchführung und den Inventurergebnissen Diebstähle und Schwund durch Verderben aufgezeigt werden.

- **Inventurmethode** (Befundrechnung): In kleineren handwerklichen und industriellen Betrieben wird der Materialverbrauch nach der „Inventurmethode" durch einen nachträglichen Bestandsvergleich am Lager erfasst. Dabei ist jedoch weder eine Zurechnung des Verbrauchs auf einzelne Produkte möglich, noch können Diebstahl, Verderb, Bruch und Schwund als solche erkannt werden.

- **Rückrechnung** (retrograde Methode): Bei der retrograden Methode wird ausgehend von der Produktionsmenge ein „Planverbrauch" errechnet.

- **Schätzung:** Eine Schätzung des Materialverbrauchs sollte lediglich bei geringwertigen Wirtschaftsgütern vorgenommen werden.

Nach der Verbrauchsmengenerfassung muss der Materialverbrauch bewertet werden. Wenn möglich, sind dazu die in der Buchführung erfassten **Anschaffungspreise** anzusetzen. Es sind jedoch auch Fälle denkbar, bei denen eine eindeutige Zuordnung nicht möglich ist. Dies ist vor allem bei Rohstoffen oder Massengütern der Fall, die nicht separat gelagert werden. Wenn bei diesen Materialien die Anschaffungspreise schwanken, muss auf **Verbrauchsfolgefiktionen** zurückgegriffen werden, mit denen eine Annahme zur Zurechnung von verbrauchter Menge und zugehörigem Preis getroffen wird. Die Verbrauchsfolgefiktionen setzen an der zeitlichen Reihenfolge des

Verbrauchs oder an der Höhe der Anschaffungspreise an. Die wichtigsten Verfahren sind:

- **LiFo** (Last in, first out): Es wird zunächst das Material verbraucht, das **zuletzt** gekauft wurde. Wenn z. B. Kohle auf einen Haufen geschüttet wird, muss die zuletzt aufgeschüttete Kohle zuerst verbraucht werden, da sie obenauf liegt.

- **FiFo** (First in, first out): Es wird zuerst das Material verbraucht, das **zuerst** gekauft wurde. Diese Fiktion bildet die Anwendung eines Silos ab, das von oben befüllt wird, aus dem die Entnahme jedoch von unten erfolgt.

- **HiFo** (Highest in, first out): Das **teuerste** Material wird zuerst verwendet.

- **LoFo** (Lowest in, first out): Das **billigste** Material wird zuerst verbraucht.

Gemäß § 256 HGB sind handelsrechtlich nur das LiFo- und das FiFo-Verfahren zulässig

Neben den Verbrauchsfolgefiktionen können zur Bewertung des Materialverbrauchs auch **Durchschnittspreise** eingesetzt werden (§240 Absatz 4 HGB). Üblich sind das gewogene arithmetische Mittel aus allen Zugängen (sog. „gewogener Durchschnittswert") oder gleitende Durchschnittspreise, bei denen nach jedem Lagerzugang die Ermittlung eines neuen Durchschnittspreises erfolgt, mit dem dann die Abgänge bewertet werden.

BEISPIEL zur Materialverbrauchsbewertung: Die Creter-Chemie setzt in ihrer Produktion einen Rohstoff ein. Für eine Abrechnungsperiode liegen die folgenden Zahlen vor:

Anfangsbestand am 1.7.	200 kg für 4,– €/kg
Zugang am 4.7.	500 kg für 5,– €/kg
Verbrauch am 7.7.	300 kg
Zugang am 10.7.	800 kg für 6,– €/kg
Verbrauch am 19.7.	650 kg

Der Materialverbrauch ist nach der LiFo-Methode und der Methode der gewogenen Durchschnittspreise zu bewerten.

Lösung:
LiFo (fortlaufende Rechnung):
$(300 \cdot 5)\, € + (650 \cdot 6)\, € = 5.400\, €$
Gewogene Durchschnittspreise:
$(200 \cdot 4 + 500 \cdot 5 + 800 \cdot 6)\, € : 1.500\,\text{kg} = 5{,}40\, €/\text{kg}$
$5{,}40\, €/\text{kg} \cdot (300 + 650)\,\text{kg} = 5.130\, €$

Bei den Beständen an **unfertigen und fertigen Erzeugnissen**, die ein Unternehmen am Geschäftsjahresende in seinem Lager hat, tritt das Problem auf, dass zur periodengerechten Ermittlung des Erfolgs der Aufwand für die produzierten, aber nicht abgesetzten Produkte aus der Gewinn-und-Verlust-Rechnung (GuV-Rechnung) herausgerechnet werden muss. Ohne Korrektur würde in der Periode, in der die Erzeugnisse produziert wurden, der Gewinn geschmälert, während in der Periode, in der die Produkte verkauft werden, eine Gewinnmehrung stattfände.

Zur Korrektur werden die auf Lager produzierten Erzeugnisse in der GuV-Rechnung so behandelt, als würden sie an das Unternehmen selbst verkauft. Als „Verkaufspreis" werden die so genannten **„Herstellungskosten"** (vgl. § 255 Absatz 2 HGB) angesetzt, die den Aufwand für die Herstellung beinhalten (Materialkosten, Fertigungskosten u. a.). Die Herstellungskosten für nicht abgesetzte unfertige und fertige Erzeugnisse werden vom GuV-Konto (vgl. Kap. 2.2.4 und 2.3.1.1) auf die aktiven Bestandskonten „Fertige Erzeugnisse" bzw. „Unfertige Erzeugnisse" gebucht.

Wenn mehr produziert als abgesetzt wurde, lautet der Buchungssatz:

[22]   Fertige Erzeugnisse   **an**   [803]   GuV-Konto

bzw.

[21]   Unfertige Erzeugnisse   **an**   [803]   GuV-Konto

Mit diesen Buchungssätzen wird erreicht, dass die Aufwendungen für produzierte, aber nicht verkaufte Erzeugnisse **nicht** erfolgswirksam sind.

Es ist auch der Fall denkbar, dass mehr abgesetzt als produziert wurde. Voraussetzung dazu ist, dass sich zu Periodenbeginn entsprechende Erzeugnisse im Lager befanden. Damit der Erfolg periodengerecht ermittelt wird, muss der Aufwand für die aus dem Lager entnommenen Produkte den übrigen Aufwendungen der Periode hinzugerechnet werden. Der Buchungssatz lautet:

[803] GuV-Konto **an** [22] Fertige Erzeugnisse

bzw.

[803] GuV-Konto **an** [21] Unfertige Erzeugnisse

Da die im Lager liegenden Erzeugnisse zu ihren Aufwandswerten (= Herstellungskosten) bewertet sind, stehen durch diesen Buchungssatz den Erlösen der verkauften Erzeugnisse exakt die verursachten Aufwendungen gegenüber.

2.4.2 Abschreibungen

Durch eine Abschreibung wird der bestehende Wertansatz eines Vermögensgegenstandes vermindert. Das berücksichtigt zum einen den **Wertverlust**, den Maschinen durch Abnutzung oder Veralten erleiden. Zum anderen wird die Gewinnentwicklung des Unternehmens verstetigt, da bei Beschaffungen der Aufwand nicht in voller Höhe in die Gewinn- und Verlust-Rechnung eingeht, sondern auf die voraussichtliche Nutzungsdauer des beschafften Wirtschaftsgutes **periodengerecht** verteilt wird. Im Steuerrecht werden Abschreibungen als „Absetzung für Abnutzung" (abgekürzt AfA) bezeichnet.

Im Rahmen der bilanziellen Abschreibung bestehen bei den einzelnen Vermögensarten die folgenden Unterschiede:

- **Anlagevermögen:** Der Wertverzehr des Anlagevermögens (Gebäude, Produktionsanlagen, Maschinen, Fuhrpark) wird als Aufwand erfasst und mit einem geeigneten Abschreibungsverfahren periodengerecht auf die Nutzungsdauer verteilt (vgl. Kap. 2.4.2.1).

- **Vorräte**, wie z. B. Rohstoffe oder Zukaufteile, unterliegen keiner regelmäßigen Wertminderung, da sie nach einmaliger Nutzung verbraucht sind. Sollte allerdings der Wert von auf Lager liegenden Vorräten unter den Anschaffungspreis absinken, muss im Rahmen einer außerplanmäßigen Abschreibung der niedrigere Tageswert angesetzt werden (so genanntes „strenges Niederstwertprinzip"). Wenn der Wert der Vorräte wieder ansteigt besteht nach § 253 Absatz 5 HGB ein **Zuschreibungsgebot**, wobei der ursprüngliche Anschaffungspreis die obere Wertgrenze bildet: Eine Zuschreibung über den Anschaffungspreis hinaus ist nicht gestattet.

- **Forderungen** werden zum Nennwert in der Bilanz aufgeführt. Sollten Forderungen jedoch z. B. wegen Insolvenz des Schuldners ganz oder teilweise uneinbringlich sein, sind sie entsprechend abzuschreiben (vgl. Kap. 2.4.2.2).

2.4.2.1 Abschreibungen auf Anlagen

Das Anlagevermögen eines Unternehmens kann in immaterielle Vermögensgegenstände (Konzessionen, Lizenzen, Schutzrechte u. a.), Sachanlagen und Finanzanlagen unterteilt werden. Bei den Sachanlagen unterscheidet man abnutzbare (Gebäude, Maschinen, Geräte) und nicht abnutzbare Gegenstände (Grundstücke).

Nur das **abnutzbare Sachanlagevermögen** wird einer **planmäßigen Abschreibung** unterzogen, indem die Anschaffungs- oder Herstellungskosten periodengerecht auf die Nutzungsdauer verteilt werden (§253 Absatz 3 Satz 1 HGB). Bei den übrigen Bestandteilen des Anlagevermögens werden lediglich **außerplanmäßige Abschreibungen** vorgenommen, wenn dauerhafte Wertminderungen durch nicht vorsehbare Ereignisse eingetreten sind (§253 Absatz 3 Satz 3 HGB). Falls der Grund für die außerplanmäßige Abschreibungen nachträglich entfällt, besteht nach § 253 Absatz 5 HGB ein **Wertaufholungsgebot**. Die daraus resultierende Zuschreibung kann maximal bis zu dem Wert erfolgen, den das Anlagegut aufgrund der planmäßigen Abschreibung noch hätte.

Die **Wertminderung** des abnutzbaren Sachanlagevermögens, die im Rahmen der planmäßigen Abschreibung berücksichtigt wird, kann

- **technische Ursachen,** wie natürlichen Verschleiß (z. B. Rost), Gebrauchsverschleiß (Abnutzung) oder Katastrophenverschleiß (Explosion, Feuer) oder

- **ökonomische Ursachen** aufgrund des technischen Fortschritts oder von Veränderungen auf den Absatzmärkten (z. B. durch Preisverfall, neue Produkte, Nachfrageverschiebungen)

besitzen.

Die **Höhe der Abschreibung** für ein Wirtschaftsgut wird durch die aus den Anschaffungs- oder Herstellungskosten ermittelte Abschreibungssumme, die geschätzte Nutzungsdauer und das gewählte Abschreibungsverfahren festgelegt. Im Folgenden werden die wichtigsten Abschreibungsverfahren vorgestellt. Dabei kommen folgende Formelzeichen zum Einsatz:

a_t = Abschreibungsbetrag der Periode t

A = Anschaffungswert

R = Restwert am Ende der Nutzungsdauer

R_v = Restwert am Ende der Vorperiode

t = Betrachtete Periode (t = 1,... T)

T = Voraussichtliche Nutzungsdauer

Grundsätzlich lassen sich zeitabhängige und leistungsabhängige Abschreibungsverfahren unterscheiden.

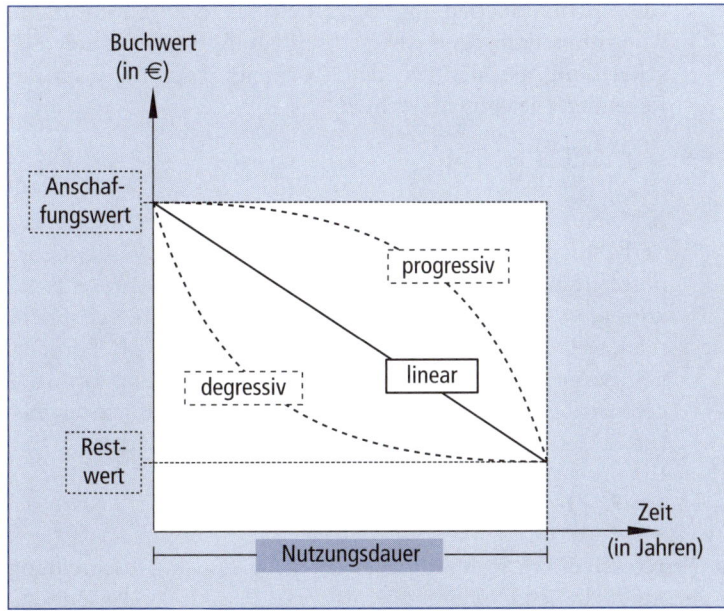

Abb. 2–14: Verlauf des Buchwertes bei zeitabhängigen Abschreibungsverfahren

Bei den **zeitabhängigen Abschreibungsverfahren** wird davon ausgegangen, dass der Wertverlust des Anlagegegenstandes (Nutzungs-
potentialverzehr) allein vom Zeitverlauf abhängt. Abb. 2–14 zeigt
den Verlauf des Buchwertes bei verschiedenen Verfahren.

■ **Lineare Abschreibung:** Bei der linearen Abschreibung wird in jeder
Periode der gleiche Betrag abgeschrieben (a_t = konstant). Der Abschreibungsbetrag a_t errechnet sich nach der folgenden Gleichung:

$$a_t = \frac{A-R}{T}$$

■ **Degressive Abschreibung:** Der Abschreibungsbetrag nimmt von
Periode zu Periode ab, der Wertverlust ist somit am Anfang der
Nutzung wesentlich höher als in späteren Perioden. Dies ist bei den
meisten technischen Geräten, Anlagen und Maschinen der Fall. Ty-
pisches Beispiel ist der Wertverlust bei neuen Kraftfahrzeugen.

– Bei der **degressiv-arithmetischen Abschreibung** nimmt der
Abschreibungsbetrag um konstante Beträge ab. Eine Variante
der arithmetisch-degressiven Abschreibung ist die **digitale Abschreibung**, bei der sich der Abschreibungsbetrag nach der
folgenden Gleichung errechnet:

$$a_t = \frac{2 \cdot (A-R)}{T \cdot (T+1)} \cdot (T - t + 1)$$

– Bei der **degressiv-geometrischen Abschreibung** bleibt das
Verhältnis zwischen den Abschreibungsbeträgen von zwei be-
nachbarten Zeitperioden (d. h. der Abschreibungsprozentsatz)
konstant; von einer „geometrischen" Abschreibung spricht
man, weil die Abnahme der Abschreibungsbeträge in Form einer geometrischen Reihe erfolgt. Eine Ausprägungsform der
geometrisch-degressiven Abschreibung ist die **Buchwertmethode**, deren Grundlage die folgende Gleichung bildet:

$$a_t = R_v \cdot \left(1 - \sqrt[T]{\frac{R}{A}} \right)$$

■ **Progressive Abschreibung:** Bei der progressiven Abschreibung
nehmen die Abschreibungsbeträge von Periode zu Periode zu.
Dies steht jedoch im Widerspruch zu dem Prinzip der kaufmännischen Vorsicht und in den meisten Fällen auch zum tatsäch-

lichen Wertverlust. Deshalb werden die progressiven Verfahren hier nicht weiter betrachtet.

- **Leistungsabhängige Abschreibung:** Bei der leistungsabhängigen Abschreibung variieren die Abschreibungsbeträge je nach der tatsächlichen Leistungsinanspruchnahme. Dazu wird zunächst ermittelt, welcher Abschreibungsbetrag auf eine Leistungseinheit (z. B. Kilometer, Betriebsstunde) entfällt. Anschließend kann aus der tatsächlichen Leistung der Abschreibungsbetrag für eine Periode ermittelt werden.

BEISPIEL zu den Abschreibungsverfahren: Die Lauer AG hat für 35.000,– € einen neuen Kleintraktor erworben, der 5 Jahre (ca.6.000 Betriebsstunden) genutzt werden soll und dann einen voraussichtlichen Restwert von 5.000,– € besitzen wird. Mit den angegebenen Gleichungen lassen sich die Abschreibungsbeträge ermitteln. Für die erste Periode, in der der Kleintraktor 1.300 Betriebsstunden genutzt wird, lauten sie:
- Lineare (gleichmäßige) Abschreibung:
  $a_1 = (35.000 - 5.000) € : 5 = 6.000 €$
- Digitale Abschreibung (arithmetisch-degressiv):
  $a_1 = 2 \cdot (35.000 - 5.000) \cdot (5 - 1 + 1) : [5 \cdot (5 + 1)] € = 10.000 €$
- Buchwertmethode (geometrisch-degressiv):
  $a_1 = 35.000 \cdot \left(1 - \sqrt[5]{5.000/35.000}\right) € = 11.284 €$

- Leistungsabschreibung:
  30.000 € : 6.000 h = 5,– €/h
  $a_1 = 1.300 \text{ h} \cdot 5 €/h = 6.500 €$

Analog können die Abschreibungsbeträge für die übrigen Perioden errechnet werden. Die Ergebnisse sind in der folgenden Tabelle zusammengestellt, wobei bei der leistungsabhängigen Abschreibung von folgendem Nutzungsverlauf in den Perioden ausgegangen wird: 1.300 h, 1.150 h, 950 h, 1.200 h, 1.400 h.

t	Lineare Abschreibung	Digitales Verfahren	Buchwertmethode	Leistungsabhängig
1	6.000	10.000	11.284	6.500
2	6.000	8.000	7.646	5.750
3	6.000	6.000	5.181	4.750
4	6.000	4.000	3.511	6.000
5	6.000	2.000	2.378	7.000

Die Zusammenstellung zeigt, dass bei allen Verfahren innerhalb von fünf Jahren zwar derselbe Betrag (30.000 €) abgeschrieben wird, die Aufteilung auf die einzelnen Jahre in Abhängigkeit von den Verfahren jedoch sehr unterschiedlich ist.

Bei der **Auswahl des Abschreibungsverfahrens** soll eine möglichst realitätskonforme Abbildung des tatsächlichen Wertverlustes angestrebt werden. So wird die lineare Abschreibung ausgewählt werden, wenn die Verringerung des Nutzungspotentials maßgeblich durch den Zeitablauf bestimmt wird, während die leistungsabhängige Abschreibung zur Anwendung kommt, wenn die Wertminderung durch die Nutzung maßgeblich beeinflusst ist.

In Deutschland dürfen als **zeitabhängige Abschreibungsverfahren** die lineare und die degressive Abschreibung angewendet werden, die progressive Abschreibung ist handels- und steuerrechtlich nicht zulässig. Durch das Unternehmensteuerreformgesetz 2008 war für Wirtschaftsgüter, die nach dem 31. 12. 2007 angeschafft oder hergestellt wurden, nur noch die lineare Abschreibung zulässig. Im Rahmen des Konjunkturprogramms der Bundesregierung wurde die degressive Abschreibung für Wirtschaftsgüter, die in den Jahren 2009 und 2010 angeschafft wurden, wieder zugelassen. Somit ist die degressive Abschreibung bislang nur für 2008 beschaffte Wirtschaftsgüter unzulässig. Nach der derzeitigen Gesetzeslage (Stand: 1. 10. 2010) darf allerdings ab 1. 1. 2011 für neu beschaffte Wirtschaftsgüter die degressive Abschreibung nicht mehr zum Einsatz kommen. Im Rahmen der Kostenrechnung (vgl. Kap. 4.2.3) ist sie aber weiterhin einsetzbar.

Eine Alternative zu den zeitabhängigen Verfahren bildet die **leistungsabhängige Abschreibung;** sie darf angewandt werden, wenn dies vom Nutzungsverlauf her zu begründen ist.

Die **Verbuchung des Abschreibungsbetrages** kann auf direkte und auf indirekte Weise erfolgen.

Bei der **direkten Verbuchung** wird der Buchwert auf dem Konto „Anlagen" direkt um den Abschreibungsbetrag vermindert. Damit erscheint in der Bilanz nur der jeweilige Restbuchwert der Anlage, die ursprünglichen Anschaffungskosten sind nicht mehr ersichtlich. Der Buchungssatz lautet:

[65]   Abschreibung auf Anlagen   **an**   [07]   Anlagen

Bei der **indirekten Verbuchung** wird die Wertminderung durch einen Korrekturposten auf der Passivseite der Bilanz berücksichtigt. Dieser Posten, in den die Abschreibungsbeträge eingebucht werden, trägt die Bezeichnung „Wertberichtigungen auf Anlagen". Dadurch stehen die ursprünglichen Anlagenwerte während der gesamten Nutzungsdauer mit unverändertem Betrag (Anschaffungs- oder Herstellungskosten) in der Bilanz. Eine Abschreibung wird mit dem Buchungssatz

[65]   Abschreibung auf Anlagen   **an**   [36]   Wertberichtigung auf Anlagen

verbucht. Dabei geht die „Abschreibung auf Anlagen" direkt in die GuV-Rechnung ein, während die „Wertberichtigung auf Anlagen" einen Posten auf der Passivseite der Bilanz bildet.

Die indirekte Abschreibungsmethode ist für Kapitalgesellschaften (GmbH, AG) nicht zulässig. Kapitalgesellschaften müssen direkt abschreiben; nach § 268 Absatz 2 HGB haben sie jedoch einen so genannten „Anlagespiegel" aufzustellen, der im Anhang zum Jahresabschluss veröffentlicht wird und dem die Anschaffungskosten und die zugehörigen Abschreibungen entnommen werden können.

Wenn eine Anlage vollständig abgeschrieben ist, aber dennoch weiterhin im Unternehmen genutzt werden kann, ist in den Büchern ein Erinnerungswert von 1,– € anzusetzen.

Bei Anlagevermögenszugängen während eines laufenden Geschäftsjahrs wird eine zeitanteilige Abschreibung vorgenommen: Wenn z. B. drei Monate vor Geschäftsjahresende eine Beschaffung erfolgt, wird ein Anteil von $^{3}/_{12}$ des Jahresabschreibungsbetrags angesetzt.

Eine Vereinfachung besteht bei **„geringwertigen Wirtschaftsgütern"**. Nach der derzeitigen Rechtslage bestehen zwei Abschreibungsvarianten:

- **410-€-Grenze** (gemäß § 6 Absatz 2 EStG): Geringwertige Wirtschaftsgüter, deren Anschaffungskosten 410 € (zuzüglich MwSt) nicht übersteigen, dürfen im Jahr der Anschaffung vollständig abgeschrieben (also als Betriebsausgaben geltend gemacht) werden. Liegen die Anschaffungskosten über 410 €, ist das Wirtschaftsgut regulär über seine Nutzungsdauer abzuschreiben.

■ **Sammelposten** (gemäß § 6 Absatz 2a EStG): Geringwertige Wirtschaftsgüter, deren Anschaffungskosten 150 € (zuzüglich MwSt) nicht übersteigen, dürfen im Jahr der Anschaffung vollständig abgeschrieben werden. Wirtschaftsgüter, deren Anschaffungskosten zwischen 150 € und 1.000 € liegen, sind in einen jahrgangsbezogenen Sammelposten einzubuchen, der dann über fünf Jahre linear abzuschreiben ist. Mit der Einstellung in den Sammelposten verliert ein Wirtschaftsgut seine eigenständige Existenz: Auch wenn ein Wirtschaftsgut vor Ablauf der Fünfjahresfrist verkauft oder entsorgt wird, bleibt es im Sammelposten stehen. Die klassische Abschreibung über die Nutzungsdauer erfolgt erst bei Wirtschaftsgütern mit einem Wert von über 1.000 € (netto).

Ein Unternehmen kann sich frei entscheiden, welche der beiden Varianten es anwendet. Die Entscheidung für eine Variante gilt dann aber einheitlich für **alle** geringwertigen Wirtschaftsgüter, die in einem Geschäftsjahr angeschafft werden. Der Wechsel der Variante ist nur zu Beginn eines neuen Geschäftsjahrs möglich; ein unterjähriger Variantenwechsel ist nicht gestattet.

BEISPIEL zur Verbuchung von Abschreibungen: Die Lauer AG beschafft eine Produktionsanlage für 238.000,– € (inkl. 19 % MwSt) und nimmt sie zum 1. Juli 01 in Betrieb. Die Nutzungsdauer beträgt fünf Jahre, der voraussichtliche Restwert 25.000,– €. Die Anlage soll auf fünf Jahre linear abgeschrieben werden.

– Buchungen bei Kauf:

[07] Anlagen	200.000			
[260] Vorsteuer	38.000	**an** [28] Bank	238.000

– Berechnung des Abschreibungsbetrags:

$a_1 = (200.000 - 25.000) € : 5 = 35.000,- €$

– Buchung am Jahresende 01:

Da die Anlage 01 nur ein halbes Jahr genutzt wird, ist lediglich die Hälfte des Abschreibungsbetrags anzusetzen:

[65] Abschreibung auf Anlagen	17.500	**an** [07] Anlagen	17.500

Am 1. Juli 06 wird die Anlage für 30.000,– € zuzüglich MwSt verkauft. Der Restbuchwert beträgt 25.000 €, daher entsteht ein sonstiger betrieblicher Ertrag von 5.000 €.

[28] Bank	35.700	**an**	[07] Anlagen	25.000
			[480] MwSt	5.700
			[54] Sonstiger betrieblicher Ertrag	5.000

2.4.2.2 Abschreibungen auf Forderungen

Durch die Abschreibung von Forderungen wird sichergestellt, dass nichtrealisierbare Forderungen aus den Büchern gestrichen oder auf den vermutlich eingehenden Betrag vermindert werden. Dazu werden die Forderungen, die ein Unternehmen gegenüber seinen Kunden und sonstigen Schuldnern besitzt, nach ihrer Bonität oder „Güte" in eine der folgenden drei Kategorien eingeordnet:

- **Einwandfrei** (vollwertige Forderungen): Bei den einwandfreien Forderungen ist davon auszugehen, dass sie in voller Höhe beglichen werden. Daher werden diese Forderungen zum Nominalwert (d. h. einschließlich der MwSt) in den Büchern verbucht.

- **Zweifelhaft** (Dubiose Forderungen): Die Einbringlichkeit einer Forderung wird zweifelhaft, wenn ein Kunde trotz mehrmaliger Mahnung nicht zahlt oder wenn bekannt ist, dass ein Insolvenzverfahren eröffnet wurde. Die Forderung ist auf den wahrscheinlichen Wert, von dem angenommen wird, dass er noch eingeht, abzuschreiben.

- **Uneinbringlich**: Wenn die Forderung uneinbringlich geworden ist, weil Pfändungen erfolglos geblieben sind oder die Eröffnung eines Insolvenzverfahrens mangels Masse abgelehnt wurde, ist die Forderung vollständig abzuschreiben. In diesem Fall ist auch eine Korrektur der zu der Forderung gehörenden berechneten Mehrwertsteuer zulässig, die vom Finanzamt zurückerstattet wird.

Im Rahmen der vorbereitenden Abschlussbuchungen werden „einwandfreie" von zweifelhaften und uneinbringlichen Forderungen getrennt. Dazu erfolgt zunächst eine **Umbuchung** von sämtlichen zweifelhaften und uneinbringlichen Forderungen auf das Konto „Dubiose" (= Zweifelhafte Forderungen). Der Buchungssatz lautet:

[241] Dubiose   **an** [24] Forderungen

Im nächsten Schritt sind die uneinbringlichen Forderungen abzuschreiben. Dazu werden diese von dem Konto „Dubiose" auf das Konto „Abschreibungen auf Forderungen" gebucht:

[69] Abschreibung auf Forder-   **an** [241] Dubiose
      ungen

Auf dem Konto „Dubiose" verbleibt somit nur der Teil der Forderungen, von dem man annimmt, dass er noch teilweise eingeht. Nach § 17 UStG ist eine MwSt-Korrektur erst gestattet, wenn ein effektiver Forderungsausfall vorliegt.

Neben der soeben dargestellten direkten Forderungsabschreibung ist auch eine indirekte Verbuchung unter Einbeziehung des Kontos „Delcredere-Wertberichtigung" möglich. Diese Vorgehensweise ist jedoch für Kapitalgesellschaften unzulässig, in der Praxis nicht weit verbreitet und wird deshalb nicht weiter betrachtet.

Bei der bisher dargestellten Forderungsabschreibung handelt es sich um eine **Einzelwertberichtigung**, durch die das spezielle Risiko von einzelnen Forderungen betrachtet wird. Daneben ist es üblich, auch das allgemeine Kreditrisiko von großen Forderungsbeständen zu berücksichtigen. Mit dem allgemeinen Kreditrisiko werden die Unwägbarkeiten des Zahlungsverkehrs einbezogen, die durch nicht erkennbare Bonitätsrisiken im einwandfreien Forderungsbestand oder durch Wagnisse im Zusammenhang mit dem Auslandszahlungsverkehr bestehen.

Derartige Risiken lassen sich durch eine **Pauschalwertberichtigung** auf den einwandfreien Forderungsbestand berücksichtigen. Dazu wird nach Aussonderung von uneinbringlichen und zweifelhaften Forderungen der verbleibende einwandfreie Forderungsbestand um die Mehrwertsteuer vermindert und mit einem aufgrund von Forderungsausfällen der Vergangenheit ermittelten „Erfahrungsprozentsatz" multipliziert. Als Ergebnis erhält man den Betrag, der im Rahmen der Pauschalwertberichtigung abgeschrieben werden muss. Üblich ist ein Erfahrungsprozentsatz zwischen drei und sieben Prozent der einwandfreien Forderungen.

BEISPIEL zur Abschreibung von Forderungen: Von den Forderungen der Domherr OHG gelten 9.520,– € als zweifelhaft. Von den zweifelhaften Forderungen sind vermutlich 2.380,– € uneinbringlich sowie 1190,– € mit Sicherheit uneinbringlich. Die Verbuchung dieser Sachverhalte erfolgt bei direkter Forderungsabschreibung wie folgt:

(1) Umbuchung der zweifelhaften Forderungen
Die Forderungen werden von dem bisherigen Konto auf das Konto Dubiose gebucht:

[241] Dubiose   9.520   **an**   [24] Forderungen   9.520

(2) Verbuchung der vermutlich uneinbringlichen Forderungen
Von den bereits auf das Konto Dubiose gebuchten Forderungen wird der Anteil, der vermutlich uneinbringlich ist, ohne den MwSt-Anteil (380 €) durch Buchung auf das Konto „Abschreibung auf Forderungen" abgeschrieben:

[69] Abschreibung auf Forderungen 2.000   **an** [241] Dubiose   2.000

Eine Korrektur der MwSt ist erst dann zulässig, wenn die Forderung mit Sicherheit uneinbringlich wurde.

(3) Verbuchung der mit Sicherheit uneinbringlichen Forderungen (analoger Fall wie bei (2), doch mit MwSt-Korrektur):

[69] Abschreibung auf Forderungen 1.000
[480] MwSt   190   **an** [241] Dubiose   2.000

2.4.3 Rechnungsabgrenzung

Im Rahmen der Buchführung werden den Erträgen einer Periode die zugehörigen Aufwendungen dieser Periode gegenübergestellt, um den Periodenerfolg zu ermitteln. Damit das Ergebnis nicht verzerrt wird, müssen periodenübergreifende Erfolgsvorgänge abgegrenzt werden. Abb. 2–15 zeigt vier verschiedene Möglichkeiten, wie sich Zahlungszeitpunkt und Erfolgswirksamkeit (d. h. die Entstehung eines Aufwands oder Ertrags) zueinander verhalten können.

Die einzelnen Bereiche in Abb. 2–15 lassen sich wie folgt voneinander abgrenzen:

- Feld (1) und Feld (4): Normalfall – Zahlung und Erfolgswirksamkeit liegen im gleichen Geschäftsjahr. Dies stellt den Normalfall dar, eine Rechnungsabgrenzung ist nicht erforderlich.

	Zahlung heute	Zahlung morgen
Erfolg heute	① Regelfall	② **Aufwand:** Sonst. Verbindlichkeiten **Ertrag:** Sonstige Forderungen
Erfolg morgen	③ **Aufwand:** Aktiver RAP **Ertrag:** Passiver RAP	④ Regelfall

Abb. 2–15: Arten der Rechnungsabgrenzung aufgrund des Verhältnisses von Zahlungszeitpunkt und Erfolgswirksamkeit

- Feld (2): Zahlung **nach** Erfolgswirksamkeit – Erfolgt die Zahlung nach der Erfolgswirksamkeit, muss eine **antizipative Rechnungsabgrenzung** vorgenommen werden. Die künftige Zahlung wird durch eine Verbuchung im alten Geschäftsjahr vorweggenommen (lat. „anticipere" = vorwegnehmen, vorziehen) und als „Sonstige Verbindlichkeiten" oder „Sonstige Forderungen" verbucht. Beispiel für einen derartigen Sachverhalt sind Mietzahlungen, die erst im kommenden Geschäftsjahr zu zahlen sind, obwohl der Mietgegenstand bereits im alten Geschäftsjahr genutzt wird. Durch die Rechnungsabgrenzung geht der Anteil der künftigen Zahlung, der dem laufenden Geschäftsjahr zuzurechnen ist, in die Gewinn- und Verlustrechnung ein.

- Feld (3): Zahlung **vor** Erfolgswirksamkeit – Die Zahlung ist bereits im alten Jahr erfolgt, doch wirtschaftlich gehört der Sachverhalt in das neue Geschäftsjahr. Hierbei wird eine **transitorische Rechnungsabgrenzung** (lat. „transire" = hinübergehen) durch eine Umbuchung in die Position „Rechnungsabgrenzungsposten" (kurz: RAP) vorgenommen. Es lassen sich „Aktive Rechnungsabgrenzungsposten", die einen künftigen Aufwand abbilden, und „passive Rechnungsabgrenzungsposten", die einen künftigen Ertrag darstellen, unterscheiden. Beispiel für eine transitorische Abgrenzung sind im Voraus gezahlte Miete (aktiv) oder im Voraus vereinnahmte Miete (passiv). Eine aktive Abgrenzung erhöht den Gewinn der abzurechnenden Periode und wirkt sich im folgenden Geschäftsjahr gewinnmindernd aus. Bei der passiven Abgrenzung verhält es sich genau umgekehrt.

BEISPIELE zur Rechnungsabgrenzung: Die Wagner AG vermietet eine Lagerhalle für ein Jahr an die Pilz OHG. Als Miete sind 12.000,– € vereinbart, der Mietbeginn ist der 1. 11. 01.

Fall 1: Die **Mietzahlung** ist **Ende Oktober 02 fällig** (Fall (2) nach Abb. 2–15)

(a) Buchungen der Wagner AG (**Vermieter**): Es handelt sich um antizipative Aktiva. Im **Jahr 01** ist zu buchen:

[26]	Sonst. Forderungen	2.000	**an**	[54]	Mietertrag	2.000

Abgegrenzt werden 2/12 von 12.000, da nur zwei Monate in das Jahr 01 fallen. Der Ertrag von 2.000 € wird vorweggenommen und bereits im Jahre 01 erfolgswirksam.

(b) Buchungen der Wagner AG im **Jahre 02:**

[28]	Bank	12.000	**an**	[54]	Mietertrag	10.000
				[26]	Sonstige Forderungen	2.000

(c) Buchungen der Pilz OHG (**Mieter**): Es handelt sich um antizipative Passiva, die im **Jahr 01** wie folgt abgegrenzt werden:

[67]	Mietaufwand	2.000	**an**	[48]	Sonstige Verbindlichkeiten	2.000

(d) Im **Jahr 02** hat die Pilz OHG folgende Buchungen vorzunehmen:

[67]	Mietaufwand	10.000				
[48]	Sonstige Verbindlichkeiten	2.000	**an**	[28]	Bank	12.000

Fall 2: Mietzahlung ist **Anfang November 01 fällig** (Fall (3) nach Abb. 2–15)

(a) Buchungen der Wagner AG (**Vermieter**): Es handelt sich um transitorische Passiva. Im Jahr 01 ist zu buchen:

[28]	Bank	12.000	**an**	[54]	Mietertrag	12.000
[54]	Mietertrag	10.000	**an**	[49]	Passiver RAP	10.000

Abgegrenzt werden 10/12 von 12.000, da 10 Monate in das Jahr 02 fallen, die übrigen 2.000 € stellen Fall (1) in Abb. 2–15 dar. Durch die

Abgrenzungsbuchung wird der Ertrag von 10.000 € aus dem Geschäftsjahr 01 herausgenommen und erst im Geschäftsjahr 02 erfolgswirksam.

(b) Im Jahr 02 hat die Wagner AG den passiven Rechnungsabgrenzungsposten durch folgende Buchung aufzulösen:

[49]	Passiver RAP	10.000	**an** [54]	Mietertrag	10.000

(c) Buchungen der Pilz OHG (**Mieter**) im Jahr 01:

[67]	Mietaufwand	12.000	**an** [28]	Bank	12.000
[29]	Aktiver RAP	10.000	**an** [67]	Mietaufwand	10.000

(d) Buchung der Pilz OHG im Jahr 02: Auflösung des aktiven Rechnungsabgrenzungspostens:

[67]	Mietaufwand	12.000	**an** [29]	Aktiver RAP	10.000

2.4.4 Rückstellungen

Rückstellungen bilden einen künftigen Aufwand des Unternehmens, bei dem die genaue Höhe oder der Fälligkeitstermin unbekannt ist. Sie sind aus Gründen der kaufmännischen Vorsicht anzusetzen, wenn konkrete Tatsachen darauf hinweisen, dass mit einer Inanspruchnahme fest zu rechnen ist.

Ebenso wie die antizipative Rechnungsabgrenzung, dienen auch Rückstellungen der periodengerechten Abgrenzung von Vorfällen, bei denen eine Zahlung noch nicht erfolgt ist. Der Unterschied zu einer passiven antizipativen Rechnungsabgrenzung, aber auch zu Verbindlichkeiten, ist die Ungewissheit bezüglich Höhe und Fälligkeit, die eine Abschätzung erforderlich macht.

Rückstellungen dürfen nur für die folgenden Zwecke gebildet werden, die in § 249 HGB aufgeführt sind:

- Rückstellung für **ungewisse Verbindlichkeiten**, z. B. Pensionsrückstellungen (Rückstellungen für Pensionszusagen an Mitarbeiter), Steuernachzahlungen, Prozessrisiken, Eventualverbindlichkeiten aus Bürgschaften oder Wechselobligo.

- Rückstellungen für **drohende Verluste** aus schwebenden Geschäften, wenn absehbar ist, dass die Verkaufserlöse den anfallenden Aufwand nicht decken werden (z. B. bei Festpreisvereinbarungen).

- Rückstellungen für unterlassene **Instandhaltung**smaßnahmen oder für **Abraumbeseitigung.**

- Rückstellungen für **Gewährleistungen** ohne rechtliche Verpflichtung („Kulanzrückstellungen" für Gewährleistungen nach Ablauf der Gewährleistungszeit).

Bei Vorliegen der Rückstellungsvoraussetzungen müssen die entsprechenden Rückstellungen gebildet werden. Wenn der Grund, der zur Bildung der Rückstellung geführt hat, weggefallen ist, muss die Rückstellung aufgelöst werden.

Die Bildung einer Rückstellung geht zu Lasten der Aufwandsart, die bei Inanspruchnahme und Abrechnung belastet würde. Wenn die Aufwandsart nicht erkennbar ist, erfolgt die Verbuchung unter „Sonstigen Aufwendungen". In der Bilanz stehen die Rückstellungen auf der Passivseite. Sie bilden zusammen mit den Verbindlichkeiten das **Fremdkapital** des Unternehmens.

Die Auflösung einer Rückstellung erfolgt über ein Finanzkonto (Bank, Kasse). Wurde die Rückstellung zu niedrig angesetzt, wird der Restbetrag als „Sonstiger betrieblicher Aufwand" verbucht, bei einer Überdeckung als „Sonstiger betrieblicher Ertrag".

BEISPIEL zur Verbuchung von Rückstellungen: Die Rechnung für eine durchgeführte Lieferwagenreparatur steht am Ende des Geschäftsjahrs noch aus. Nach einem vorliegenden Kostenvoranschlag ist mit etwa 800,– € (zuzüglich 19 % MwSt) zu rechnen.

Buchung im alten Geschäftsjahr:

[61] Reparaturaufwand 800 **an** [39] Rückstellungen   800

Die Rückstellung bezieht sich nur auf den Nettobetrag, da die MwSt das Unternehmen nicht belastet (durchlaufender Posten, vgl. Kap. 2.3.4).

Buchung im neuen Geschäftsjahr, nachdem eine Rechnung über 700,– € zuzüglich 19 % MwSt (= 133,– €) eingegangen ist und per Bank bezahlt wird:

[39] Rückstellungen   800

[260] Vorsteuer   133   **an**   [28] Bank   833

                       [54] Sonstiger betriebl. Ertrag 100

Der sonstige betriebliche Ertrag ergibt sich, weil die Rückstellung im alten Geschäftsjahr um 100 € zu hoch angesetzt worden war.

2.4.5 Rücklagen

Rücklagen sind ein Bestandteil des **Eigenkapitals** eines Unternehmens. Grundsätzlich lassen sich **offene Rücklagen**, die durch nicht ausgeschüttete Gewinne entstehen, und **stille Rücklagen**, die bewertungsbedingte Ursachen haben, unterscheiden. Die offenen Rücklagen werden in der Bilanz ausgewiesen und sind damit für jeden Bilanzleser erkennbar. Die stillen Rücklagen sind eine verborgene Reserve, die teilweise bewusst durch die Unterbewertung von Aktiva oder die Überbewertung von Passiva, teilweise aber auch unbewusst (Schätzfehler, Preisschwankungen) gebildet werden und nicht aus der Bilanz ablesbar sind. Keinesfalls dürfen Rücklagen mit den zum Fremdkapital zählenden Rückstellungen verwechselt werden (vgl. Kap. 2.4.4)!

Für Kapitalgesellschaften lassen sich nach § 266 Absatz 3 HGB folgende **offenen Rücklagen** unterscheiden:

- **Kapitalrücklage** (§272 Absatz 2 HGB): Eine Kapitalrücklage ist für den Betrag zu bilden, mit dem Aktien über ihrem Nennwert ausgegeben werden (sog. „Agio").

- **Gewinnrücklagen** (§272 Absatz 3 HGB): Gewinnrücklagen entstehen aus einbehaltenen Gewinnen. Das HGB unterscheidet:

  - Gesetzliche Rücklagen: Bei Aktiengesellschaften sind fünf Prozent des Jahresüberschusses in die gesetzliche Rücklage einzustellen, bis ein Betrag in Höhe von zehn Prozent des Grundkapitals erreicht ist (§150 AktG).

  - Rücklage für sog. Rückbeteiligungen: Gemäß § 272 Absatz 4 HGB hat ein Unternehmen eine Rücklage zu bilden, wenn es Anteile eines Unternehmens besitzt, das das eigene Unternehmen beherrscht oder mehrheitlich am eigenen Unternehmen beteiligt ist. Anzusetzen ist der Betrag, mit dem diese Anteile auf der Aktivseite eingestellt sind.

  - Satzungsmäßige Rücklagen: Die Satzung einer Kapitalgesellschaft kann die Bildung weiterer Rücklagen festlegen. Damit ist sichergestellt, dass ein Teil des Jahresüberschusses für künftige Investitionen und zur Zukunftssicherung im Unternehmen verbleibt.

– Andere Gewinnrücklagen (§58 Absatz 2 AktG).

2.4.6 Latente Steuern

Eine Bilanz erfüllt handelsrechtliche, aber auch steuerrechtliche Aufgaben. Grundsätzlich sind die Ansätze der Handelsbilanz für die Steuerbilanz maßgeblich (sog. „Maßgeblichkeitsprinzip" nach § 5 Absatz 1 EStG). Dennoch kann es aufgrund divergierender Regelungen zu Abweichungen kommen. Wenn sich aufgrund steuerlicher Vorschriften aus der Steuerbilanz eine andere Steuerschuld ergibt als bei Anwendung von handelsrechtlichen Vorgaben wird dieser Unterschied über den Ansatz von **latenten Steuern** in der Handelsbilanz ausgeglichen. Der Ansatz von latenten Steuern ist nur zulässig, wenn die Unterschiede zwischen Handels- und Steuerbilanz eine zeitliche Befristung besitzen.

Die latente Steuer errechnet sich auf Grundlage des bilanzorientierten Tempory-Konzepts aus der Differenz zwischen der effektiven Steuerschuld (gemäß Steuerbilanz) und der fiktiven Steuerschuld, die sich aus der Handelsbilanz ergäbe.

Errechnen sich auf diese Weise **Steuerbelastungen**, müssen nach § 274 HGB **passive** latente Steuern angesetzt werden, die als Schuld gegenüber dem Finanzamt zu interpretieren sind: Aus künftigen steuerlichen Zusatzgewinnen ergibt sich aus der resultierenden künftigen Steuerschuld eine Verbindlichkeit gegenüber dem Finanzamt. Ergeben sich hingegen **Steuerentlastungen**, die das Unternehmen gewährt bekommt, können auf der Aktivseite **aktive** latente Steuern angesetzt werden.

Aktive und passive latente Steuern können gegeneinander verrechnet werden, so dass in der Bilanz nur der sich ergebende Saldo steht. Es ist aber auch zulässig, beide Positionen unsaldiert auszuweisen. Wenn die Be- oder Entlastungen eingetreten sind, sind die angesetzten latenten Steuern aufzulösen.

Literaturempfehlungen zum Thema „Buchführung"

Eisele, Wolfgang: Technik des betrieblichen Rechnungswesens. 7. Auflage. München: Vahlen 2002

Herrling, Erich; Mathes, Claus: Der Buchführungs-Ratgeber. 5. Auflage. München: Beck-Wirtschaftsberater im dtv, Band 5836, 2006

Schöttler, Jürgen; Spulak, Reinhard: Technik des betrieblichen Rechnungswesens. 10. Auflage. München, Wien: Oldenbourg 2009

3. Kapitel

Jahresabschluss und Bilanzierung

In Deutschland haben nach § 242 HGB Kaufleute bzw. Unternehmen für den Schluss eines jeden Geschäftsjahres einen Jahresabschluss auf der Grundlage des deutschen Handelsrechts zu erstellen. Lediglich Einzelkaufleute, bei denen die Umsatzerlöse 500.000 Euro und der Jahresüberschuss 50.000 Euro nicht überschreiten, sind nach § 242 Absatz 4 HBG von der Pflicht zur Jahresabschlusserstellung befreit.

Wenn das Unternehmen die Muttergesellschaft eines Konzerns ist, kommt die Verpflichtung zur Aufstellung eines Konzernabschlusses hinzu. Einen wesentlichen Bestandteil des Abschlusses bildet die Bilanz, deren Aufstellung unter Beachtung der gesetzlichen Bewertungs- und Ansatzvorschriften als **Bilanzierung** bezeichnet wird.

Neben die Bestimmungen des HGB sind in den letzten Jahren Regelungen des **internationalen Rechnungswesens** getreten: Für Konzernabschlüsse (vgl. Kap. 3.5) war bereits seit 1998 nicht mehr zwingend das HGB vorgeschrieben. Börsennotierte Konzernunternehmen konnten stattdessen „international anerkannte" Rechnungslegungsvorschriften anwenden. Inzwischen ist der Gesetzgeber sogar noch einen Schritt weiter gegangen: Seit 2005 ist für Konzernabschlüsse börsennotierter Unternehmen nach § 315a HGB die Anwendung der „International Financial Reporting Standards" (IFRS, vgl. Kap. 3.6.1) vorgeschrieben, das HGB darf nicht mehr angewendet werden!

Für die Einzelabschlüsse aller deutschen Unternehmen ist allerdings nach wie vor das HGB maßgeblich. Deshalb wird im Folgenden neben allgemeinen Hinweisen zum Jahresabschluss zunächst die Bilanzierung auf der Grundlage des HGB vorgestellt (Kap. 3.4). Es folgen dann Ausführungen zum Konzernabschluss (Kap. 3.5) und zum internationalen Rechnungswesen (Kap. 3.6). Wiederum allgemein gültige Aussagen zu Bilanzpolitik und Bilanzanalyse schließen das dritte Kapitel ab.

3.1 Aufgaben und Bestandteile des Jahresabschlusses

Der Jahresabschluss erfüllt als jährliche Zusammenfassung des externen Rechnungswesens verschiedene Funktionen für Adressaten innerhalb und außerhalb des Unternehmens. Die wichtigsten **Aufgaben** sind:

- **Kontrolle:** Durch den Jahresabschluss erfolgt eine Zusammenfassung und letztlich auch eine Kontrolle der Buchführung. Durch die Gegenüberstellung von Vermögen und Schulden sowie durch die Bildung von Kennzahlen ist es möglich, den Schuldendeckungsgrad des Unternehmens zu bewerten.

- **Information und Rechenschaftslegung:** Neben der Selbstinformation der Unternehmensgeschäftsführung unterrichtet der Jahresabschluss außenstehende Dritte über die Vermögens-, Finanz- und Ertragslage des Unternehmens. Zu den außenstehenden Dritten zählen Anteilseigner (Gesellschafter, Aktionäre), Aufsichtsrat, Abschlussprüfer, Investoren, Kreditgeber, Kunden, Lieferanten, die Finanzverwaltung und die interessierte Öffentlichkeit.

- **Dokumentation:** Durch die Erfassung von Informationen nach den gesetzlichen Bestimmungen, aber auch durch die Vorgabe von **Aufbewahrungsfristen,** wird eine Dokumentation des Unternehmensgeschehens sichergestellt. Die Aufbewahrungsfrist beträgt nach § 257 Abs. 4 HGB für den Jahresabschluss und für Buchungsbelege zehn Jahre, für Handelsbriefe sechs Jahre.

- **Erfolgsermittlung** (Gewinnfeststellung): Der Jahresabschluss bildet aufgrund des so genannten Maßgeblichkeitsprinzips (nach § 5 Absatz 1 EStG) die Grundlage für die Besteuerung des Unternehmensertrags („Gewinns"). Das **Maßgeblichkeitsprinzip** besagt, dass handelsrechtliche Bewertungsvorschriften auch für die Besteuerung maßgeblich sind, wenn dem nicht ausdrücklich steuerliche Bestimmungen entgegenstehen. Auf dieser Grundlage wird aus der Handelsbilanz eine so genannte Steuerbilanz abgeleitet, die ausschließlich der Gewinnermittlung zu Besteuerungszwecken dient. Daneben bildet der Jahresabschluss die Basis für die Gewinnverteilung an die Anteilseigner.

- **Ausschüttungssperre:** Aufgrund der Zahlen des Jahresabschlusses wird sichergestellt, dass nicht zu hohe Ausschüttungen erfolgen, sondern auch Rücklagen gebildet werden und dadurch ein Teil des Gewinns als Haftungsgrundlage im Unternehmen verbleibt.

Der Jahresabschluss setzt sich nach § 242 HGB aus der **Bilanz** und der **Gewinn- und Verlustrechnung** (kurz: GuV) zusammen. Bei Kapitalgesellschaften kommt gemäß § 264 HGB als zusätzlicher Bestandteil ein **Anhang** hinzu, durch den Bilanz und GuV erläutert werden. Außerdem ist der Jahresabschluss bei Kapitalgesellschaften durch einen Lagebericht zu ergänzen. Im **Lagebericht** (§ 289 HGB) sollen Geschäftsverlauf, wirtschaftliche Lage, die voraussichtliche Entwicklung sowie die Forschungs- und Entwicklungsaktivitäten des Unternehmens dargestellt werden. Ferner soll im Lagebericht auf Vorgänge von besonderer Bedeutung, die nach dem Ende des Geschäftsjahres eingetreten sind, eingegangen werden. Kapitalmarktorientierte Kapitalgesellschaften (wie z. B. eine börsennotierte Aktiengesellschaft) müssen außerdem eine Kapitalflussrechnung und einen Eigenkapitalspiegel hinzuzufügen; auf freiwilliger Basis kann der Jahresabschluss um eine Segmentberichterstattung ergänzt werden.

3.2 Hauptabschlussübersicht

In der Hauptabschlussübersicht (auch als Abschlussübersicht, Betriebsübersicht oder Abschlusstabelle bezeichnet) werden die Zahlen der Buchführung in Form einer tabellarischen Übersicht zusammengefasst. Die Hauptabschlussübersicht stellt einen **Probeabschluss** außerhalb des Systems der doppelten Buchführung dar, aus der sich Schlussbilanz und GuV-Rechnung ableiten lassen.

Durch die Hauptabschlussübersicht sollen Fehler bei der Verbuchung aufgedeckt werden, damit Maßnahmen zur Korrektur von Unstimmigkeiten eingeleitet werden können. Ferner dient sie der Unternehmensleitung als Entscheidungsgrundlage zur Lösung von Bewertungsproblemen: Es können die Konsequenzen von bilanzpolitischen Entscheidungen durchdacht werden, ohne dass dazu die vollständige Bilanz aufgestellt werden müsste. Durch die Konzentration der Buchführungszahlen erhält man eine zusätzliche Transparenz; Ursache-Wirkungs-Zusammenhänge lassen sich aufgrund der größeren Übersichtlichkeit leichter erkennen. Auch bei der Ableitung der Steuerbilanz aus der Handelsbilanz kann die Hauptabschlussübersicht behilflich sein.

1	2	3		4		5		6		7		8		9		10	
Kto.-Nr.	Kontenbezeichnung	Eröffnungsbilanz		Umsatzsummen		Summenbilanz		Saldenbilanz I		Umbuchungen		Saldenbilanz II		Schlussbilanz		GuV	
		Akt.	Pass.	Soll	Hab.	Soll	Hab.	Soll	Hab.	Soll	Hab.	Soll	Hab.	Akt.	Pass.	Aufw.	Ertr.
...	...																
	Summe																

Abb. 3–1: Schema für eine Hauptabschlussübersicht

Die Hauptabschlussübersicht stellt eine Tabelle dar, in deren Zeilen sämtliche Konten, die im Laufe eines Wirtschaftsjahres angesprochen wurden, aufgeführt sind. Es folgen mehrere Doppelspalten zur Eintragung der Bestände an Aktiva/Passiva, der Umsätze, von Aufwendungen/Erträgen und von Umbuchungen. In Abb. 3–1 ist eine Hauptabschlussübersicht, bestehend aus zwei einfachen und acht Doppelspalten, dargestellt.

Die einzelnen Spalten besitzen die folgenden Bezeichnungen und Aufgaben:

- Spalten 1 und 2: Kontonummer und Kontenbezeichnung. Nummer und Bezeichnung werden dem Kontenplan, der in einem Unternehmen zur Anwendung kommt, entnommen (vgl. Kap. 2.2.6). Die Kontonummer dient zugleich auch als Sortierkriterium.

- Spalte 3: Eröffnungsbilanz. Es werden die Anfangsbestände der Bestandskonten am Beginn des Geschäftsjahres eingetragen.

- Spalte 4: Umsatzsummen. Diese Spalte enthält für jedes Konto eine Aufsummierung aller Buchungen des Geschäftsjahres, wobei die beiden Seiten eines Kontos („Soll" und „Haben") nicht miteinander verrechnet, sondern getrennt betrachtet werden.

- Spalte 5: Summenbilanz. Die Summenbilanz errechnet sich aus der Addition der entsprechenden Positionen der Spalten 3 und 4; wie bei Spalte 4 wird auf eine Saldierung zwischen den Soll- und Habenseiten der Konten verzichtet. Die Bezeichnung „Bilanz" ist für diese und die folgenden Spalten 6 und 8 zwar üblich, aber irreführend, da nicht nur Bestandskonten, sondern auch Aufwendungen und Erträge, die nicht in eine Bilanz eingehen, aufgeführt sind. An dieser Stelle treten Buchungsfehler zutage, wenn Konten nicht in sich ausgeglichen sind. Das Verbuchen von fehlerhaften Beträgen oder auf falsche Konten wird jedoch nicht aufgedeckt.

- Spalte 6: Saldenbilanz I. Ermittlung des Saldos für jedes Konto, indem der Differenzbetrag aus Soll und Haben errechnet und auf der Kontoseite eingetragen wird, auf der ein Überschuss entsteht.

- Spalte 7: Umbuchungen. In dieser Spalte wird die Verbuchung von Abschlussvorbereitungen (vgl. Kap. 2.4) und von notwendigen Korrekturen eingetragen. Daneben erfolgt die Saldenübertragung von Vorkonten (z. B. der Abschluss des Wareneinkaufskontos, die Ermittlung der Mehrwertsteuerzahllast oder der Abschluss des Privatkontos).

■ Spalte 8: Saldenbilanz II. Sie enthält die um die Umbuchungen (Spalte 7) berichtigte Saldenbilanz I (Spalte 6).

■ Spalte 9: Vorläufige Schlussbilanz. Von sämtlichen aufgeführten Bestandskonten werden die Beträge der Saldenbilanz II in Spalte 9 übertragen. Positionen, die in Saldenbilanz II im Soll stehen, werden zu Aktiva, während die Haben-Salden bei den Passiva einzutragen sind.

■ Spalte 10: Gewinn- und Verlustrechnung. Die Beträge der Saldenbilanz II, die Aufwands- und Ertragskonten betreffen, werden in Spalte 10 übertragen.

Bei einer Hauptabschlussübersicht, die zur Vorbereitung des Jahresabschlusses aufgestellt wird, kann auf die Spalten drei und vier verzichtet werden.

BEISPIEL zur Hauptabschlussübersicht: Das Computerhaus Güll stellt zum Jahresende die in Abb. 3–2, Spalte 5, eingetragene Summenbilanz auf. Durch Verrechnung von Soll- und Habenseite wird daraus für jede Zeile ein Saldo ermittelt, der in Spalte 6 (Saldenbilanz I) einzutragen ist. Anschließend sind zur Vorbereitung des Abschlusses Umbuchungen vorzunehmen, die in Spalte 7 eingetragen werden. Es werden die folgenden Geschäftsvorfälle berücksichtigt, deren Verbuchung in Abb. 3–2 (Spalte 7) mit kleinen Buchstaben gekennzeichnet ist und dadurch leicht nachvollzogen werden kann:

(a) Es wurde ein Gehaltsvorschuss in Höhe von 6.000,– € überwiesen, der das kommende Geschäftsjahr betrifft (Aktive Rechnungsabgrenzung).

(b) Der Eigentümer bringt in das Unternehmen Bürogeräte im Wert von 4.000,– € ein (Privateinlage).

(c) Bei der Inventur wird festgestellt, dass im Warenlager Computertastaturen im Wert von 2.000,– € verschwunden sind (außerordentlicher Aufwand).

(d) Von der Betriebs- und Geschäftsausstattung werden 13.000,– € direkt abgeschrieben.

1	2	5 Summenbilanz		6 Saldenbilanz I		7 Umbuchungen		8 Saldenbilanz II		9 Schlussbilanz		10 Gewinn- und Verlustrechnung	
Kto.-Nr. lt. Abb. 2-6	Kontenbezeichnung	Soll	Haben	Soll	Haben	Soll	Haben	Soll	Haben	Aktiva	Passiva	Aufwand	Ertrag
[08]	Betriebs- und Geschäftsausstattung	140	3	137		b: 4	d: 13	128		128			
[22]	Fertige Erzeugnisse	278	53	225			c: 2 e: 156	67		67			
[24]	Forderungen	135	14	121				121		121			
[260]	Vorsteuer	53	11	42				42		42			
[28]	Bank	75	5	70		f: 20	g: 42 h: 48						
[28]	Kasse	23		23			f: 20	3		3			
[29]	Aktive RAP	6		6		a: 6		12		12			
[30]	Eigenkapital		190		190		i: 33		223		223		
[301]	Privatkonto	13	42		29	i: 33	b: 4						
[39]	Rückstellungen		9		9				9		9		
[44]	Verbindlichkeiten	17	86		69				69		69		
[480]	Berechnete MwSt	7	97		90	g: 42 h: 48							
[50]	Warenverkauf		340		340	e: 156			184				184
[62]	Löhne und Gehälter	95		95			a: 6	89				89	
[65]	Abschreibung auf Anlagen					d: 13		13				13	
[76]	Außerordentlicher Aufwand	8		8		c: 2		10				10	
	Gewinn/Verlust										72	72	
	Spaltensumme	850	850	727	727	324	324	485	485	373	373	184	184

Zahlenangaben in den Spalten 5 bis 10: in Tausend €
Kleine Buchstaben in Spalte 7 dienen zur Bezeichnung des Geschäftsvorfalls (vgl. Text)
Weiße Felder = Felder, in denen definitionsgemäß keine Eintragungen vorkommen dürfen

Abb. 3–2: Beispiel zur Hauptabschlussübersicht

(e) Der Warenendbestand beträgt laut Inventur 67.000,– €. Da in der Saldenbilanz I auf dem Warenbestandskonto 225.000 € verbucht sind, ergibt sich unter Berücksichtigung des außerordentlichen Verlusts (Fall c) ein Wareneinsatz von 225.000 € – 2.000 € – 67.000 € = 156.000 €. Bei einem Abschluss des Warenverkaufskontos nach der Nettomethode (vgl. Kap. 2.3.1.1) ist zu buchen:

   [50] Warenverkauf 156.000 **an** [22] Fertige Erzeugnisse 156.000

(f) Einzahlung von Barmitteln in Höhe von 20.000,– € auf dem Bankkonto.

(g) Die Mehrwertsteuerzahllast wird an das Finanzamt per Bank überwiesen. Dazu ist zunächst aus berechneter MwSt und Vorsteuer die Mehrwertsteuerzahllast zu ermitteln (90.000 € – 42.000 € = 48.000 €, Buchung g), die dann im zweiten Schritt per Bank überwiesen wird (Buchung h).

(i) Das Privatkonto ist über das Eigenkapital abzuschließen.

Die Spalte 8 ergibt sich durch Saldierung von Spalte 7, die Spalten 9 und 10 ergeben sich durch einfache Übertragung der Zahlenwerte von Spalte 8. Die vollständig ausgefüllte Hauptabschlussübersicht für das Computerhaus Güll ist in Abb. 3–2 dargestellt.

3.3 Auswirkung der Unternehmensrechtsform auf den Jahresabschluss

Die Rechtsform eines Unternehmens besitzt erhebliche Auswirkungen auf die Rechnungslegung, den Jahresabschluss sowie die Erfolgsverbuchung (Verteilung von Gewinnen und Verlusten). In Abb. 3–3 sind die wichtigsten Rechtsformen zusammengestellt. Daneben bestehen weitere Rechtsformen wie Genossenschaften, Versicherungsvereine auf Gegenseitigkeit (VVaG) oder bergrechtliche Gesellschaften. Außerdem sind Mischformen wie die GmbH & Co. KG oder die KG auf Aktien möglich, deren Besonderheiten im Rahmen dieses Buchs nicht erläutert werden.

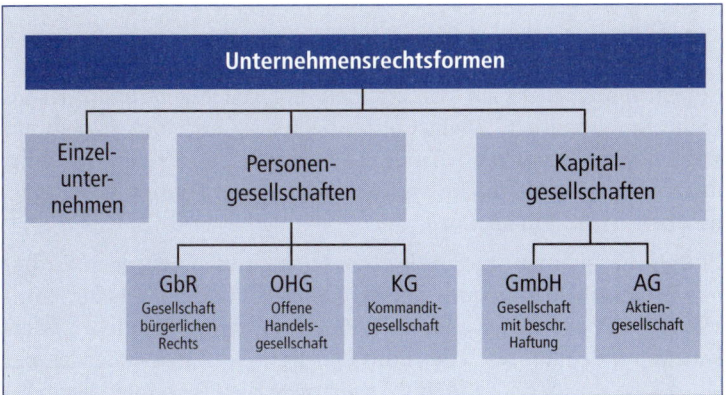

Abb. 3–3: Wichtige Rechtsformen

Das HGB unterscheidet in seinem dritten Buch **allgemeine Vorschriften** (§238 – § 263 HGB), die für alle Unternehmensrechtsformen gelten, und **spezielle**, zusätzliche **Vorschriften** für Kapitalgesellschaften (§264 – § 335 HGB), eingetragene Genossenschaften (§336 – § 339 HGB), Kreditinstitute (§340 – § 340o HGB) und Versicherungsunternehmen (§341 – § 341p HGB).

Die Rechtsform eines Unternehmens kann im Laufe der Unternehmensgeschichte an die geänderten Eigentumsverhältnisse angepasst werden. So ist folgende Entwicklung bei mittelständischen Unternehmen nicht unüblich: Eine Person gründet ein Einzelunternehmen. Dessen Erben wollen das Unternehmen gleichberechtigt fortführen und wandeln es in eine OHG um. Einige der Erben möchten nicht mehr mitarbeiten oder sind dazu nicht mehr in der Lage (Alter, Interesselosigkeit). Deshalb wird das Unternehmen in eine KG umgewandelt. Nach einiger Zeit möchten auch die verbliebenen Komplementäre für das wachsende Unternehmen nicht mit ihrem gesamten Privatvermögen haften, so dass als konsequente Folge eine GmbH gegründet wird, die nur mit ihrem Stammkapital haftet. Um den wachsenden Kapitalbedarf des expandierenden Unternehmens befriedigen zu können, werden neue Kapitalquellen durch die Gründung einer Aktiengesellschaft erschlossen.

3.3.1 Einzelunternehmen

Ein Einzelunternehmen besitzt einen einzigen Eigentümer, der als „Einzelunternehmer" allein und unbegrenzt, auch mit seinem gesamten Privatvermögen, haftet. Der Eigentümer erhält Gewinne, muss aber auch sämtliche Verluste tragen. Die Leitung des Unternehmens steht ihm allein zu.

Einzelunternehmen sind in das Handelsregister einzutragen. Lediglich Kleingewerbetreibende, die ihr Unternehmen ohne kaufmännischen Geschäftsbetrieb führen, können auf einen Handelsregistereintrag verzichten. Nach der Eintragung gilt ein Einzelunternehmer als „eingetragener Kaufmann" und muss dies in seinem Firmennamen kenntlich machen. Üblich sind dafür die Abkürzungen „e.K.", aber auch „e.Kfm." oder „e.Kfr." (= eingetragene Kauffrau).

Das Eigenkapitalkonto eines Einzelunternehmens nimmt Gewinne oder Verluste auf und ist in seinem Bestand variabel. Gewinne vermehren das Eigenkapital, Verluste vermindern es. Das Unternehmen selbst zahlt keine Steuern auf seinen Gewinn; da die Gewinne direkt dem Eigentümer zugerechnet werden, muss dieser den Gewinn als „Einkommen" versteuern.

Der Eigentümer hat jederzeit das Recht, dem Unternehmen finanzielle Mittel oder Sachgüter zu entnehmen. Zur Verbuchung dieser Privatentnahmen, aber auch von Privateinlagen, wird üblicherweise ein so genanntes **„Privatkonto"** eingerichtet, das ein Unterkonto des Eigenkapitalkontos darstellt.

Es ist zu beachten, dass Privatentnahmen keinen Aufwand, sondern eine Eigenkapitalminderung darstellen. Eine Entnahme von Waren für den Eigenbedarf ist ein umsatzsteuerpflichtiger Vorgang.

BEISPIELE für Privatentnahmen:

(a) Entnahme von 800,– € Bargeld aus der Kasse für Privatzwecke:

[30]	Privatkonto	800	**an**	[28]	Kasse	800

(b) Warenentnahme für 200,– € (Nettopreis) für eine private Nutzung:

[30]	Privatkonto	238	**an**	[22]	Wareneinkauf	200
				[480]	Berechnete MwSt	38

3.3.2 Personengesellschaften

Bei einer Personengesellschaft haben sich mehrere Gesellschafter zur Gründung eines Unternehmens zusammengeschlossen, wobei alle oder ein Teil der Gesellschafter wie beim Einzelunternehmen unbegrenzt mit ihrem Privatvermögen haften. Es lassen sich die Rechtsformen BGB-Gesellschaft (GbR), offene Handelsgesellschaft (OHG) und Kommanditgesellschaft (KG) unterscheiden.

Die **Gesellschaft bürgerlichen Rechts (GbR)**, die auch als BGB-Gesellschaft bezeichnet wird, ist die einfachste Form einer Personengesellschaft. Sie basiert auf den Regelungen von § §705 ff. BGB. Eine BGB-Gesellschaft entsteht, wenn mehrere Personen sich zur Förderung eines gemeinsamen Zwecks zusammenschließen und Beiträge zur Förderung der gemeinsamen Sache leisten. Sie ist unbürokratisch zu gründen, der Abschluss eines schriftlichen Gesellschaftsvertrags ist nicht erforderlich (wohl aber ratsam!), mündliche Absprachen sind ausreichend. Dadurch ist es denkbar, dass eine BGB-Gesellschaft entsteht, ohne dass sich die Beteiligten dessen bewusst sind (z. B. stellen Fahr- oder Wohngemeinschaften Ausprägungsformen von BGB-Gesellschaften dar). Die Gesellschafter haften gemeinsam und unbeschränkt für die Schulden der Gesellschaft; die Geschäftsführung steht ihnen gemeinsam zu. Die BGB-Gesellschaft erlischt, wenn ein Gesellschafter durch Kündigung oder Tod ausscheidet.

Im Wirtschaftsleben treten BGB-Gesellschaften in verschiedenen Formen auf (z. B. Anwaltssozietäten, Gemeinschaftspraxen), wobei sie kein Handelsgewerbe betreiben dürfen, da sie sonst den Regelungen des Handelsgesetzbuchs (HGB) unterliegen und zur OHG werden.

Bei der **offenen Handelsgesellschaft (OHG)** schließen sich mehrere (mindestens zwei) gleichberechtigte Eigentümer (Gesellschafter) zusammen. Die Gesellschafter erhalten die Gewinne des Unternehmens und tragen entstehende Verluste. Bei keinem der Gesellschafter ist die Haftung beschränkt; sie haften gemeinsam und unbegrenzt, auch mit ihrem Privatvermögen. Grundlage für den Zusammenschluss bildet der Gesellschaftsvertrag, der die Rechtsverhältnisse der

Gesellschafter untereinander und insbesondere die Verteilung von Gewinnen und Verlusten regelt. Sind im Gesellschaftsvertrag keine Regelungen getroffen, gelten die gesetzlichen Bestimmungen des Handelsgesetzbuches (§105 bis § 160 HGB).

Für jeden Gesellschafter wird ein eigenes, separates Eigenkapital-Konto geführt, das Gewinne oder Verluste aufnimmt. Wie bei einem Einzelunternehmer, wird für jeden Gesellschafter als Vorkonto des Eigenkapitalkontos ein Privatkonto angelegt, auf das Privateinlagen oder Privatentnahmen verbucht werden.

Die **Verteilung von Gewinnen und Verlusten** erfolgt nach den Regelungen im Gesellschaftsvertrag. Wenn sich dort keine Regelungen finden, ist auf § 121 HGB zurückzugreifen. Danach ist der Kapitalanteil eines Gesellschafters jährlich mit vier Prozent zu verzinsen. Wenn der Jahresgewinn dazu nicht ausreicht, erfolgt eine Verzinsung mit einem entsprechend niedrigeren Prozentsatz. Einlagen oder Entnahmen, die das Jahr über erfolgten, werden zeitanteilig berücksichtigt. Bleibt nach dieser Verteilung ein Restbetrag übrig, wird dieser, ebenso wie ein Verlust, nach Köpfen (d. h. gleichmäßig auf alle Gesellschafter) verteilt.

Als Instrument zur Verteilung von Gewinnen und Verlusten wird eine „Gewinnverteilungsübersicht" genannte Tabelle eingesetzt (vgl. Abb. 3–4).

Die Verbuchung des ermittelten Betrags erfolgt durch eine Gutschrift (oder eine Belastung im Verlustfall) auf das Privatkonto des jeweiligen Gesellschafters.

BEISPIEL zur Gewinnverteilung bei einer OHG: Bei einer OHG mit zwei Gesellschaftern A und B soll der Jahresgewinn von 18.000 € nach § 121 HGB verteilt werden. Der Eigenkapitalanteil von A beträgt am 1.1. 40.000,– €, am 1.4. zahlt A 5.000,– € ein. Der Eigenkapitalanteil von B beträgt am 1.1. 20.000,– €, am 30.6. entnimmt B 10.000,– €.
Berechnung der Gewinnverteilung:

Verzinsung A: $40.000 \cdot 0,04 + 5.000 \cdot 0,04 \cdot 9 : 12 = 1.750,– €$

Verzinsung B: $20.000 \cdot 0,04 - 10.000 \cdot 0,04 \cdot 6 : 12 = 600,– €$

Restgewinn: $18.000 - 2.350 = 15.650 €$, wird nach Köpfen verteilt

Abb. 3–4 zeigt das Ergebnis der Gewinnverteilung.

Gesell-schafter	Anfangs-kapital	Gewinnverteilung			Kapital-einlage/-entnahme	End-kapital
		Kapital-verzins.	Rest-gewinn	Gutschrift		
A	40.000	1.750	7.825	9.575	+ 5.000	54.575
B	20.000	600	7.825	8.425	– 10.000	18.425
Summe	60.000	2.350	15.650	18.000	– 5.000	73.000

Abb. 3–4: Gewinnverteilungsübersicht (Beispiel)

Bei der **Kommanditgesellschaft** (KG) haben sich ebenso wie bei der OHG mehrere Gesellschafter zusammengeschlossen. Während bei der OHG alle Gesellschafter unbegrenzt haften, ist bei der KG bei einem Teil der Gesellschafter die Haftung auf die Kapitaleinlage begrenzt.

Gesellschafter, die wie bei einer OHG unbeschränkt mit ihrem gesamten Privatvermögen haften, werden als **Komplementäre** oder als „persönlich haftende Gesellschafter" bezeichnet. Daneben bestehen **Kommanditisten**, die nur mit ihrer Kapitaleinlage haften, dafür aber von der Geschäftsführung ausgeschlossen sind. Während die Komplementäre (wie die OHG-Gesellschafter) ein variables Eigenkapitalkonto mit vorgelagertem Privatkonto besitzen, ist bei den Kommanditisten das Eigenkapitalkonto starr auf den im Gesellschaftsvertrag genannten Betrag fixiert. Daher können Kommanditisten auch keine Entnahmen tätigen. Möchten sie ihren Kapitalanteil verändern, muss eine entsprechende Änderung des Gesellschaftsvertrags erfolgen.

Die Verteilung von Gewinnen und Verlusten erfolgt nach der Regelung im Gesellschaftsvertrag, nach dem Komplementäre aufgrund der unbegrenzten Haftung im Regelfall einen größeren Gewinnanteil erhalten. Ist die Erfolgsverteilung nicht im Gesellschaftsvertrag geregelt, wird nach den gesetzlichen Bestimmungen zunächst wie bei der OHG der Kapitalanteil aller Gesellschafter mit vier Prozent verzinst, wobei Einlagen oder Entnahmen der Komplementäre zeitanteilig berücksichtigt werden. Für den Restgewinn oder für Verluste sieht § 168 Absatz 2 HGB eine „angemessene" Verteilung vor. Darunter ist zu verstehen, dass Geschäftsführertätigkeiten oder die

Haftungsverpflichtungen der einzelnen Gesellschafter „angemessen" berücksichtigt werden.

Die Verbuchung des Gewinn- oder Verlustanteils erfolgt bei Komplementären analog zu OHG-Gesellschaftern durch eine Gutschrift oder Belastung auf dem jeweiligen Privatkonto, das über das Eigenkapitalkonto abgeschlossen wird. Für jeden Kommanditisten wird ein gesondertes Gewinn-/Verlustanteilskonto geführt. Es lassen sich mehrere Fälle unterscheiden: Bei voll eingezahlter Einlage erfolgt eine Gutschrift auf dem Gewinnanteilskonto, das unter „Sonstigen Verbindlichkeiten" auszuweisen ist. Hat der Kommanditist seine Einlage nicht voll geleistet, wird der Gewinnanteil auf das Konto „Ausstehende Einlagen" verbucht, bis dieses voll ausgeglichen ist. Verluste werden auf das Verlustanteilskonto gebucht. Da ein Kommanditist nur mit seiner Einlage haftet, begründen die ausgewiesenen Verluste keine Nachschusspflicht. Allerdings kann der Kommanditist erst dann wieder Gewinne entnehmen, bis dieses Konto durch Einlagen oder kumulierte Gewinne ausgeglichen ist.

3.3.3 Kapitalgesellschaften

Im Gegensatz zu Einzelunternehmen und zu Personengesellschaften haften Kapitalgesellschaften nur mit ihrem Gesellschaftsvermögen; es existiert keine „natürliche Person", die mit ihrem Privatvermögen haften würde. Aus Gründen des Gläubigerschutzes stellt der Gesetzgeber spezielle Anforderungen an Buchführung, Bilanzierung und an die Ausschüttungspolitik von Kapitalgesellschaften.

Eine Kapitalgesellschaft ist ein künstliches Gebilde, eine so genannte **„juristische Person"**, für deren Entstehung ein spezieller Gründungsakt erforderlich ist. Dazu ist ein Gesellschaftsvertrag abzuschließen, der Mindestanteil der Einlagen einzuzahlen und die Gesellschaft in das Handelsregister einzutragen. Erst mit der Eintragung in das Handelsregister entsteht die juristische Person. Die wichtigsten Formen von Kapitalgesellschaften sind die GmbH und die Aktiengesellschaft.

Bei einer **Gesellschaft mit beschränkter Haftung (GmbH)** ist die Haftung auf das Stammkapital beschränkt, das einen Betrag von mindestens 25.000 € aufweisen muss. Vor der Eintragung in das Handelsregister müssen mindestens 25 Prozent des Stammkapitals eingezahlt sein. Um Neugründungen zu erleichtern und die Rechtsform GmbH für Unternehmensgründer attraktiv zu machen, trat zum 1. November 2008 eine umfangreiche GmbH-Reform in Kraft. Im Rahmen dieser Reform wurden die Modalitäten der Handelsregistereintragung vereinfacht und die Übertragbarkeit von GmbH-Anteilen erleichtert. Weiterer Bestandteil der Reform ist ein GmbH-Mustergesellschaftsvertrag, bei dessen Anwendung die sonst erforderliche notarielle Beurkundung entfällt.

Organe einer GmbH sind die Geschäftsführung und die Gesellschafterversammlung. Im Gesellschaftsvertrag einer GmbH müssen nach dem GmbH-Gesetz der Sitz, der Gesamtbetrag des Stammkapitals und die Höhe der Stammeinlage eines jeden Gesellschafters geregelt sein. Darüber hinaus sind weitere Regelungen möglich.

Der Jahresabschluss einer GmbH wird durch die Geschäftsführung erstellt. Über die Verwendung des Jahreserfolgs (Gewinn oder Verlust) haben die Gesellschafter innerhalb der ersten acht Monate des Folgejahres zu entscheiden. Der Gewinn kann entweder an die Gesellschafter verteilt, in die Rücklagen eingestellt oder in das kommende Geschäftsjahr als Gewinnvortrag übernommen werden.

Die Gewinnverteilung erfolgt nach Regelungen im Gesellschaftsvertrag. Wenn dort keine Regelung getroffen wurde, wird gemäß den gesetzlichen Bestimmungen (§29 GmbH-Gesetz) eine Verteilung im Verhältnis der Stammeinlagen vorgenommen.

Da das Stammkapitalkonto der Gesellschafter aufgrund der Festschreibung im Gesellschaftsvertrag fixiert ist, erfolgt die Gutschrift der Erfolgsanteile auf den Gewinnanteilskonten der Gesellschafter, falls die Einlage voll eingezahlt ist. Ansonsten erfolgt eine Verrechnung mit dem Konto „ausstehende Einlagen".

Die Variante einer GmbH bildet die **haftungsbeschränkte Unternehmergesellschaft** (kurz: UG), die zum 1. 11. 2008 im Rahmen einer GmbH-Reform eingeführt wurde. Bei der UG, die auch als „Mini-GmbH" bezeichnet wird, beträgt das Mindeststammkapital lediglich ein Euro. Der Gläubigerschutz soll durch einige verschärfte

Pflichten, denen die Geschäftsführer und die Gesellschafter einer UG unterliegen, sichergestellt werden.

Die UG ist darauf angelegt, zu einer „normalen" GmbH heranzuwachsen. Das wird dadurch sichergestellt, dass von den jährlichen Gewinnen des Unternehmens jeweils ein Viertel in eine gesetzliche Rücklage einzustellen ist, bis ein Betrag von 25.000 € (entspricht dem Mindeststammkapital einer GmbH) erreicht ist. Wurden auf diese Weise 25.000 € angespart, kann die UG problemlos in eine normale GmbH umgewandelt werden.

Auf europäischer Ebene sind Bestrebungen im Gange, die Rechtform **„Europäische Privatgesellschaft"** (Societas Privata Europaea, abgekürzt: EPG bzw. SPE) einzuführen, die eine Alternative zur GmbH oder zur UG bilden soll. In der Diskussion wird sie auch als „Europa-GmbH" bezeichnet. Ziel ist es, insbesondere für kleine und mittlere Unternehmen den Zugang zum europäischen Binnenmarkt zu erleichtern. Deshalb sollen die Gründungskosten niedrig, die Ausgestaltung der Gesellschaft flexibel handhabbar und die Verlagerung des Unternehmenssitzes innerhalb der EU problemlos möglich sein.

Zur Errichtung einer **Aktiengesellschaft** (AG) muss ein Grundkapital mit einem Nennbetrag von mindestens 50.000 € aufgebracht werden, von dem mindestens 25 Prozent eingezahlt sind. Wie viele Personen dieses Kapital aufbringen, ist beliebig: Nach § 2 AktG genügt schon eine Person als Gründer. Dieselbe Regelung besteht auch bei der GmbH: Nach § 1 GmbHG ist eine Einpersonen-GmbH zulässig.

Neben dem Grundkapital zählen zum haftenden Kapital einer Aktiengesellschaft die Rücklagen (vgl. Kap. 2.4.5), die im Laufe der Zeit aus den Jahresüberschüssen zu bilden sind.

Die Gestaltungsmöglichkeiten des **„Satzung"** genannten Gesellschaftsvertrages sind begrenzt. Neben dem Sitz und dem Unternehmensgegenstand (Art der Erzeugnisse und Waren) sind in der Satzung die Höhe des Grundkapitals, Nennbetrag, Zahl und Gattung der Aktien sowie die Zahl der Vorstandsmitglieder festzulegen.

Die **Organe** einer Aktiengesellschaft sind Vorstand, Aufsichtsrat und Hauptversammlung. Der **Vorstand** ist ein eigenverantwortliches, nicht weisungsgebundenes Leitungsorgan, das für fünf Jahre vom Aufsichtsrat bestellt wird. Aus wichtigem Grund kann der Aufsichtsrat den Vorstand jederzeit abberufen. Der **Aufsichtsrat** besteht aus mindestens drei Personen, die von der Hauptversammlung gewählt werden. Der Aufsichtsrat überwacht den Vorstand, prüft den Jahresabschluss und vertritt die Gesellschaft gegenüber dem Vorstand. Wählbar ist jede natürliche Person, die nicht bereits in zehn anderen Aufsichtsräten Mitglied ist. Die Amtsdauer beträgt maximal vier Jahre.

Die **Hauptversammlung** bildet als Vollversammlung aller Aktionäre das oberste Organ einer Aktiengesellschaft. Sie muss in den ersten acht Monaten eines neuen Geschäftsjahres einberufen werden. Durch die Hauptversammlung werden die Aktionärsvertreter des Aufsichtsrates gewählt, Vorstands- und Aufsichtsratsmitglieder entlastet und über die Gewinnverwendung entschieden.

Im Regelfall entscheidet die Hauptversammlung über die Verwendung des Bilanzgewinns, den der Vorstand aus dem Jahresüberschuss gemäß dem folgenden Schema ermittelt:

    Jahresüberschuss (oder Jahresfehlbetrag)
+ Gewinnvortrag (oder Verlustvortrag) aus dem Vorjahr
+ Entnahme aus Kapitalrücklage
+ Entnahme aus Gewinnrücklagen
– Einstellung in Gewinnrücklagen
= **Bilanzgewinn** (oder Bilanzverlust)

Die Hauptversammlung kann dann entweder beschließen, den Bilanzgewinn an die Aktionäre auszuschütten, oder in die Gewinnrücklagen einzustellen oder als Gewinnvortrag in das nächste Geschäftsjahr vorzutragen.

Als Option für grenzüberschreitend tätige Kapitalgesellschaften besteht seit 2004 die Möglichkeit, sich zu einer **„Europäischen Gesellschaft"** (Societas Europaea, abgekürzt: SE) zusammenzuschließen. Voraussetzung dafür ist, dass mindestens zwei bestehende Kapitalgesellschaften aus verschiedenen Staaten der EU beteiligt sind. Da die SE eine Variante einer AG darstellt, wird sie umgangssprachlich auch als **Europa-AG** bezeichnet. Maßgeblich für die anzuwendenden rechtlichen Grundlagen, aber auch für die Besteuerung ist der Staat, in dem die SE ihren Sitz nimmt. Eine bestehende SE kann ohne Neugründung problemlos ihren Sitz in ein anderes EU-Land verlegen, muss dann aber die rechtlichen Rahmenbedingungen des neuen Staates erfüllen. In Deutschland wurden bislang nur wenige Unternehmen (z. B. das Versicherungsunternehmen Allianz AG) in eine SE umgewandelt, die damit vor allem ihre Internationalität und ihr Bekenntnis zum Wirtschaftsraum Europa ausdrücken wollen.

Das Mindestgrundkapital einer SE beträgt 120.000 €. Als Organe können neben der Hauptversammlung entweder (wie in Deutschland üblich) Vorstand und Aufsichtsrat vorgesehen werden (sog. **Dualistisches System**, bei den Leitungs- und Aufsichtsorgan getrennt sind). Es ist aber auch möglich, lediglich einen **Verwaltungsrat** zu installieren (**monistisches System**, bei dem Leitungs- und Aufsichtsfunktion zusammenfallen). Das monistische System ist z. B. in Großbritannien üblich. Durch die Gründung einer SE kann diese Organisationsform auch für ein Unternehmen mit Sitz in Deutschland gewählt werden.

Daneben stehen deutschen Unternehmensgründern aufgrund einer Entscheidung des europäischen Gerichtshofs aus dem Jahre 2003 auch ausländische Rechtsformen offen. Seit dieser Entscheidung hat vor allem die britische „**Private Limited Company**" (kurz: „Limited", abgekürzt: Ltd.) einen starken Zulauf, die nahezu ohne Mindestkapital auskommt. Spezialisierte Gründungsagenturen versuchen, für ein geringes Entgelt deutschen Interessenten die Gründung einer britischen Limited zu erleichtern. Als Vorteile der Limited werden neben den geringeren Haftungsrisiken auch steuerliche und gewerberechtliche Gründe genannt. Doch dabei wird oft übersehen, dass zusätzliche Kosten für eine zweifache Buchführung (nach deutschem und nach englischem Recht), für eine doppelte Steuererklärung, für beglaubigte Übersetzungen und gegebenenfalls für eine ausländische Rechtsberatung anfallen. Durch Besonderheiten der britischen Rechtsordnung und harte Sanktionen (insbesondere bei Fristüberschreitungen) können Probleme auftreten, die erst im Krisenfall offenbar werden. Eine Umgehung des deutschen Handelsregisters ist nicht möglich, da jedes ausländische Unternehmen, dessen Tätigkeitsschwerpunkt in Deutschland liegt, sich mit einer Zweigniederlassung ins deutsche Handelsregister eintragen lassen muss.

Durch die GmbH-Reform des Jahres 2008 und die Einführung der haftungsbeschränkten Unternehmergesellschaft als neuer Rechtsformvariante wurde den ausländischen Rechtsformen eine attraktive deutsche Alternative entgegengesetzt. Allerdings erscheint die geringe Kapitalausstattung, die eine britische Limited, aber auch die deutsche UG aufweisen müssen, nicht unproblematisch, denn bereits jetzt starten viele Existenzgründer mit einer zu knappen Eigenkapitalversorgung in die Selbständigkeit. Dadurch fehlen den jungen Unternehmen Liquidität und die nötigen Reserven, falls es zu (Anlauf-)Schwierigkeiten kommen sollte. Schon eine einzige säumige Zahlung eines (Groß-)Kunden kann zu einer Liquiditätskrise und gegebenenfalls zur Insolvenz führen.

3.4 Grundzüge der Bilanzierung nach HGB

Unter „Bilanzierung" wird die Aufstellung einer Bilanz unter Beachtung der gesetzlichen Bestimmungen bezüglich der Bewertung der einzelnen Bilanzpositionen verstanden. Grundlegend sind für die Bilanzierung aller Unternehmen die Vorschriften der § §238 ff. HGB, wobei § 238 bis § 263 HGB für alle Unternehmen gültig sind, während die § 264 bis § 335 HGB ergänzende Vorschriften für Unternehmen in der Rechtsform einer Kapitalgesellschaft enthalten. Kapitalgesellschaften lassen sich gemäß Abb. 3–5 in drei Größenkategorien unterteilen, die zu unterschiedlich strengen Bilanzierungsvorschriften führen: Je größer ein Unternehmen ist, desto strenger sind die Bestimmungen und umso größer ist der Umfang der Offenlegungspflichten. Eine Kapitalgesellschaft fällt in diejenige Kategorie, von der mindestens zwei der drei Kriterien erfüllt sind. Börsennotierte und andere kapitalmarktorientierte Kapitalgesellschaften gelten gemäß § 267 Absatz 3 Satz 2 HGB stets als große Kapitalgesellschaft.

Auch für Personengesellschaften und Einzelunternehmen sind strengere Regelungen anzuwenden, wenn sie eine bestimmte Größe erreichen und unter das **Publizitätsgesetz** fallen. Dies ist der Fall, wenn zwei der folgenden drei Bedingungen erfüllt sind: Bilanzsumme > 65 Mio. €, Umsatz > 130 Mio. € und mehr als 5.000 Beschäftigte im Jahresdurchschnitt.

Unternehmensgrößenklasse	klein	mittelgroß	groß
Bilanzsumme (in €)	≤ 4,84 Mio.	≤ 19,25 Mio.	> 19,25 Mio.
Umsatz (in €)	≤ 9,68 Mio.	≤ 38,50 Mio.	> 38,50 Mio.
Beschäftigtenzahl	≤ 50	≤ 250	> 250

Abb. 3–5: Größenklassen bei Kapitalgesellschaften (nach § 267 HGB)

3.4.1 Gliederung der Bilanz

Allgemein gilt die Mindestgliederungsvorschrift des § 247 HGB, nach der in einer Bilanz Anlage- und Umlaufvermögen, Eigenkapital, Schulden sowie Rechnungsabgrenzungsposten zu unterscheiden sind (vgl. Kap. 2.2.2 und Abb. 2–2). Für Kapitalgesellschaften ist in § 266 HGB ein detaillierteres Bilanzgliederungsschema vorgegeben. Dieses Gliederungsschema unterscheidet die folgenden drei Ebenen:

- Oberbegriffe (bezeichnet mit großen Buchstaben),
- Unterbegriffe (bezeichnet mit römischen Ziffern),
- Einzelne Posten (bezeichnet mit arabischen Ziffern).

Kleine Kapitalgesellschaften (gemäß Abb. 3–5) müssen nur die beiden ersten Ebenen dieser Bilanzgliederung aufführen. Mittelgroße und große Kapitalgesellschaften haben alle drei Ebenen anzuwenden. Sie können jedoch Positionen weglassen, die für das Gesamtbild des Unternehmens einen nur unerheblichen Beitrag leisten oder wenn durch eine Zusammenfassung die Darstellung übersichtlicher wird. Dies ist dann im Anhang detailliert zu erläutern.

Eine Erweiterung des Gliederungsumfangs und der Gliederungstiefe ist grundsätzlich zulässig; dabei ist darauf zu achten, dass Klarheit und Übersichtlichkeit der Bilanz gewahrt bleiben. Zu jeder Position ist der entsprechende Vorjahreswert anzugeben. Kreditinstitute und Versicherungen haben eine von § 266 HGB abweichende Bilanzgliederung anzuwenden.

Die **Aktivseite** der Bilanz besitzt nach § 266 Absatz 2 HGB den folgenden Aufbau (in Klammern werden, sofern erforderlich, Erläuterungen zu den einzelnen Positionen gegeben):

A. Anlagevermögen
  I. Immaterielle Vermögensgegenstände
    1. Selbst geschaffene gewerbliche Schutzrechte sowie ähnliche Rechte und Werte
    2. Entgeltlich erworbene Konzessionen, gewerbliche Schutzrechte (z. B. Patente) und ähnliche Rechte und Werte sowie Lizenzen an solchen Rechten und Werten (z. B. Computer-Software)
    3. Geschäfts- oder Firmenwert (= Differenz zwischen dem Kaufpreis und dem Zeitwert eines Unternehmens)
    4. Anzahlungen, die für den Erwerb immaterieller Vermögensgegenstände geleistet wurden
  II. Sachanlagen
    1. Grundstücke und Gebäude
    2. Technische Anlagen und Maschinen
    3. Andere Anlagen, Betriebs- und Geschäftsausstattung
    4. Geleistete Anzahlungen und Anlagen im Bau
  III. Finanzanlagen (langfristige Überlassung von Kapital)
    1. Anteile an verbundenen Unternehmen
    2. Ausleihungen an verbundene Unternehmen (Ein verbundenes Unternehmen liegt vor, wenn ein Unternehmen ein mehrheitliches Kontrollrecht an dem anderen besitzt.)
    3. Beteiligungen
    4. Ausleihungen an Unternehmen, mit denen ein Beteiligungsverhältnis (d. h. Beteiligung von mehr als 20 Prozent am Nennkapital) besteht
    5. Wertpapiere (z. B. Obligationen oder Anleihen, die langfristig gehalten werden sollen)
    6. Sonstige Ausleihungen

B. Umlaufvermögen (dient dem Unternehmen nicht langfristig)
  I. Vorräte
    1. Roh-, Hilfs- und Betriebsstoffe (werden in der Produktion verwendet)
    2. Unfertige Erzeugnisse und Leistungen
    3. Fertige Erzeugnisse (selbst hergestellt) und Waren (von Dritten bezogen)
    4. Geleistete Anzahlungen (für die Bestellung von Roh-, Hilfs- und Betriebsstoffen oder von Waren)

II. Forderungen und sonstige Vermögensgegenstände
  1. Forderungen aus Lieferungen und Leistungen (gegenüber den Kunden des Unternehmens)
  2. Forderungen gegen verbundene Unternehmen
  3. Forderungen gegen Unternehmen, mit denen ein Beteiligungsverhältnis besteht
  4. Sonstige Vermögensgegenstände (z. B. sonstige Forderungen aus Mietverträgen [antizipative Rechnungsabgrenzung, vgl. Kap. 2.4.3] oder aus Steuerüberzahlungen)
III. Wertpapiere (nur wenn sie nicht zum Anlagevermögen gehören)
  1. Anteile an verbundenen Unternehmen
  2. Sonstige Wertpapiere
IV. Kassenbestand, Bundesbankguthaben, Guthaben bei Kreditinstituten, Schecks
C. Rechnungsabgrenzungsposten (dient einer periodengerechten Erfolgsermittlung, vgl. Kap. 2.4.3)
D. Aktive latente Steuern (vgl. Kap. 2.4.6)
E. Aktiver Unterschiedsbetrag aus der Vermögensverrechnung

Zu diesen in § 266 HGB explizit genannten Bilanzpositionen treten eventuell weitere Positionen hinzu: Nach § 272 HGB sind „ausstehende Einlagen auf das gezeichnete Kapital" offen auszuweisen. Wenn das Eigenkapital durch Verluste aufgebraucht worden ist (§268 Absatz 3 HGB), muss als letzte Aktivaposition ein „nicht durch Eigenkapital gedeckter Fehlbetrag" aufgeführt werden.

Die Bilanzpositionen der **Passivseite** lauten nach § 266 Absatz 3 HGB:

A. Eigenkapital
  I. Gezeichnetes Kapital (Bestandteil des Eigenkapitals, zu dessen Einzahlung sich die Gesellschafter verpflichtet haben. Bei einer AG wird das Eigenkapital als „Grundkapital", bei der GmbH als „Stammkapital" bezeichnet).
  II. Kapitalrücklage (Sie entsteht, wenn Eigner zusätzlich zum gezeichneten Kapital Mittel zuführen, insbesondere dann, wenn die Ausgabe neuer Anteile [Aktien] über dem Nennbetrag erfolgt, also ein Aufgeld [Agio] gezahlt wird.)
  III. Gewinnrücklagen (Sie werden aus nicht ausgeschütteten Gewinnen des Unternehmens gebildet, vgl. Kap. 2.4.5.)
    1. Gesetzliche Rücklage (In die gesetzliche Rücklage sind jeweils fünf Prozent des Jahresüberschusses einzustellen, bis die gesetzliche und Kapitalrücklage zusammen zehn Prozent des Grundkapitals erreicht haben.)

    2. Rücklage für Anteile an einem herrschenden oder mehrheitlich beteiligten Unternehmen (sog. Rückbeteiligungen)

    3. Satzungsmäßige Rücklagen

    4. Andere Gewinnrücklagen (wenn weitere Teile des Jahresüberschusses in die Rücklagen eingestellt werden sollen)

  IV. Gewinnvortrag/Verlustvortrag

  V. Jahresüberschuss/Jahresfehlbetrag

B. Rückstellungen (Verpflichtungen, bei denen Höhe und/oder Fälligkeit unbekannt, Art und Grund der Verpflichtung jedoch bekannt sind, vgl. Kap. 2.4.4)

  1. Rückstellungen für Pensionen und ähnliche Verpflichtungen

  2. Steuerrückstellungen

  3. Sonstige Rückstellungen

C. Verbindlichkeiten (Verpflichtungen, bei denen Höhe und Fälligkeit bekannt sind)

  1. Anleihen (am Kapitalmarkt ausgegebene Schuldverschreibungen, wie z. B. Industrieobligationen)

  2. Verbindlichkeiten gegenüber Kreditinstituten

  3. Erhaltene Anzahlungen auf Bestellungen

  4. Verbindlichkeiten aus Lieferungen und Leistungen

  5. Verbindlichkeiten aus der Annahme gezogener Wechsel und der Ausstellung eigener Wechsel

  6. Verbindlichkeiten gegenüber verbundenen Unternehmen

  7. Verbindlichkeiten gegenüber Unternehmen, mit denen ein Beteiligungsverhältnis besteht

  8. Sonstige Verbindlichkeiten

D. Rechnungsabgrenzungsposten (dient einer periodengerechten Erfolgsermittlung, vgl. Kap. 2.4.3)

E. Passive latente Steuern (vgl. Kap. 2.4.6)

3.4.2 Gliederung der Gewinn- und Verlustrechnung

Neben dem Aufbau der Bilanz ist im HGB in § 275 auch die Gliederung der **Gewinn- und Verlustrechnung** (kurz: **GuV-Rechnung**) geregelt. In der GuV-Rechnung werden Aufwendungen und Erträge einer Periode gegenübergestellt, um so das Periodenergebnis (Gewinn oder Verlust) und die Ertragslage des Unternehmens zu ermitteln. Der grundsätzliche Aufbau der GuV-Rechnung, die bei Anwendung der doppelten Buchführung in öffentlichen Verwaltungen auch als „**Ergebnisrechnung**" bezeichnet wird, ist in Abb. 3–6 dargestellt.

Betriebsertrag (Aufsummierung von Umsatzerlösen und sonstigen betrieblichen Erträgen)
– **Betriebsaufwand** (betriebliche Aufwendungen wie Materialaufwand, Personalaufwand, Abschreibungen)
= **Betriebsergebnis** (aufgrund von Investitionen im Unternehmen erzielt, errechnet sich aus Betriebserträgen und Betriebsaufwendungen)
+ **Finanzergebnis** (aufgrund von Investitionen außerhalb des Unternehmens, z. B. durch Finanzanlagen erzielt)
= **Ergebnis der gewöhnlichen Geschäftstätigkeit**
+ **Außerordentliches Ergebnis** (außerhalb der üblichen Geschäftstätigkeit des Unternehmens erzielt)
– **Steueraufwand**
= **Jahresüberschuss** (oder Jahresfehlbetrag)

Abb. 3–6: Grundaufbau der Gewinn- und Verlustrechnung

Eine wichtige Position der GuV-Rechnung ist das Betriebsergebnis. Das **Betriebsergebnis** bildet den betrieblichen Leistungserstellungsprozess ab. Betriebsfremde Einflüsse bleiben ausgeklammert. Zur Ermittlung des Betriebsergebnisses werden betriebliche Erträge, die im Wesentlichen aus Umsatzerlösen bestehen, und betriebliche Aufwendungen gegenübergestellt.

Zur **Ermittlung des Betriebsergebnisses** bestehen zwei Verfahren, das Gesamtkosten- und das Umsatzkostenverfahren. Die beiden Verfahren unterscheiden sich bezüglich der Gliederung der Betriebsaufwendungen und der Behandlung von Lagerbestandsveränderungen. Beim **Gesamtkostenverfahren** werden die Aufwendungen nach Aufwandsarten gegliedert. Außerdem gehen die gesamten Aufwendungen, die in einer Periode angefallen sind, in die Betriebsergebnisberechnung ein, ohne Rücksicht darauf, ob die hergestellten Produkte auch verkauft wurden. Eine Synchronisation mit den Umsatzerlösen wird dadurch erreicht, indem Lagerzugänge (Bestandsmehrungen) wie zusätzliche Umsätze behandelt werden. Zugleich werden Lagerabgänge (Bestandsverminderungen) wie Umsatzminderungen verbucht. Selbst hergestellte Vermögensgegenstände des Anlagevermögens (sog. „Aktivierte Eigenleistungen" wie z. B. selbst erstellte Anlagen) sind wie ein zusätzlicher Umsatz zu berücksichtigen.

Beim **Umsatzkostenverfahren** werden den Umsatzerlösen nur die Aufwendungen gegenübergestellt, die zur Erzielung der verkauften Leistungen entstanden sind. Ferner sind die Aufwendungen nicht nach Aufwandsarten, sondern funktionell (z. B. nach Erzeugnissen) gegliedert.

Gewinn- und Verlustrechnung der Müller AG, Erbach für die Zeit vom 1.1. bis 31.12.2010 (Angaben in Tausend €)		
Umsatzerlöse	4.500	
+ Bestandsveränderungen	360	Betriebsertrag 5.009
+ Aktivierte Eigenleistungen	50	
+ Sonstige betriebliche Erträge	99	
– Materialaufwand	2.145	
– Personalaufwand	1.962	Betriebsaufwand 4.470
– Abschreibungen	210	
– Sonstige betriebliche Aufwendungen	153	
= Betriebsergebnis	**539**	
+ Erträge aus Beteiligungen	40	
+ Erträge aus Wertpapieren	14	Finanzertrag 57
+ Sonstige Zinsen und ähnliche Erträge	3	
– Abschreibung auf Finanzanlagen	1	Finanzaufwand 20
– Zinsen und ähnliche Aufwendungen	19	
= Ergebnis der gewöhnlichen Geschäftstätigkeit	**576**	
+ Außerordentliche Erträge	65	Außerordentliches Ergebnis 25
– Außerordentliche Aufwendungen	40	
– Steueraufwand	**130**	
= Jahresüberschuss	**471**	

Abb. 3–7: Beispiel für eine Gewinn- und Verlustrechnung gemäß § 275 Absatz 2 HGB (Gesamtkostenverfahren)

Bei Anwendung des Gesamtkostenverfahrens sind geringere organisatorische Voraussetzungen erforderlich; allerdings ist eine erzeugnisbezogene Erfolgsanalyse nicht durchführbar, da die Aufwendungen nicht den einzelnen Produkten zugerechnet werden können.

Eine derartige Analyse ermöglicht das Umsatzkostenverfahren, bei dem die Aufwendungen nach Produkten aufgegliedert sind.

In Abb. 3–7 ist als Beispiel eine Gewinn- und Verlustrechnung nach dem Gesamtkostenverfahren dargestellt.

3.4.3 Arten von Bilanzen

Nach Regelmäßigkeit, Zielsetzung und Anlass der Bilanzaufstellung lassen sich verschiedene Bilanzarten abgrenzen. Nach der Regelmäßigkeit der Aufstellung werden unterschieden:

- **Ordentliche Bilanzen**, die **in regelmäßigen Abständen** aufgrund gesetzlicher Vorschriften (Jahresabschluss), aufgrund vertraglicher Vereinbarungen (z. B. für Kreditgeber) oder für betriebsinterne Kontrollzwecke aufgestellt werden, und

- **Außerordentliche Bilanzen**, deren Aufstellung **aus** einem **besonderen wirtschaftlichen Anlass** einmalig oder zumindest unregelmäßig erfolgt (Rechnungslegung für Sonderfälle). Außerordentliche Bilanzen werden auch als **Sonderbilanzen** bezeichnet.

Das Unterscheidungskriterium „Zielsetzung" differenziert nach dem Schwerpunkt der Information, der mit der Bilanz übermittelt werden soll. Es lassen sich

- **Erfolgsbilanzen**, die der Erfolgsermittlung dienen, und

- **Statusbilanzen** zur Vermögensermittlung

unterscheiden.

Unter Verknüpfung dieser beiden Unterscheidungskriterien lassen sich Bilanzen für die verschiedenen Erstellungsanlässe gemäß Abb. 3–8 systematisieren.

Die Erstellung von außerordentlichen Erfolgsbilanzen ist bei der Gründung eines Unternehmens, bei der Änderung der Rechtsform („Umwandlung"), bei der Unternehmenssanierung durch Mittelzuführung („Sanierung"), beim Ausscheiden von Gesellschaftern („Auseinandersetzung") sowie beim Zusammenschluss von Unternehmen („Fusion") erforderlich. Außerordentliche Statusbilanzen werden hingegen bei einer Liquidation (Auflösung des Unternehmens und Verkauf des Vermögens) oder zur Vorbereitung eines Insolvenzverfahrens (Überschuldungsbilanz) aufgestellt.

Im Folgenden wird nur auf die ordentliche Erfolgsbilanz, die im Rahmen des Jahresabschlusses aufzustellen ist, näher eingegangen.

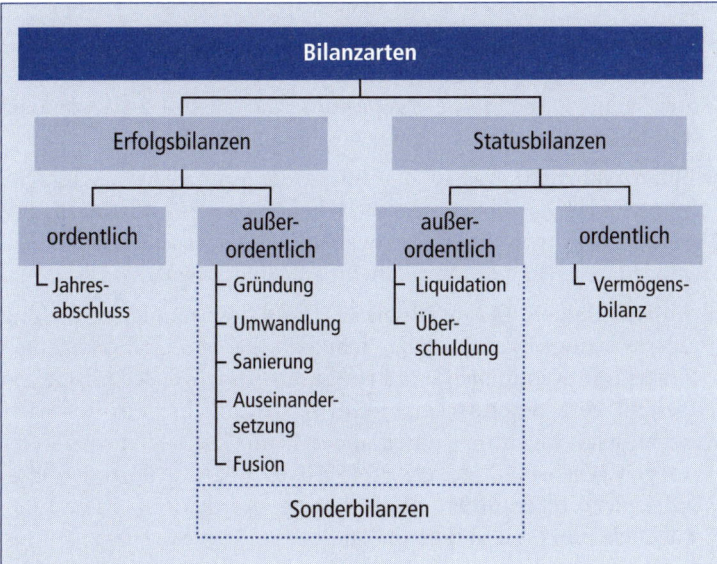

Abb. 3–8: Bilanzarten

3.4.4 Bilanzierung im Jahresabschluss

Die Aufstellung einer Bilanz vollzieht sich in zwei Schritten: Zunächst ist zu klären, **was** bilanziert werden muss („Bilanzierung dem Grund nach"), anschließend ist der Wert der zu bilanzierenden Positionen zu bestimmen („Bilanzierung der Höhe nach"). Nach einer Darstellung der zugrunde liegenden Bilanzierungsgrundsätze werden diese beiden Aspekte im Folgenden erläutert.

3.4.4.1 Bilanzierungsgrundsätze

Grundlage für die Bilanzierung bilden die „Grundsätze ordnungsmäßiger Bilanzierung", die aus den „Grundsätzen ordnungsmäßiger Buchführung" (vgl. Kap. 2.1.3) und den gesetzlichen Vorschriften abgeleitet sind. Die wichtigsten Bilanzierungsgrundsätze sind:

- **Klarheit** und **Übersichtlichkeit** (§243 Absatz 2 HGB): Die Bilanzpositionen müssen eindeutig bezeichnet und geordnet werden. Eine Verrechnung von Aktiva und Passiva ist unzulässig („Saldierungsverbot" gemäß § 246 Absatz 2 HGB).

- **Bilanzwahrheit:** Das in der Bilanz zusammengefasste Zahlenmaterial hat korrekt zu sein, bestehende Bewertungsvorschriften sind zu beachten, unwahre Angaben (z. B. nicht vorhandene Vermögensgegenstände) dürfen nicht aufgeführt werden.

- **Vollständigkeit** (§246 Absatz 1 HGB): Vollständige Erfassung aller Vermögensgegenstände, Schulden, Rechnungsabgrenzungsposten, Aufwendungen und Erträge. Bei Vermögensgegenständen besteht eine Besonderheit, wenn das rechtliche und das wirtschaftliche Eigentum auseinanderfallen: Dann hat den Vermögensgegenstand (gemäß § 246 Absatz 1 Satz 2 HGB) der wirtschaftliche Eigentümer, also derjenige, der den Gegenstand tatsächlich nutzt, zu aktivieren und abzuschreiben. Dieser Fall ist insbesondere bei Leasinggeschäften von Bedeutung: Nicht der Leasinggeber, sondern der Leasingnehmer hat während des Leasingzeitraums den Vermögensgegenstand zu aktivieren.

- **Anschaffungswertprinzip** (§253 Absatz 1 HGB): Vermögensgegenstände dürfen höchstens mit den Anschaffungs- oder Herstellungskosten bewertet werden, eine Berücksichtigung von Wertsteigerungen ist unzulässig.

- **Bilanzidentität** (§252 Absatz 1 Nr. 1 HGB): Die Wertansätze der Eröffnungsbilanz (Bilanz zu Beginn eines neuen Geschäftsjahres) müssen mit den Wertansätzen der vorangegangenen Schlussbilanz (Bilanz des abgeschlossenen Geschäftsjahrs) übereinstimmen.

- **Going-Concern-Prinzip** (§252 Absatz 1 Nr. 2 HGB): Bei der Bewertung von Gebäuden, Maschinen und Anlagen ist von der

Fortführung des Unternehmens auszugehen („going concern"). Dies ist eine wichtige Prämisse, da der Zerschlagungswert (Liquidationswert) von Anlagen im Regelfall geringer ist.

- **Stichtagsbewertung** (§252 Absatz 1 Nr. 3 HGB): Die Bewertung muss zum Abschlussstichtag erfolgen. Ereignisse, die nachträglich (d. h. im Zeitraum zwischen Abschlussstichtag und Bilanzerstellung) eintreten, bleiben in der Bilanz unberücksichtigt.

- **Einzelbewertung** (§252 Absatz 1 Nr. 3 HGB): Vermögen und Schulden sind einzeln zu bewerten, eine Saldierung oder Zusammenfassung darf **nicht** erfolgen.

- **Vorsichtsprinzip** (§252 Absatz 1 Nr. 4 HGB): Durch das Vorsichtsprinzip sollen die Gläubiger eines Unternehmens geschützt werden. Darum sind Vermögen und Gewinne eher zu niedrig, Schulden eher zu hoch anzusetzen. Es bestehen folgende Unterprinzipien:

  - **Realisationsprinzip:** Gewinne dürfen nur berücksichtigt werden, wenn sie am Abschlussstichtag bereits realisiert sind.

  - **Imparitätsprinzip:** Verluste, die noch nicht eingetreten, aber vorhersehbar sind, müssen bereits berücksichtigt („antizipiert") werden.

  - **Niederstwertprinzip:** Bei der Vermögensbewertung ist von zwei möglichen Wertansätzen (z. B. Anschaffungskosten und aktueller Marktpreis) der niedrigere zu wählen (§253 Absatz 3 f. HGB).

- **Periodenabgrenzung** (§252 Absatz 1 Nr. 5 HGB): Der Gewinn muss periodenrichtig ermittelt werden.

- **Bewertungsstetigkeit** (§252 Absatz 1 Nr. 6 HGB): Einmal gewählte Bewertungsmethoden sollen beibehalten werden („Bilanzkontinuität").

- **„True and Fair View":** Gemäß § 264 Absatz 2 HGB soll durch den Jahresabschluss „ein den tatsächlichen Verhältnissen entsprechendes Bild der Vermögens-, Ertrags- und Finanzlage" des Unternehmens vermittelt werden.

3.4.4.2 Aktivierung und Passivierung

Unter dem Begriff „Aktivieren" wird das Einstellen eines Vermögensgegenstandes auf der Aktivseite einer Bilanz verstanden. In Analogie dazu versteht man unter „Passivierung" eine Aufnahme auf der Bilanz-Passivseite. Sowohl bei Aktiv- wie auch bei Passivpositionen bestehen Gebote, Wahlrechte und Verbote zur Aktivierung bzw. Passivierung.

Aktivierungspflichtig sind alle Vermögensgegenstände und aktive Rechnungsabgrenzungsposten, d. h. alle Positionen, die in dem Gliederungsschema nach § 266 Absatz 2 HGB genannt sind, sofern das Gesetz nicht ausdrücklich ein Wahlrecht oder Verbot vorsieht.

Ein **Aktivierungswahlrecht** („aktivierungsfähig, aber nicht aktivierungspflichtig") gewährt der Gesetzgeber den Unternehmen bei selbst erstellten immateriellen Anlagevermögen (§ 248 Absatz 2 HGB). Allerdings sind nur die Entwicklungskosten, nicht reine Forschungskosten ansetzbar (§ 255 Absatz 2a HGB). Außerdem besteht ein Wahlrecht bei der Aktivierung von aktiven latenten Steuern (vgl. Kap. 2.4.6).

Ein **Aktivierungsverbot** besteht für einige immaterielle Vermögensgegenstände wie Marken, Drucktitel, Verlagsrechte oder Kundenlisten, da deren Wert kaum objektiv zu bestimmen ist. Außerdem ist es untersagt, Aufwendungen für die Gründung eines Unternehmens, für Eigenkapitalbeschaffung und für den Abschluss von Versicherungsverträgen zu aktivieren (§ 248 Absatz 1 HGB). Ebenso dürfen keine fiktiven Vermögensgegenstände aktiviert werden.

Als so genannte „**Bilanzierungshilfe**" ist eine Aktivierung von Fremdkapitalzinsen zulässig, obwohl eine Bilanzierungsfähigkeit eigentlich nicht gegeben ist (§ 255 Absatz 3 HGB).

Passivierungspflichtig sind alle Positionen, die in dem Gliederungsschema nach § 266 Absatz 3 HGB aufgeführt sind, also Eigenkapital, Rückstellungen, Verbindlichkeiten, passive Rechnungsabgrenzungsposten und passive latente Steuern.

Passivierungswahlrechte gewährt das Gesetz bei bestimmten Rückstellungsarten. So besteht eine Wahlfreiheit bezüglich der Bilanzierung von mittelbaren Pensionszusagen (Pensionszusagen über einen Pensionsfond oder eine Direktversicherung) und für Pensionszusagen, die vor dem 1. 1. 1987 gegeben wurden. Neuere Pensionszusagen sind hingegen passivierungspflichtig.

Ein **Passivierungsverbot** gilt für Rückstellungsarten, die nicht in § 249 Absatz 1 HGB genannt sind, für Eventualverbindlichkeiten sowie für fiktiv angenommene Verbindlichkeiten.

3.4.4.3 Bilanzansatzvorschriften

Durch die Bilanzansatzvorschriften wird festgelegt, in welcher Höhe eine Position in die Bilanz eingestellt wird. Bei den **Aktiva** muss unterschieden werden, ob ein Vermögensgegenstand entgeltlich erworben oder selbst hergestellt wurde. Im ersten Fall sind die **Anschaffungskosten**, bei selbst hergestellten Vermögensgegenständen die **Herstellungskosten** anzusetzen. Nach § 255 Absatz 2 HGB setzen sich die Herstellungskosten aus Pflicht- und Wahlbestandteilen zusammen. Pflichtbestandteile sind Materialeinzelkosten, Fertigungseinzelkosten und Sonderkosten der Fertigung, sowie angemessene Anteile der Materialgemeinkosten, der Fertigungsgemeinkosten und an der Abschreibung des zur Herstellung genutzten Anlagevermögens. Als Wahlbestandteile dürfen angemessene Teile der Kosten der Verwaltung und für soziale Leistungen des Unternehmens (z. B. Sozialeinrichtungen und Altersversorgung) einbezogen werden. Die Berücksichtigung von Forschungs- und Vertriebskosten ist untersagt. Damit unterscheiden sich die **Herstellung**skosten von den **Herstell**kosten, die im Rahmen der Kostenrechnung angesetzt werden (vgl. Kap. 4.4.1.2). Daneben sind bei der Bilanzierung von Vermögensgegenständen zum einen Abschreibungen und zum anderen niedrigere Börsen- oder Marktpreise zu berücksichtigen.

Für das gezeichnete Kapital auf der **Passivseite** der Bilanz ist der Nennbetrag anzusetzen (§ 272 Absatz 1 Satz 2 HGB), wobei noch nicht getätigte Einlagen der Gesellschafter auszuweisen sind. Werden eigene Anteile erworben ist der Nennbetrag entsprechend zu vermindern (§ 272 Absatz 1a HGB).

Bei Verbindlichkeiten wird der Erfüllungsbetrag angesetzt (§ 253 Absatz 1 HGB). Darunter ist derjenige Geldbetrag zu verstehen, der aufgebracht werden muss, um die Verbindlichkeit zu tilgen. Bei einer Geldleistungsverpflichtung (z. B. aus einem Darlehen) entspricht der Erfüllungsbetrag dem vertraglich fixierten Rückzahlungsbetrag, bei Sach- und Dienstleistungsverpflichtungen ergibt sich der Betrag aus der Erfüllung dieser Leistungen.

Für Rückstellungen muss der notwendige Erfüllungsbetrag abgeschätzt und in die Bilanz eingestellt werden. Für Rückstellungen mit einer Restlaufzeit von mehr als einem Jahr besteht gemäß § 253 HGB eine Abzinsungspflicht. Zur Abzinsung ist der durchschnittliche Marktzinssatz der letzten sieben Jahre anzuwenden; Pensionsrückstellungen dürfen hingegen mit einem durchschnittlichen Marktzinssatz für eine Restlaufzeit von 15 Jahren abgezinst werden. Beide Zinssätze werden durch die Deutsche Bundesbank ermittelt und monatlich bekanntgegeben.

3.5 Konzernabschluss

Ein **Konzern** stellt einen Verbund von **rechtlich selbstständigen Unternehmen** dar, die von einem anderen Unternehmen, dem so genannten „Mutterunternehmen", wirtschaftlich dominiert werden. Da aufgrund der wirtschaftlichen Abhängigkeit die Aussagekraft der Einzelabschlüsse der beteiligten Unternehmen sehr begrenzt ist, hat das Mutterunternehmen für den Verbund **zusätzlich** einen Konzernabschluss aufzustellen. Dabei wird von der **Fiktion** ausgegangen, dass das Mutterunternehmen und alle seine Tochterunternehmen nicht nur eine wirtschaftliche, sondern auch eine rechtliche Einheit bilden (Einheitstheorie). Der Konzernabschluss entspricht also dem Jahresabschluss eines fiktiven „Großunternehmens", das alle Teilunternehmen umfassen würde.

Zu diesem Zweck werden alle gleichartigen Positionen der Einzelabschlüsse des Mutterunternehmens und aller Tochterunternehmen addiert und zu einem so genannten **„Summenabschluss"** zusammengefasst. Es ist darauf zu achten, dass allen einbezogenen Einzelabschlüssen **einheitliche Bilanzierungs- und Bewertungskriterien,** und zwar die des Mutterunternehmens, zugrunde liegen (§ 308

HGB). Insbesondere müssen gleichartige Sachverhalte im gesamten Konzern einheitlich gehandhabt werden. Ist dies nicht der Fall, muss zuvor eine Neubewertung bei denjenigen Tochtergesellschaften erfolgen, die von der Muttergesellschaft abweichende Bewertungsmethoden angewandt oder Wahlrechte anders ausgeübt haben. Dies kann insbesondere bei ausländischen Tochtergesellschaften der Fall sein.

In einem zweiten Schritt erfolgt die so genannte **Konsolidierung**. Dabei werden konzerninterne Beteiligungen (Verflechtungen), Forderungen und Verbindlichkeiten gegenüber anderen Unternehmen des Konzerns sowie konzerninterne Leistungsflüsse aus der Konzernbilanz herausgerechnet. Da auf diese Weise konzernintern erzielte Erfolge ausgeschaltet werden, entspricht der im Konzernabschluss ausgewiesene Erfolg im Regelfall nicht der Summe der Erfolge der Einzelbilanzen.

Nach dem Umfang der Einbeziehung des Kapitals eines Unternehmens in den Konzernabschluss lassen sich Voll- und Teilkonsolidierung unterscheiden. Den Regelfall stellt die **Vollkonsolidierung** dar. Hierbei wird nach der Erwerbsmethode (purchase method, § 301 HGB) das gesamte Kapital des Tochterunternehmens in den Konzernabschluss einbezogen. Eine **Teilkonsolidierung** kann für Tochterunternehmen erfolgen, an denen auch andere, außerhalb des Konzernabschlusses stehende Unternehmen beteiligt sind. Dabei wird mit dem Verfahren der Quotenkonsolidierung oder mit der so genannten Equity-Methode das Kapital des Tochterunternehmens nur anteilig im Konzernabschluss berücksichtigt. Die einzelnen Konsolidierungsverfahren werden im einschlägigen Schrifttum (beispielsweise bei *Coenenberg*, Jahresabschluss und Jahresabschlussanalyse, S. 651 ff.) ausführlich erläutert.

Der Konzernabschluss folgt grundsätzlich den gleichen gesetzlichen Vorschriften wie der Jahresabschluss eines Einzelunternehmens. Ebenso wie dieser, besteht der Konzernabschluss aus den drei Bestandteilen **Konzernbilanz, Konzern-Gewinn- und Verlustrechnung** sowie **Konzernanhang**, die durch einen **Konzernlagebericht** ergänzt werden. Nach § 297 HGB kommen eine Kapitalflussrechnung und ein Eigenkapitalspiegel hinzu. Ferner kann der Konzernabschluss um eine Segmentberichterstattung erweitert werden.

In der **Kapitalflussrechnung** („Cashflow-Statement") wird die Herkunft der zur Verfügung stehenden finanziellen Mittel (z. B. durch Erwirtschaftung oder durch Kreditaufnahme) deren Verwendung (z. B. für Investitionen) gegenübergestellt.

Der **Eigenkapitalspiegel** zeigt in Tabellenform die einzelnen Komponenten des Eigenkapitals (vgl. dazu Kap. 3.4.1) zu Beginn und zum Ende des Geschäftsjahres sowie die eingetretenen Veränderungen einschließlich der Veränderungsursachen (z. B. Ausgabe neuer Aktien, Einstellung in die Rücklagen).

Bei der **Segmentberichterstattung** erfolgt eine detaillierte Aufteilung der Umsätze auf einzelne Geschäftsfelder, Produkttypen und Regionen. Im internationalen Rechnungswesen (vgl. Kap. 3.6) sind den einzelnen Unternehmenssegmenten darüber hinaus auch das Betriebsergebnis, Investitionen und Abschreibungen anteilig zuzuordnen.

In Deutschland dient der Konzernabschluss weder zur Festlegung von Gewinnausschüttungen noch zur Steuerbemessung. Daher lassen sich steuerliche Verzerrungen, die einen Einzelabschluss beeinflussen können, bei der Erstellung des Konzernabschlusses herausrechnen. Der Konzernabschluss hat ausschließlich eine **Informationsfunktion**, indem er in Ergänzung der Einzelabschlüsse der beteiligten Unternehmen eine Beurteilung der Vermögens-, Finanz- und Ertragslage des Konzerns ermöglicht.

Der **Konsolidierungskreis**, d. h. der Umfang der Unternehmen, die in den Konzernabschluss einbezogen werden müssen, ist in § 294 HGB geregelt. Demnach sind neben dem Mutterunternehmen grundsätzlich alle Tochtergesellschaften einzubeziehen; es spielt keine Rolle, welche Rechtsform ein Tochterunternehmen besitzt und in welchem Land sich sein Sitz befindet (Weltabschlussprinzip). Wenn allerdings die Einflussmöglichkeiten des Mutterunternehmens bei einem Tochterunternehmen (insbesondere bezüglich der Geschäftsführung) „erheblich und andauernd" eingeschränkt sind, muss dieses Tochterunternehmen nicht in den Konzernabschluss einbezogen werden. Ferner besteht nach § 296 HGB in einigen Sonderfällen (z. B. bei Geringfügigkeit) ein Einbeziehungswahlrecht.

Für die Aufstellung eines Konzernabschlusses ist jeweils das **Mutterunternehmen** verantwortlich. Das Vorliegen eines „Mutterunternehmens" ist dann gegeben, wenn entweder das Tochterunternehmen unter „einheitlicher Leitung" seiner Mutter steht oder eine andere Beherrschungsmöglichkeit (z. B. Mehrheit der Stimmrechte) ausgeübt wird (§ 290 HGB). **Von der Aufstellung befreit** sind Muttergesellschaften mit der Rechtsform einer Personengesellschaft, wenn sie aufgrund ihrer geringen Größe nicht unter das Publizitätsgesetz fallen (zu den Größenkriterien des Publizitätsgesetzes vgl. Abschnitt 3.4) sowie kleine und mittelgroße Konzerne (§ 293 HGB), sofern sie nicht kapitalmarktorientiert sind. Nach § 291 HGB müssen Muttergesellschaften, die bereits zusammen mit ihren Tochtergesellschaften in einen übergeordneten Konzernabschluss einbezogen sind, keinen eigenen Konzernabschluss erstellen. Auf welcher Bilanzierungsgrundlage ein Konzernabschluss zu erstellen ist, hängt davon ab, ob ein Mutterunternehmen börsennotiert ist oder nicht. **Börsennotierte Mutterunternehmen** müssen seit 2005 ihren Konzernabschluss unter Anwendung der „International Financial Reporting Standards" (IFRS, vgl. Kap. 3.6.1) erstellen (vgl. § 315a HGB). Den übrigen Mutterunternehmen ist es freigestellt, ob sie zur Bilanzierung ihres Konzernabschlusses das HGB oder die IFRS anwenden.

3.6 Internationale Rechnungslegung

Für die Bilanzierung von deutschen Unternehmen ist grundsätzlich das deutsche Handelsrecht maßgeblich. Seit 2005 gilt diese Aussage jedoch nicht mehr uneingeschränkt: § 315a HGB verpflichtet börsennotierte Konzerne dazu, dass sie ihren Konzernabschluss nicht mehr auf Grundlage des HGB, sondern auf Grundlage der International Financial Reporting Standards (IFRS) aufstellen. Daneben werden schrittweise Regelungen der IFRS in das HGB integriert, so dass die Internationalisierung des deutschen Rechnungswesens voranschreitet.

Unabhängig davon werden viele Unternehmen mit **ausländischen Rechnungslegungsvorschriften** konfrontiert. Dies ist beispielsweise der Fall, wenn

- eine Einbeziehung von ausländischen Tochterunternehmen in den Konzernabschluss erfolgen muss,

- das eigene Unternehmen von einem ausländischen Unternehmen aufgekauft wurde,

- eine Analyse von Unternehmen mit ausländischen Abschlüssen (z. B. von Abnehmern oder Lieferanten) ansteht,

- ein ausländisches Unternehmen erworben wurde,

- im Ausland ein Unternehmen gegründet werden soll oder

- eine Notierung des eigenen Unternehmens an einer ausländischen Börse angestrebt wird.

Auch wenn jeder Staat seine Besonderheiten bei der Rechnungslegung besitzt, lassen sich weltweit nur **zwei grundsätzliche Rechnungslegungsphilosophien** unterscheiden, die kontinentaleuropäische und die angloamerikanische Bilanzierungswelt. Beide Rechnungslegungsphilosophien basieren auf den Grundlagen der doppelten Buchführung, die in Kap. 2 dargestellt sind. Unterschiede geben sich durch die Darstellungsform, den Grad der gesetzlichen Kodifizierung und vor allem durch Bewertungsvorgaben: Welche Positionen sind mit welchem Wert in der Bilanz anzusetzen?

Das **kontinentaleuropäische System**, das auch in Deutschland angewandt wird, ist durch umfangreiche, detaillierte gesetzliche Vorschriften gekennzeichnet, die über Jahrhunderte hinweg gewachsen sind und ihre Wurzeln im römischen Recht haben. Dies führt zu einer Kontinuität in der Rechnungslegung. Auf neue Anforderungen kann jedoch nur mit zeitlicher Verzögerung reagiert werden, da zunächst ein Gesetzgebungsverfahren eingeleitet werden muss. Hauptziel der Gesetze ist der **Gläubigerschutz** und die Erhaltung des Unternehmenskapitals. Dies wird durch Bewertungsvorschriften erreicht, die dem **Vorsichtsprinzip** folgen und die Bildung von stillen Reserven gestatten. Wichtige Aufgaben des Jahresabschlusses sind die Bemessung der (Dividenden-)Ausschüttung und die steuerrechtliche Gewinnermittlung. Daher fließen auch **steuerliche Aspekte** in die Bilanzierung ein.

Im **angloamerikanischen System**, das vor allem in Großbritannien und den USA verbreitet ist, sind die Gesetzesvorschriften sehr allgemein gehalten. Detailfragen werden im Regelfall nicht durch gesetzliche Bestimmungen, sondern in Form von Einzelfallentscheidungen durch berufsständische Gremien (Börsenaufsicht, Wirtschaftsprüfer, Fachverbände) geregelt. Im Vordergrund steht nicht der Gläubigerschutz, sondern das **Investoreninteresse**. Durch den Jahresabschluss sollen entscheidungsrelevante Informationen für den Kapitalmarkt zur Verfügung gestellt werden, wobei ein den tatsächlichen Verhältnissen entsprechendes Bild der Vermögens-, Finanz- und Ertragslage (Grundsatz des sog. „true and fair view") gezeichnet werden soll. Die Steuerbemessung erfolgt aufgrund einer eigenen Rechnung, die getrennt vom Jahresabschluss aufgestellt wird.

In **Europa** war schon früh erkannt worden, dass in einem gemeinsamen Wirtschaftsraum die Rechnungslegung vergleichbar sein sollte. Daher wurde bereits im EWG-Vertrag von 1957 geregelt, dass durch eine **Harmonisierung** der nationalen Vorschriften eine **Vergleichbarkeit und Gleichwertigkeit der Jahresabschlüsse** unter Wahrung nationaler Besonderheiten erreicht werden soll. Zu diesem Zweck wurden zwei **EG-Richtlinien** (Bilanzrichtlinie von 1978 und Konzernbilanzrichtlinie von 1983) verabschiedet, an die das jeweilige nationale Recht der einzelnen Mitgliedstaaten der EG (heute: EU) angepasst werden mussten. Auch wenn dies zwischenzeitlich erfolgt ist, weisen die Vorschriften zur Rechnungslegung in den EU-Staaten erhebliche Unterschiede auf, so dass von einer Vergleichbarkeit der Abschlüsse nicht gesprochen werden kann. Dies liegt vor allem daran, dass in der EU sowohl Staaten mit kontinentaleuropäischem Rechnungslegungssystem als auch Staaten mit angloamerikanischem System (Großbritannien, Irland) vereinigt sind. Da die EG-Richtlinien einen Kompromiss zwischen diesen beiden Systemen darstellten, mussten für die Überführung in nationales Recht so viele Wahlrechte zugelassen werden, dass die erzielte Verringerung der bestehenden Rechnungslegungsunterschiede unzureichend erscheint.

Deshalb versucht die **EU-Kommission** nun unter Zuhilfenahme des International Accounting Standards Committee und der von diesem entwickelten „International Financial Reporting Standards" (abgekürzt: IFRS) die Harmonisierung der Rechnungslegungsvorschriften in Europa zu verbessern. Ausdruck dieser Bestrebungen ist die EU-Verordnung 1606 aus dem Jahre 2002, nach der die IFRS ab 2005 zwingend für die Konzernabschlüsse von börsennotierten Unternehmen vorgeschrieben sind. Außerdem werden die EU-Staaten ermuntert, nationale Wahlrechte zur Aufstellung weiterer Abschlüsse auf Basis der IFRS zu schaffen. Auf die IFRS, die der angloamerikanischen Rechnungslegungsphilosophie folgen, wird in Abschnitt 3.6.1 näher eingegangen.

In den **USA** spielen die von der Börsenaufsicht mitentwickelten „Generally Accepted Accounting Principles" (US-GAAP, vgl. Abschnitt 3.6.2) eine herausragende Rolle, da die Beachtung dieser Regelungen Voraussetzung für die Zulassung eines Unternehmens zur Notierung an einer US-amerikanischen Börse ist. Vor allem große Unternehmen versuchen, auf dem lukrativen US-amerikanischen Kapitalmarkt (und dort insbesondere an der New Yorker Börse) Fuß zu fassen, um mit dem dort aufgenommenen Kapital die Expansion ihres Unternehmens finanzieren zu können. Diese Unternehmen müssen in jedem Fall einen Konzernabschluss nach US-GAAP aufstellen. In Europa sind jedoch IFRS-basierte Abschlüsse vorgeschrieben. Deshalb müssen Konzerne, die eine doppelte Abschlusserstellung vermeiden wollen, einen so genannten **dualen Abschluss** erstellen. Darunter wird ein Abschluss auf Grundlage der IFRS verstanden, der im Rahmen der zulässigen Wahlrechte so gestaltet ist, dass er auch den Regelungen nach US-GAAP gerecht wird.

Als weitere „Amerikanisierung" der deutschen Rechnungslegung ist der 1998 neu eingeführte § 342 HGB zu werten: Demnach kann (wie in den USA) ein **privatrechtlich organisiertes Gremium** geschaffen werden, das Anwendungsempfehlungen zur Konzernrechnungslegung („Standards") herausgeben soll. Die bislang dem Gesetzgeber und der Finanzgerichtsbarkeit vorbehaltene Normierung des Bilanzrechts wird damit (zumindest teilweise) erstmals an eine private Einrichtung abgetreten, kodifiziertes Recht wird mit „soft law" verknüpft. In Umsetzung dieser Regelungen wurde zwischen-

zeitlich das „Deutsche Rechnungslegungs Standards Committee e. V."
(abgekürzt **DRSC**) gegründet, das als deutscher „Standard-Setter"
Standards entwickeln und interpretieren sowie Deutschland in internationalen Gremien vertreten soll.

Trotz der breiten Diskussion, die über das internationale Rechnungswesen geführt wird, darf nicht übersehen werden, dass bislang
internationale Rechnungslegungsvorschriften in Deutschland vor
allem für etwa 8.000 multinational tätige oder börsennotierte Groß-
unternehmen und für Konzerne interessant sind. Viele deutsche
Unternehmen sind jedoch dem Bereich kleiner oder mittelständi-
scher Unternehmen zuzurechnen, die nach wie vor nur einen Einzelabschluss nach HGB erstellen.

3.6.1 International Financial Reporting Standards (IFRS)

Die „International Financial Reporting Standards" (abgekürzt:
IFRS) und ihre (weiterhin gültigen) Vorgänger, die „International
Accounting Standards (IAS)", sind Grundsätze zur Rechnungslegung, die der weltweiten Harmonisierung der Rechnungslegung
dienen sollen. Sie sind der einzige Rechnungslegungsstandard, der
in dieser Form auf internationaler Ebene besteht und haben in den
letzten Jahren erheblich an Bedeutung als „Europa-Standard", viel-
leicht sogar als „Weltstandard" gewonnen.

IFRS und IAS werden von der privaten Organisation „**International
Accounting Standards Committee**" (abgekürzt: IASC) herausgegeben. **Zielsetzung** dieser Organisation ist neben der Erarbeitung von
international anerkannten Rechnungslegungsstandards (in Form
der IFRS bzw. der IAS) die Veröffentlichung dieser Standards und
die Förderung ihrer weltweiten Anerkennung. Das IASC steht unter
starkem amerikanischem Einfluss. Dies hat zur Folge, dass IFRS
und IAS weitgehend dem angloamerikanischen Rechnungslegungssystem folgen.

In der Betriebswirtschaftslehre finden die IFRS ein geteiltes Echo.
Zum einen wird gelobt, dass die Abschlüsse von Unternehmen

international vergleichbarer werden und die Globalisierung der Finanzmärkte voranschreitet. Andererseits werden die IFRS als unsystematisch, redundant und gelegentlich sogar widersprüchlich kritisiert. Die Befürchtung, dass ein ausuferndes, unüberschaubares Regelwerk entsteht, ist nicht von der Hand zu weisen. Bereits jetzt hat die offizielle englische Version der IFRS einen Umfang von mehr als 1.000 Seiten, hinzukommen offizielle Interpretationen, Auslegungen und Ergänzungen.

3.6.1.1 Historische Entwicklung und Organisation

Das International Accounting Standards Committee (IASC) wurde im Jahre **1973** in London von mit der Rechnungslegung befassten Berufsverbänden aus neun Ländern (darunter Deutschland) gegründet. Inzwischen sind im IASC mehr als 100 Länder durch nationale Wirtschaftsprüferverbände, Ersteller von (Jahres-)Abschlüssen und Finanzanalysten vertreten. Es stellt jedoch keine supranationale Organisation, sondern eine **private Einrichtung** dar.

Zunächst hießen die veröffentlichten Standards „**International Accounting Standards**" (**IAS**), erst 2001 erfolgte die Umbenennung in IFRS. Der erste Standard wurde 1974 vorgelegt, bis **1987** war ein kompletter Satz an Standards entworfen. Doch die Standards besaßen in den ersten 20 Jahren nach Gründung des IASC keine große Bedeutung. Das lag daran, dass das IASC versuchte, die kontinental-europäische und die angloamerikanische Rechnungslegungsphilosophie (vgl. dazu Kap. 3.6) zu verbinden und es dadurch weder der einen noch der anderen Seite recht machen konnte. Es wurden Bilanzierungs- und Bewertungswahlrechte zugelassen, die jedoch bewirkten, dass IAS-Abschlüsse nicht vergleichbar waren, wenn die Unternehmen die Wahlrechte grundverschieden wahrnahmen. Auf Druck der „Internationalen Organisation der Wertpapieraufsichtsbehörden" (IOSCO), deren dominierendstes Mitglied die US-amerikanische Börsenaufsicht SEC ist, begann das IASC ab 1989, seine Standards zu überarbeiten. Um die US-amerikanische Anerkennung zu erhalten, wurden bei der Überarbeitung die Wahlrechte stark eingeschränkt und zumeist die angloamerikanische Variante als Standard festgeschrieben, so dass sich viele Regeln der IAS immer mehr an die US-GAAP (vgl. Abschnitt 3.6.2) angenähert haben. Die Überarbeitung war 1999 abgeschlossen. Aufgrund der „Amerikanisierung" vieler Regelungen hat die IOSCO im Mai 2000 empfohlen, die IAS als Rechnungslegungsstandard für grenzüberschreitende Börsennotierungen zuzulassen. Im Juni 2000 sprach sich auch die EU-Kommission für die Anwendung der IAS aus; durch EU-Verordnung erhielt diese Empfehlung im Jahre 2002 einen verbindlichen Charakter. Damit erlangten die IAS eine Bedeutung, die sie zuvor nie besessen hatten. Inzwischen haben auch kleinere Staaten, die keine eigenen Rechnungslegungsvorschriften erarbeiten wollen oder können, die IFRS als nationalen Standard übernommen (z. B. Kroatien, Ghana).

Als Konsequenz aus diesem Bedeutungszuwachs resultierte im Jahre 2001 eine **Neuorientierung** des IASC. Eine Neuerung betraf die **Bezeichnung der Standards**, die die zungenbrecherische Bezeichnung **IFRS** (International Financial Reporting Standards) erhielten. Bei dieser Umbenennung wurde die Chance vertan, die bestehenden Standards in ein übersichtliches System zu bringen: Die älteren Standards behalten ihre Bezeichnung „IAS" und ihre Nummerierung bei, so dass nun z. B. neben dem „IAS 1" auch ein davon inhaltlich völlig unabhängiger IFRS 1 existiert, wobei „IFRS" zugleich den Oberbegriff für alle Standards darstellt.

Eine zweite Neuerung betraf den organisatorischen Aufbau des IASC. Aus dem seitherigen IASC wurde die **IASC Foundation**, der alle mit der Rechnungslegung befassten Berufsverbände, die Mitglied der International Federation of Accountants sind, angehören. Außerdem wurde ein **Kuratorium** („Trustee") geschaffen, dessen 19 Mitglieder sich nach einem festgelegten Schlüssel auf die einzelnen Erdteile verteilen. Das Kuratorium überwacht die Tätigkeit und die Finanzierung des IASC und beruft die Mitglieder von IASC-Organen. Außerdem ernennt das Kuratorium die 12 Mitglieder des **International Financial Reporting Interpretations Committee** (**IFRIC**), die grundsätzliche Auslegungsprobleme, die sich bei den Standards ergeben, lösen sollen.

Das maßgebliche Organ des IASC ist das **International Accounting Standards Board** (abgekürzt: **IASB**), dem die Entwicklung von Standards und die Lenkung des IASC obliegt. Es setzt sich aus 14 Mitgliedern zusammen, von denen die Hälfte von nationalen Standardsettern entsandt werden dürfen. Die laufende Facharbeit, insbesondere die Entwicklung von einzelnen Standards, erfolgt in projektweise vom IASB eingesetzten „Steering Committees".

3.6.1.2 Aufbau der IFRS

Ganz im Sinne des angloamerikanischen Ansatzes stellen die IFRS kein geschlossenes Regelwerk dar, sondern behandeln wichtige Einzelfragen. Leitlinie für die Erstellung ist ein 1989 verabschiedetes **„Framework".** Das Framework stellt eine Art Rahmenrichtlinie dar, in der Ziele und Methoden der IFRS-Rechnungslegung und die Vorstellung des IASB bezüglich einer ordnungsmäßigen Bilanzierung zusammengefasst sind. Das Framework wird durch ein Vorwort (**„Preface"**) eingeleitet, das die Zielsetzungen und die Systematik der IFRS erläutert.

Kern des Systems bilden die **Standards**, von denen im Laufe der Zeit **41 IAS** und **9 IFRS** entstanden. Einige Standards wurden zwischenzeitlich überarbeitet, andere außer Kraft gesetzt, so dass derzeit 38 Standards in Kraft sind. Der Regelungsbereich der Standards reicht von grundsätzlichen Bestimmungen zur Aufstellung von Jahresabschlüssen (IAS-Nr. 1) über Bilanzierungs- und Bewertungsfragen bis hin zur Bewertung von nicht betriebsnotwendigem Anlagevermögen, das nur zu Veräußerungszwecken gehalten wird (IFRS-Nr. 5). Eine ausführliche Erläuterung aller gültigen Standards findet sich bei *Tanski*, Internationale Rechnungslegungsstandards, S. 63 ff. In Abb. 3–9 sind alle derzeit gültigen Standards zusammengestellt. Die Abbildung zeigt die vielfältigen Regelungsbereiche, aber auch die fehlende sachlogische Gliederung der Standards: Die Durchnummerierung erfolgt in der Reihenfolge der Entstehung, ab dem Entstehungsjahr 2001 beginnt die neue Nummernreihe der IRFS. Da einige Standards außer Kraft gesetzt sind, ist die Nummerierung lückenhaft.

Standard	Inhalt
IAS 1	Grundsätzliches zum Jahresabschluss
IAS 2	Bewertung von Vorräten
IAS 7	Kapitalflussrechnung
IAS 8	Periodenergebnis, Bilanzierungs- und Bewertungsmethoden
IAS 10	Ereignisse nach dem Bilanzstichtag
IAS 11	Fertigungsaufträge
IAS 12	Ertragsteuern
IAS 16	Sachanlagen
IAS 17	Leasingverhältnisse
IAS 18	Erträge
IAS 19	Leistungen an Arbeitnehmer
IAS 20	Zuwendungen der öffentlichen Hand
IAS 21	Wechselkursänderungen
IAS 23	Fremdkapitalkosten
IAS 24	Beziehungen zu nahe stehenden Unternehmen
IAS 26	Altersversorgung (Altersvorsorgepläne)
IAS 27	Konzernabschlüsse
IAS 28	Anteile an assoziierten Unternehmen
IAS 29	Rechnungslegung in Hochinflationsländern
IAS 31	Anteile an Joint Ventures
IAS 32	Finanzinstrumente: Darstellung
IAS 33	Ergebnis je Aktie
IAS 34	Zwischenberichterstattung
IAS 36	Wertminderung von Vermögenswerten
IAS 37	Rückstellungen, Eventualschulden und -forderungen
IAS 38	Immaterielle Vermögenswerte
IAS 39	Finanzinstrumente: Bewertung
IAS 40	Als Finanzinvestitionen gehaltene Immobilien
IAS 41	Landwirtschaft (Bewertung von Tieren und Pflanzen)
IFRS 1	Erstmalige Erstellung eines IFRS-Abschluss
IFRS 2	Aktienbasierte Vergütung

Standard	Inhalt
IFRS 3	Unternehmenszusammenschlüsse
IFRS 4	Versicherungsverträge
IFRS 5	Nicht betriebsnotwendiges Anlagevermögen
IFRS 6	Erkundung und Bewertung von Bodenschätzen
IFRS 7	Finanzinstrumente: Angabepflichten
IFRS 8	Geschäftssegmente (Segmentberichterstattung)
IFRS 9	Finanzinstrumente: Bewertung

Abb. 3–9: Gültige IAS- und IFRS-Rechnungslegungsstandards

Ein einzelner Standard soll jeweils ein Bilanzierungsteilproblem lösen. Die textliche Darstellung der meisten Standards ist weitschweifend. Es werden die Zielsetzung erläutert, der Anwendungsbereich abgesteckt, zentrale Begriffe definiert und schließlich Bilanzierungsregeln aufgestellt. Ergänzt wird das Ganze durch Anhänge und Beispiele. Dabei wird ausführlich auf Einzelfallregelungen eingegangen. Damit unterscheiden sich die Standards grundlegend vom deutschen HGB, das möglichst knappe, abstrakte Normen enthält.

Bis es zur Verabschiedung eines neuen Standards kommt, ist ein langwieriger Prozess zu durchlaufen, durch den eine hohe Qualität und eine hohe Akzeptanz bei allen Beteiligten erreicht werden soll. Dennoch ist der angestrebte Qualitätsanspruch nicht immer erfüllt: So finden sich mehrfach Widersprüche zwischen einzelnen Standards (z. B. die Definition der Anschaffungskosten in IAS 2, 16 und 40 sowie in IFRS 3). Das rührt daher, dass die einzelnen Standards jeweils durch unabhängig voneinander arbeitenden Projektgruppen, den so genannten „Steering Committees", erstellt werden.

Unklarheiten, die in den Standards bestehen, sollen durch eine offizielle Auslegung beseitigt werden. Deshalb erstellt das IFRIC (vgl. Kap. 3.6.1.1) so genannte **Interpretationen**, die für Anwender des Regelwerks maßgeblich sind.

Wenn eine konkrete **Bilanzierungsfrage** gelöst werden soll, erfolgt der Ablauf der Bearbeitung gemäß Abb. 3–10: Zunächst ist zu klären, ob ein Standard vorliegt. Ist dies nicht der Fall, sind die Regelungen des Frameworks heranzuziehen. Wenn ein Standard vorliegt, muss geprüft werden, ob zusätzlich eine Interpretation herausgegeben wurde, die dann zu beachten ist. Ein Abschluss gilt nur als IFRS-konform, wenn sämtliche Standards und Interpretationen berücksichtigt wurden.

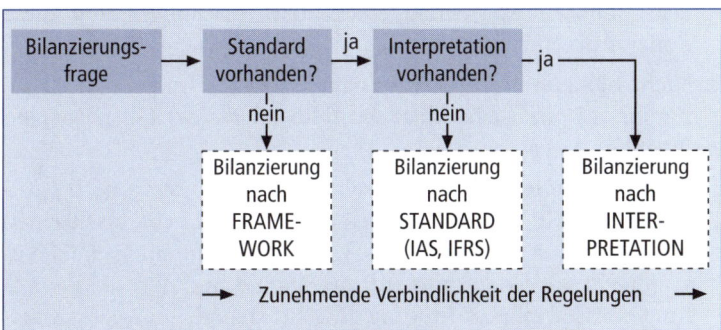

Abb. 3–10: Stufenweise Anwendung von IFRS-Regelungen

Hauptziel eines Abschlusses auf der Grundlage der IFRS ist die **Informationsversorgung** von Aktionären und Investoren, also nicht der Gläubigerschutz wie bei einem Abschluss nach deutschem Handelsrecht.

Zwischen dem HGB und den Regelungen der IFRS gibt es Übereinstimmungen, aber auch **gravierende Unterschiede**. Durch den Übergang auf eine Bilanzierung nach IFRS ist aufgrund der Aufgabe des Vorsichtsprinzips mit einem Anstieg der Eigenkapitalquote zu rechnen. So hat sich durch den Übergang auf die IFRS-Bilanzierung beispielsweise das Eigenkapital des Volkswagen-Konzerns von 11 Milliarden € auf rund 21 Milliarden € fast verdoppelt, ohne dass zusätzliche Mittel zugeflossen wären! Ursache sind die neuen Bewertungsansätze; so sind z. B. Immobilien nicht mehr zu (historischen) Anschaffungskosten, sondern zu aktuellen Marktpreisen zu bewerten.

3.6.1.3 Anwendung der IFRS in Deutschland

In Deutschland sind weiterhin sämtliche Jahresabschlüsse einzelner Unternehmen auf der Grundlage des Handelsrechts zu erstellen.

Mit dem Bilanzrechtsreformgesetz von 2004 wurden Bestimmungen in das HGB aufgenommen, die die Anwendung der IFRS für deutsche Unternehmen regeln:

- Nach § 315a HGB müssen **börsennotierte Unternehmen** ab 2005 ihren **Konzernabschluss** auf Basis der IFRS erstellen, von der parallelen Aufstellung eines HGB-Abschlusses sind diese Konzerne befreit.

- **Nicht-börsennotierten Unternehmen** ist es freigestellt, ob sie für ihren Konzernabschluss die IFRS oder das HGB anwenden möchten.

- Für die **Offenlegung** von **Einzelabschlüssen** besteht nach § 325 Absatz 2a HGB für alle Unternehmen ein Wahlrecht, ob sie einen Abschluss nach HGB oder nach IFRS offenlegen möchten. Dieses Wahlrecht gilt jedoch **nur** für die Offenlegung. Für die Bemessung der Gewinnausschüttung oder für steuerliche Zwecke muss zusätzlich ein HGB-Abschluss erstellt werden, der allerdings nicht offenzulegen ist.

Parallel dazu wurden in verschiedenen Bereichen des Handelsrechts Vorgaben oder Empfehlungen der IFRS umgesetzt. Da in Deutschland die Handelsbilanz die Grundlage für die Steuerbilanz und damit für die Besteuerung eines Unternehmens bildet, ist es unwahrscheinlich, dass noch größere Veränderungen vorgenommen werden, da der Gesetzgeber die Gestaltung seiner Besteuerungsgrundlagen nicht vollständig aus der Hand geben möchte.

3.6.2 US-Generally Accepted Accounting Principles (US-GAAP)

In den USA existiert kein Handelsgesetzbuch, das dem deutschen HGB vergleichbar wäre. Es besteht auch keine allgemeine gesetzliche Pflicht zur Prüfung und Offenlegung von Jahresabschlüssen. Es existieren jedoch „**Generally Accepted Accounting Principles**" (abgekürzt: US-GAAP), die die Rechnungslegung stark beeinflussen.

Die US-GAAP wurden seit 1939 auf Veranlassung der US-amerikanischen Börsenaufsichtsbehörde SEC entwickelt. Unternehmen, von denen Wertpapiere an einer US-amerikanischen Börse gehandelt werden, müssen Jahresabschlüsse auf Grundlage der US-GAAP erstellen und veröffentlichen. Dies gilt auch für ausländische Unternehmen, die zur Börsenzulassung entweder nach US-GAAP oder nach IFRS bilanzieren oder ihren Konzernabschluss (insbesondere den Gewinn und das Eigenkapital) nach speziellen Kriterien in US-GAAP-Werte überleiten müssen. Ferner sind amerikanische Wirtschaftsprüfer verpflichtet, auch bei allen freiwilligen Prüfungen des Jahresabschlusses die US-GAAP anzuwenden. Damit sind die US-GAAP, obwohl sie keinen Gesetzescharakter besitzen, als **allgemeingültige Rechnungslegungsvorschriften der USA** anzusehen. Sie bilden ein detailliertes, umfangreiches, in Einzelfallentscheidungen entstandenes Regelwerk, das für viele Detailfragen eine Lösung vorgibt. Teilweise sind diese Regeln auch in der Wirtschaftsprüfungspraxis entstanden und nicht schriftlich fixiert. Nach ihrem Konkretisierungsgrad lassen sich die Regeln in eine hierarchische Ordnung bringen, dennoch sind sie aufgrund ihres Umfangs und ihrer Komplexität schwer zu überschauen.

Ein **Jahresabschluss nach US-GAAP** besteht aus den Bestandteilen Bilanz, Gewinn- und Verlustrechnung sowie Anhang. Ein Lagebericht ist nicht vorgeschrieben, wohl aber eine Eigenkapitalentwicklungsübersicht und eine Kapitalflussrechnung. Maßgeblich für Gewinnausschüttungen ist der Konzernabschluss, die Einzelabschlüsse der Mutter- und Tochterunternehmen spielen hierfür keine Rolle.

In der **Bilanz** sind die Positionen der Aktivseite (im Gegensatz zur deutschen Regelung) nicht nach zunehmender, sondern nach abnehmender Liquidierbarkeit angeordnet. Große Unterschiede zum HGB bestehen in Bewertungsfragen. Beispielsweise sind Wertpapiere zum Börsenwert zu bilanzieren, was eine Durchbrechung des Anschaffungswertprinzips bedeutet. Herstellungskosten müssen auch Verwaltungsgemeinkosten enthalten; ein Wahlrecht wie in Deutschland besteht nicht. Damit (und mit weiteren Regelungen) wird die Bildung von stillen Reserven stark begrenzt. Eingeschränkt ist auch die Rückstellungsbildung. Bei langfristigen Aufträgen wird der Gewinn bereits während der Fertigungsphase anteilig realisiert, nicht wie in Deutschland erst nach Übergabe des Gesamtwerkes. Dies ist eine Ausprägung der periodengerechten Erfolgsermittlung („accrual principle"), die in den US-GAAP ein wichtiges Grundprinzip darstellt.

Die **Gewinn- und Verlustrechnung** muss nach dem Umsatzkostenverfahren aufgestellt werden; die Anwendung des Gesamtkostenverfahrens ist nicht zulässig. Bei der Aufstellung besitzen die Unternehmen einen weiten Spielraum, da keine verbindliche Gliederungsvorschrift existiert.

Eine ausführliche Gegenüberstellung von HGB-Vorschriften und den entsprechenden Regelungen nach US-GAAP findet sich bei *Förschle/Holland/Kroner*, Internationale Rechnungslegung, S. 8 ff.

Spektakuläre Unternehmenszusammenbrüche in den USA (z. B. die Fluglinien US Airways und United Airlines oder die Beratungsunternehmen Arthur D. Little und Conseco) erschütterten im Jahre 2002 das Vertrauen in die US-GAAP. Dies vor allem auch deshalb, weil mehrere Insolvenzen nicht allein auf Fehlinvestitionen oder die schwache Konjunkturlage, sondern auf Betrug und Bilanztäuschungen zurückzuführen waren. Auf diese unehrenhafte Weise schieden Enron (bis 2001 der größte Energiehändler Amerikas), Telekommunikationsgigant Worldcom und der Kabelkonzern Adelphia aus dem Geschäftsleben aus; in die Manipulationen eingebunden waren teilweise die Eigentümer, aber auch Wirtschaftsprüfungs- und Beratungsunternehmen wie die früher führende, inzwischen aufgrund des Skandals zwangsaufgelöste Gesellschaft Arthur Andersen. Um diesem Missbrauch vorzubeugen, müssen in den USA Bilanzen nun von den Vorständen zusätzlich beglaubigt werden („Eid auf die Bilanz"). Ferner wurde eine neue Aufsicht für Wirtschaftsprüfungsunternehmen geschaffen.

In der Europäischen Union ist eine Entscheidung gegen die US-GAAP gefallen. Seit 2005 ist für Konzernabschlüsse börsennotierter Unternehmen die Anwendung der „IFRS" verbindlich vorgeschrieben. Problematisch ist dies vor allem für große europäische Unternehmen, die ihre Bilanzierung im Rahmen der Globalisierung bereits auf US-GAAP umgestellt hatten, da diese Unternehmen nun zusätzlich einen IFRS-Abschluss erstellen müssen.

3.7 Bilanzpolitik und Bilanzanalyse

Bilanzpolitik stellt die bewusste Gestaltung des Jahresabschlusses innerhalb des gesetzlich zulässigen Rahmens dar. Gegenstand der Bilanzpolitik ist nicht nur die Bilanz, sondern auch die Gewinn- und Verlustrechnung, der Anhang sowie der Lagebericht.

Mit der Bilanzpolitik werden zum einen finanzpolitische Ziele verfolgt. So soll das Kapital des Unternehmens erhalten, die Gewinn- und Dividendenentwicklung verstetigt, die Kreditwürdigkeit gesichert und die Steuerlast minimiert werden. Daneben soll durch die Bilanzpolitik auch das Ansehen des Unternehmens in der öffentlichen Meinung verbessert werden.

Als **bilanzpolitische Instrumente** stehen einem Unternehmen zur Verfügung:

- Nutzung von Ansatzwahlrechten (Aktivierungs- oder Passivierungswahlrechte).

- Nutzung von Bewertungswahlrechten.

- Bewusste Terminierung von Geschäftsvorfällen durch bilanzpolitisch motivierte Transaktionen vor dem Bilanzstichtag oder das Zurückhalten von Transaktionen („Bilanzkosmetik" durch den Abbau von Forderungen, die Verbesserung der Liquidität durch Veräußerungen oder Ergebnisverbesserungen durch eine Verzögerung von Investitionen).

- Wahl des Bilanzstichtages. So kann es bei saisonabhängigen Unternehmen sinnvoll sein, den Stichtag nach Saisonende zu legen, wenn die Lager geräumt sind. Eine mehrfache Änderung des Stichtags ist nicht zulässig, da dies den Grundsatz der Kontinuität verletzen würde.

- Wahl des Bilanzvorlagetermins.

- Präsentation und Gestaltung des Jahresabschlusses (Aufmachung, Umfang von zusätzlichen Informationen).

Die Gestaltungsmöglichkeiten sind bei Personengesellschaften aufgrund großzügigerer Ansatz- und Bewertungsvorschriften umfangreicher als bei Kapitalgesellschaften.

Die Möglichkeiten der Bilanzpolitik sind bei einer Bilanzierung nach HGB größer als bei Anwendung der IFRS, doch auch bei den IFRS bestehen erhebliche Gestaltungsspielräume. Um eine höhere Akzeptanz der IFRS zu erreichen, bieten viele Standards Wahlmöglichkeiten an, die dann unmittelbar Einfluss auf den Wertansatz in der Bilanz haben. Einen anderen bilanzpolitischen Ansatzpunkt bildet der **„Fair Value"** (offizielle deutsche Übersetzung: „Beizulegender Zeitwert"), auf den als Wertansatz in vielen Standards zurückgegriffen wird. Ein Laie könnte den „Fair Value" für eine objektive, eindeutig bestimmbare Größe halten. Doch dem ist nicht so: Im Anhang zu IAS 39 (IAS 39, application guidance 80 f.) wird festgelegt, dass der „Fair Value" über eine „vernünftige Schätzung" zu bestimmen ist. Da jede Schätzung eine Schwankungsbreite hat, die der Schätzer individuell ausnutzen kann, eröffnet dies große Möglichkeiten für die Bilanzpolitik, die bei dem entsprechenden Wertansatz des HGB (Anschaffungs- oder Herstellungskosten) so nicht gegeben wären.

Während durch die Bilanzpolitik von Seiten des Unternehmens versucht wird, durch legale Gestaltungsmaßnahmen das Unternehmen in einem günstigen Licht dastehen zu lassen, erfolgt durch Außenstehende eine kritische Durchleuchtung der veröffentlichten Unterlagen. Dies ist der Bereich der **Bilanzanalyse**. Durch die Aufbereitung des Jahresabschlusses sollen Erkenntnisse über die wirtschaftliche Lage, die finanziellen Verhältnisse, die Ertragskraft, die Haftungssubstanz, die Liquidität und das Erfolgspotential des Unternehmens gewonnen werden.

Die Aussagen der Bilanzanalyse sind begrenzt durch

- Informationsdefizite (Es wird ein vereinfachtes und unvollständiges Bild eines Unternehmens geliefert, da schwebende Geschäfte, Auftragsbestände, ungenutzte Kreditspielräume sowie geplante Vorhaben unberücksichtigt sind.)

- Vergangenheitsbezug (Bilanzdaten beziehen sich auf einen vergangenen Zeitraum. Durch den späten Zeitpunkt der Veröffentlichung des Jahresabschlusses bleibt die aktuelle Situation unberücksichtigt.)

- Beeinflussung des Jahresabschlusses durch bilanzpolitische Gestaltungsmaßnahmen.

Im Rahmen der Bilanzanalyse werden der Jahresabschluss aufgearbeitet, ausgewertet und die erhaltenen Informationen zu **Kennzahlen** verdichtet. Kennzahlen-, Zeit- und Branchenvergleiche liefern den Maßstab zur Beurteilung der Entwicklung und des Potentials des Unternehmens. Auch eine Analyse der genutzten Wahlrechte kann sehr aufschlussreich sein.

Wesentlich für jede Bilanzanalyse sind Erfolgsgrößen des Unternehmens, also das Betriebsergebnis, der Jahresüberschuss oder der daraus abgeleitete Bilanzgewinn (vgl. Kap. 3.3.3). Bei den drei folgenden Kenngrößen aus dem angloamerikanischen Raum wird versucht, bestimmte länderspezifische Besonderheiten herauszurechnen, um eine objektivere Beurteilung der Ertragskraft von Unternehmen vornehmen zu können:

- **EBT** („Earnings before Taxes"): Jahresüberschuss vor Steuern. Gemäß dem Schema der Gewinn- und Verlustrechnung (vgl. Kap. 3.4.2) enthält die Kennzahl das Ergebnis der gewöhnlichen Geschäftstätigkeit zuzüglich dem außerordentlichen Ergebnis. Damit sind ertragsteuerliche Einflüsse, die sich aufgrund verschiedener Rechtsformen, aber auch durch die unterschiedliche Steuergesetzgebung der Staaten ergeben, eliminiert.

- **EBIT** („Earnings before Interest and Taxes"): Gewinn vor Zinsaufwand und Steuern. Diese Kennzahl wird im deutschsprachigen Raum auch als operatives Ergebnis oder als Betriebsergebnis bezeichnet.

- **EBITDA** („Earning before Interest, Tax, Depreciation and Amortization"): Gewinn vor Zinsaufwand, Steuern und Abschreibungen. Die englische Bezeichnung berücksichtigt sowohl Abschreibung von Sachanlagen (Depreciation), als auch die Abschreibung von immateriellen Vermögensgegenständen (Amortization), wie z. B. den sog. Goodwill. Abschreibungen sind neben Steuern eine weitere Größe, die durch nationale Vorgaben von Unternehmen sehr unterschiedlich gehandhabt werden. Der EBITDA ist somit für internationale Vergleiche der Ertragskraft von Unternehmen am besten geeignet.

Neben diesen Kenngrößen spielen relative Kennzahlen, also Zahlenverhältnisse, in der Bilanzanalyse eine große Rolle. Die wichtigsten werden im Folgenden exemplarisch vorgestellt:

■ **Eigenkapitalquote:** Die Eigenkapitalquote gibt den Grad der finanziellen Abhängigkeit des Unternehmens an; sie besitzt eine große Bedeutung für die Beurteilung der Kreditwürdigkeit und der finanziellen Stabilität eines Unternehmens: Je höher die Eigenkapitalquote, desto kreditwürdiger und krisenfester ist ein Unternehmen.

Eigenkapitalquote = Eigenkapital / Bilanzsumme

■ **Anlagendeckungsgrad:** Der Anlagendeckungsgrad zeigt, in welchem Umfang das Anlagevermögen durch Kapital, das dem Unternehmen langfristig zur Verfügung steht, finanziert ist. Nach der so genannten „goldenen" Bilanzregel soll das Anlagevermögen durch Eigenkapital (oder durch Eigenkapital plus langfristigem Fremdkapital) gedeckt sein. Bei einem Anlagendeckungsgrad von mehr als 100 Prozent ist eine Überdeckung durch langfristige Mittel gegeben. Je stärker die 100 %-Marke überschritten wird, desto höher ist die finanzielle Stabilität des Unternehmens.

Anlagendeckungsgrad = Eigenkapital / Anlagevermögen

■ **Cashflow** (= „Kassenfluss", besser: Substanzzufluss): Der Cashflow ist der Teil der Umsatzeinnahmen, der nicht kurzfristig wieder zu Ausgaben führt, sondern für die Schuldentilgung oder für Investitionen verwendbar ist („Umsatzüberschuss"). Er zeigt, welche finanziellen Mittel ein Unternehmen in einer Periode erwirtschaftet hat. Es bestehen verschiedene Formen der Abgrenzung. In der einfachsten Form errechnet sich der Cashflow aus der **Summe** von **Jahresüberschuss** und **Abschreibungen**. Bei anderen Abgrenzungen werden die Erhöhung langfristiger Rückstellungen und das außerordentliche Ergebnis berücksichtigt. Je höher der Cashflow, desto günstiger wirkt sich das auf die Beurteilung der Ertragskraft und der Liquidität des Unternehmens aus.

- **Eigenkapitalrentabilität:** Die Eigenkapitalrentabilität zeigt den Prozentsatz, mit dem sich das eingesetzte Eigenkapital in einer Periode verzinst. Aufgrund des zu tragenden unternehmerischen Risikos sollte die Verzinsung bei einem rentablen Unternehmen über den marktüblichen Zinssätzen liegen.

  Eigenkapitalrentabilität = Jahresüberschuss / Eigenkapital

- **Umsatzrentabilität:** Die Umsatzrentabilität verdeutlicht, wie viel Gewinn je Einheit Umsatz erzielt wird. Sie gilt als wichtige Kennzahl zur Beurteilung der Ertragskraft eines Unternehmens, sowohl im Branchen- wie im Zeitvergleich.

- **Return on Investment (ROI):** Betrachtung der Gesamtkapitalrendite. Diese Kenngröße zeigt, wie rentabel das gesamte im Unternehmen arbeitende Kapital eingesetzt wurde.

  ROI = Jahresüberschuss / Gesamtkapital

- **Liquiditätsgrade** geben Auskunft über die Zahlungsbereitschaft des Unternehmens. Je höher die ermittelten Prozentsätze ausfallen, desto günstiger ist die Liquiditätssituation und damit die Zahlungsbereitschaft zu beurteilen. Es werden verschiedene Liquiditätskennziffern definiert, beispielsweise die Liquidität 3. Grades:

  Umlaufvermögen / Kurzfristige Verbindlichkeiten

Der Wert für das Umlaufvermögen kann der Bilanz entnommen werden, der Betrag der kurzfristigen Verbindlichkeiten (Verbindlichkeiten mit einer Laufzeit von weniger als einem Jahr) aus dem Anhang. Die Liquidität dritten Grades sollte etwa bei 150 Prozent liegen, damit die Zahlungsfähigkeit eines Unternehmens sichergestellt ist.

Kennzahlen stellen ein grobes Instrument dar, bilden aber für Personen, die außerhalb des Unternehmens stehen (z. B. potentielle Kreditgeber), häufig die einzige Möglichkeit zur Analyse des Unternehmens. Nur durch den Vergleich mit den entsprechenden Kennzahlen aus früheren Perioden und von anderen Unternehmen der gleichen Branche lassen sich sinnvolle Aussagen ableiten. Zur Verknüpfung der Kennzahlen zu Kennzahlensystemen vgl. Kap. 5.3.5.4.

Literaturempfehlungen zum Thema „Jahresabschluss und Bilanzierung"

Coenenberg, Adolf Gerhard/ Haller, Axel/ Schultze, Wolfgang: Jahresabschluss und Jahresabschlussanalyse. 21. Auflage. Landsberg/ Lech: Verlag Moderne Industrie 2009

Quick, Reiner/Wolz, Matthias: Bilanzierung in Fällen: Grundlagen, Aufgaben und Lösungen nach HGB und IFRS. 4. Auflage. Stuttgart: Schäffer-Poeschel 2009

Scheffler, Eberhard: Bilanzen richtig lesen. 8. Auflage. München: Beck-Wirtschaftsberater im dtv, Band 5827, 2009

Tanski, Joachim S.: Internationale Rechnungslegungsstandards. 3. Auflage. München: Beck-Wirtschaftsberater im dtv, Band 50852, 2010

4. Kapitel

Kostenrechnung

4.1 Grundlagen

4.1.1 Aufgaben der Kostenrechnung

Das in den vorangegangenen beiden Kapiteln dargestellte externe Rechnungswesen ist vergangenheitsorientiert und an gesetzliche Vorschriften gebunden. Als Grundlage für den Entscheidungsprozess im Unternehmen ist das externe Rechnungswesen nur unzureichend geeignet, so dass in den meisten Unternehmen parallel zum externen Rechnungswesen ein internes Rechnungswesen besteht. Einen wichtigen Bestandteil des internen Rechnungswesens bildet die Kostenrechnung, die auch als Betriebsbuchführung und im angelsächsischen Sprachraum als „Management Accounting" bezeichnet wird. Der Kostenrechnung lassen sich folgende Aufgaben zuordnen:

- **Planung und Steuerung** (Lenkung): Es sind Informationen für die Unternehmensführung zur Vorbereitung von Entscheidungen zu sammeln. Die Entscheidungen können folgende Bereiche betreffen:

  - Grundsatzentscheidungen (z. B. Festlegung des Investitionsprogramms, Standortwahl, Expansion),

  - Preispolitik (Kalkulation der Produktpreise, Bestimmung der Preisuntergrenze),

- Vertriebspolitik (Überwachung von Verkaufsgebieten, Kundengruppen und Absatzwegen),

- Produktionsprogrammplanung (Aufzeigen der Erfolgsstruktur der einzelnen Produkte),

- Ablaufplanung (Produktionsablauf, Optimierungen der Fertigungsverfahren und der Bearbeitungsreihenfolge, Vorgaben für Kostenstellenleiter),

- Beschaffungsplanung (Lieferanten- und Kostenvergleiche, Eigenfertigung oder Fremdbezug („Make-or-buy"), Preisobergrenzenfestlegung, Personalplanung).

■ **Kontrolle:** Durch die Gegenüberstellung von tatsächlich vorliegenden Werten (Istgrößen) und vorgegebenen Werten (Sollgrößen) sind Abweichungen zu ermitteln. Anschließend sind im Rahmen einer Abweichungsanalyse die Abweichungsursachen herauszufinden.

■ Bereitstellung von **Kosteninformationen** für die Buchführung, beispielsweise durch die Bewertung von fertigen und unfertigen Beständen oder von aktivierungspflichtigen Eigenleistungen.

■ **Dokumentation:** Durch die Kostenrechnung soll der tatsächlich ablaufende Unternehmensprozess abgebildet werden. Daneben sind angefallene Kosten und Leistungen zu ermitteln und die nach Produktarten aufgespaltene Entstehung des Erfolgs aufzuzeigen.

Da die Kostenrechnung nicht gesetzlich reglementiert ist, bildet ihre Ausgestaltung selbst einen Gegenstand der betrieblichen Entscheidungen. Es müssen auch die „Kosten der Kostenrechnung", die im Wesentlichen aus den Personalkosten der mit der Kostenrechnung betrauten Mitarbeiter und deren Arbeitsmittel (Computer, Büroausstattung) bestehen, beachtet werden. Die anfallenden Kosten müssen in einem sinnvollen Verhältnis zu dem entstehenden Nutzen stehen, der unternehmensspezifisch variiert. Bei der Ausgestaltung einer Kostenrechnung spielt daher die Größe des Unternehmens, die Branchenzugehörigkeit, das Leistungsprogramm und die Produktionsstruktur des Unternehmens eine wichtige Rolle.

4.1.2 Kostenrechnungssysteme

Nach der Art der Kosteninformationen, die zur Verfügung gestellt werden, lassen sich verschiedene Kostenrechnungssysteme abgrenzen. Als Unterscheidungsmerkmal können der **zeitliche Bezug** der Kosten und der **Umfang** der Kostenzurechnung herangezogen werden.

Nach dem zeitlichen Bezug lassen sich Istkostenrechnung, Normalkostenrechnung und Plankostenrechnung unterscheiden, die in der Praxis oft miteinander verknüpft werden oder ineinander übergehen.

Bei der **Istkostenrechnung** werden die Kosten aus dem tatsächlichen Verbrauch abgeleitet. Die Istkosten errechnen sich durch Multiplikation der tatsächlichen Verbrauchsmenge (Istmenge) mit den tatsächlich vorliegenden Preisen (Istpreise). Die Istkostenrechnung hat eine lange Tradition und ist in den Unternehmen weit verbreitet.

Die Istkostenrechnung kann zur Ermittlung des tatsächlichen Erfolgs einer Periode (Ergebnisrechnung) oder zur nachträglichen Ermittlung der auf eine Erzeugniseinheit entfallenen Kosten (Nachkalkulation) eingesetzt werden. Ein wesentlicher Nachteil der Istkostenrechnung ist deren Vergangenheitsorientierung und sich daraus ergebende Grenzen bei einem Einsatz der Ergebnisse im Rahmen der Unternehmensplanung. Da der Abrechnung Kosten aus der vergangenen Periode zugrunde liegen, ist sie für unternehmerische Entscheidungen nur beschränkt einsetzbar. Eine auf Istkosten basierende Wirtschaftlichkeitskontrolle ist nur wenig effizient, da Vergangenheitswerte zur Beurteilung der neuen Periode herangezogen werden; dadurch besteht die Gefahr der Fortschreibung von bestehenden Unzulänglichkeiten.

Diese Problematik führte zur Entwicklung der **Normalkostenrechnung**, bei der statt von Istgrößen von „normalisierten" Größen ausgegangen wird. Normalkosten sind durchschnittliche Istkosten der Vergangenheit, die durch eine statistische Mittelwertbildung errechnet werden und als „Verrechnungssätze" dienen. Durch feste Verrechnungspreise oder normalisierte Zuschlagssätze lassen sich

Preisschwankungen oder saisonale Schwankungen ausgleichen. Durch eine derartige Glättung von Unregelmäßigkeiten lässt sich eine Kontinuität im Abrechnungsprozess erzielen, doch der Hauptmangel der Istkostenrechnung, die Fortschreibung von Vergangenheitswerten, besteht weiter.

Die Zahlen der **Plankostenrechnung** basieren hingegen nicht mehr auf Vergangenheitswerten. Über technische Berechnungen oder Verbrauchsstudien wird die Planmenge, die zur Herstellung eines Produkts oder einer Leistung erforderlich ist, auf analytischem Wege bestimmt. Anschließend werden Planverrechnungspreise ermittelt. Aus der Multiplikation von Planmenge und Planpreisen errechnen sich Plankosten, die nun unabhängig von tatsächlichen Verbräuchen und Preisen sind.

Plankosten besitzen einen **Vorgabecharakter**, sei es zur

- Planung von Budgets für einzelne Unternehmensbereiche (Budgetkostenrechnung durch eine Kostenvorgabe für einzelne Kostenstellen, vgl. Kap. 5.3.4) oder zur

- Vorgabe von Planherstellkosten für die produzierten Erzeugnisse (Standardkostenrechnung).

Die Vorgabe von Plankosten dient zunächst der Steuerung, aber auch der Kontrolle. Durch einen Vergleich von Planwerten mit Istwerten lassen sich im Rahmen von Abweichungsanalysen unwirtschaftliche Bereiche und Problemzonen analysieren.

Nach dem **Umfang der verrechneten Kosten** lassen sich die Kostenrechnungssysteme „Vollkostenrechnung" und „Teilkostenrechnung" unterscheiden.

Im Rahmen einer **Vollkostenrechnung** werden alle Kosten einer Periode den entstandenen Kostenträgern (= Absatzprodukten) zugerechnet. Dazu zählen sowohl die direkt durch den Kostenträger verursachten Kosten, aber auch ein Anteil an den Kosten, die nicht direkt durch den Kostenträger verursacht wurden (so genannte „Gemeinkosten").

Bei der **Teilkostenrechnung** werden nur die „entscheidungsrelevanten" Kosten direkt auf den Kostenträger verrechnet. Unter entscheidungsrelevanten Kosten werden die so genannten variablen Kosten verstanden, deren Höhe unmittelbar vom Beschäftigungsgrad oder der Ausbringungsmenge abhängig ist.

4.1.3 Teilgebiete der Kostenrechnung

Nach den Aufgaben und den auszuführenden Tätigkeiten lassen sich gemäß Abb. 4–1 mehrere Teilgebiete der Kostenrechnung unterscheiden, die aufeinander aufbauende Stufen eines Systems darstellen.

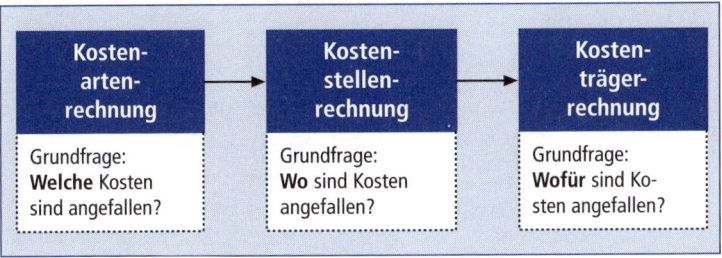

Abb. 4–1: Stufen der Kostenrechnung

Die erste Stufe bildet die **Kostenartenrechnung** (Kap. 4.2). Sie dient der Ermittlung, Systematisierung und Erfassung der Kosten (Grundfrage: **Welche** Kosten sind angefallen?). Dabei wird auf Werte der Buchführung zurückgegriffen, die durch Sonderrechnungen zu ergänzen oder zu modifizieren sind.

Im zweiten Schritt wird geklärt, **wo** die Kosten angefallen sind. Im Rahmen der **Kostenstellenrechnung** (Kap. 4.3) erfolgt eine Abgrenzung von Abrechnungsbereichen („Kostenstellen"), denen dann die in der Kostenartenrechnung ermittelten Kosten zugeordnet werden.

Die Frage, **wofür** die Kosten angefallen sind, beantwortet die **Kostenträgerrechnung**. Sie kann in die beiden Bestandteile Kostenträgerstückrechnung und Kostenträgerzeitrechnung (Kurzfristige Erfolgsrechnung) untergliedert werden. Die **Kostenträgerstückrechnung** (Kap. 4.4) dient der Kalkulation der Produktpreise durch eine Ermittlung der Stückkosten der erzeugten Güter. Im Rahmen der **kurzfristigen Erfolgsrechnung** (Kap. 4.5) wird hingegen mit der Ermittlung des Betriebsergebnisses der Erfolg einer Periode bestimmt.

4.2 Kostenartenrechnung

Die Erfassung und Gliederung (Klassifikation) der Kosten in Kostenarten stellt das Grundproblem der Kostenartenrechnung dar. Bei der Erfassung werden Mengenkomponente (wie viel?) und Wertkomponente (welcher Wert?) im Regelfall getrennt betrachtet. Es gilt die Gleichung:

Kosten = Menge · Wertansatz

Die Zahlen der Kostenartenrechnung bilden die Grundlage für die Kostenstellenrechnung und die Kostenträgerrechnung.

4.2.1 Systematik der Kostenarten

Kosten lassen sich nach verschiedenen Kriterien klassifizieren; die wichtigsten Gliederungsansätze stellen auf die folgenden Merkmale ab:

- Zurechenbarkeit auf den Kostenträger,
- Abhängigkeit vom Beschäftigungsgrad bzw. der Ausbringungsmenge,
- Kostengüterarten.

Abb. 4–2 verdeutlicht diese verschiedenen „Kostenperspektiven" in Form einer Würfeldarstellung: Den Inhalt des Würfels bilden die Gesamtkosten eines Unternehmens, seine Seiten zeigen die drei unterschiedlichen Perspektiven, aus denen sich Kosten betrachten lassen.

Nach der **Zurechenbarkeit** lassen sich Einzelkosten und Gemeinkosten unterscheiden. **Einzelkosten** können direkt einer Bezugsgröße (z. B. einem erzeugten Produkt) zugerechnet werden. So bilden die Kosten für die Reifen eines Personenwagens eine Größe, die sich direkt diesem Erzeugnis zurechnen lässt. Neben Materialkosten zählen auch Akkordlöhne zu den Einzelkosten.

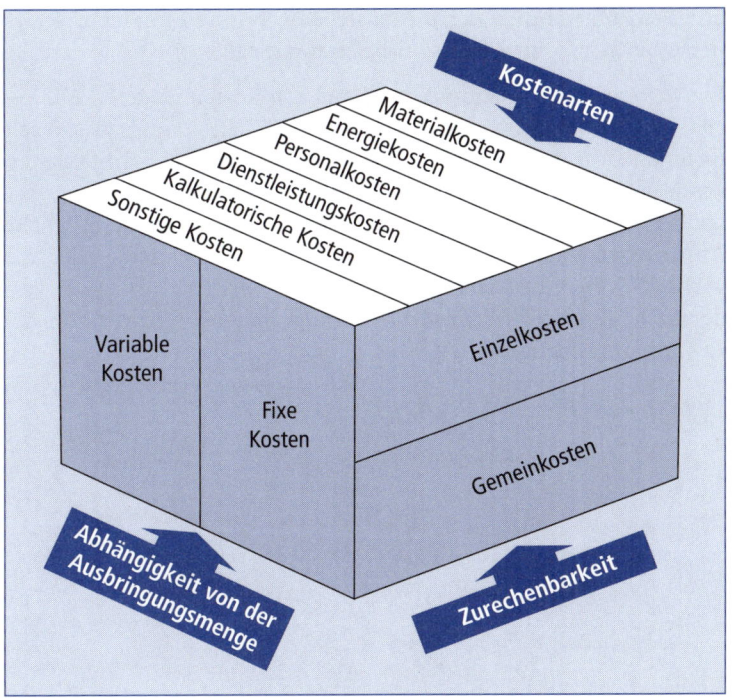

Abb. 4–2: Verschiedene Kostenperspektiven, dargestellt als „Kosten-würfel"

Kosten, die in einem Unternehmen anfallen, die aber nicht einem Erzeugnis direkt zugerechnet werden können, tragen die Bezeichnung **„Gemeinkosten"**. Darunter fallen Verwaltungskosten, Gehälter, Kosten für Strom, Heizenergie und Wasser, Telefongebühren oder Betriebsstoffe für Maschinen. Bei Hilfsstoffen und Kleinmaterial (z. B. Schrauben, Nägel) wird in der Unternehmenspraxis zur abrechnungstechnischen Vereinfachung häufig auf eine direkte Zurechnung verzichtet, obwohl dies theoretisch möglich wäre. Derartige Kosten werden dann als „unechte Gemeinkosten" bezeichnet.

Bei Einzelkosten erfolgt eine direkte Zurechnung zu einer Kostenstelle und einem Kostenträger (Produkt). Gemeinkosten werden hingegen im Rahmen der Kostenstellenrechnung mit einem geeigneten Verfahren auf die Kostenstellen umgelegt.

Ein weiteres Unterscheidungsmerkmal von Kosten ist deren Abhängigkeit vom **Beschäftigungsgrad**. Der Beschäftigungsgrad spiegelt nicht die Anzahl der im Unternehmen beschäftigten Mitarbeiter, sondern das Verhältnis zwischen der eingesetzten und der vorhandenen Kapazität wider. Die Kapazität kann durch die mögliche **Ausbringungsmenge**, die verfügbare Maschinenlaufzeit oder die vorhandenen Arbeitsstunden ausgedrückt werden. Abb. 4–3 verdeutlicht unterschiedliche Kostenverläufe in Abhängigkeit von der Ausbringungsmenge.

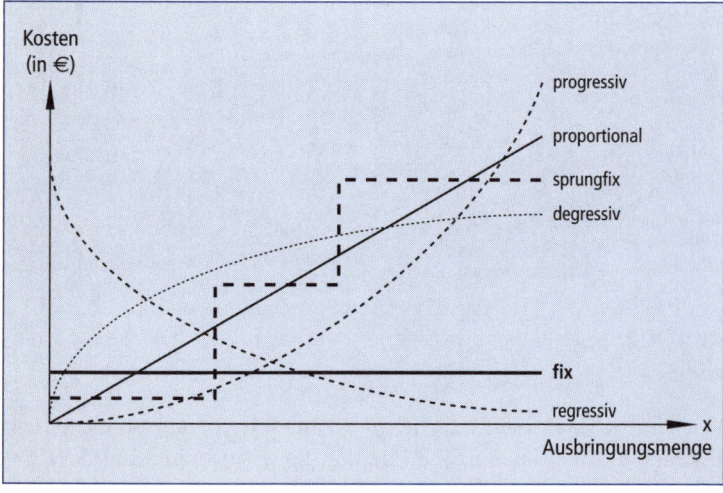

Abb. 4–3: Kostenverhalten in Abhängigkeit von der Ausbringungsmenge

Fixe Kosten sind von der Ausbringungsmenge unabhängig. Darunter fallen beispielsweise Gehälter, Zeitlöhne, Zinsen oder Versicherungsbeiträge. **Variable Kosten** ändern sich hingegen in Abhängigkeit von der Ausbringungsmenge. Je nach der Art der Veränderung lassen sich verschiedene variable Kostenarten unterscheiden.

Bei einem proportionalen Kostenverlauf steigen die Kosten mit zunehmender Ausbringungsmenge gleichmäßig (proportional) an.

Dies ist bei Fertigungsmaterial der Fall, wenn es keinen Mengen-rabatt gibt.

Wie in Abb. 4–3 dargestellt, lassen sich daneben progressive (z. B. bei Überstundenzuschlägen), degressive (z. B. durch Lerneffekte) und regressive Kosten (z. B. Heizkosten eines Hörsaals in Abhängig-keit von der Zuhöreranzahl) unterscheiden. Sprungfixe Kosten sind für einen Bereich fix, springen jedoch ab einer bestimmten Ausbrin-gungsmenge schlagartig auf einen höheren Betrag.

In Deutschland ist zu beobachten, dass der Anteil der Fixkosten an den Gesamtkosten der Unternehmen in den letzten Jahrzehnten auf inzwischen fast 50 Prozent gestiegen ist. Dies ist bedenklich, weil dadurch der unternehmerische Entscheidungsspielraum stark ein-geschränkt wird. Gründe für den Fixkostenanstieg sind der hohe Personalkostenanteil, die zunehmende Bedeutung von indirekten Leistungsbereichen (z. B. Qualitätssicherung, EDV) und die Auto-matisierung der Produktion (hohe Abschreibungen).

Bei einer Gliederung von Kosten nach der **Kostengüterart** wird die Unterscheidung nach der Art der verbrauchten Produktionsfak-toren (z. B. Material-, Personal- und Dienstleistungskosten) vorge-nommen (zu den Kostengüterarten vgl. Kap. 4.2.3).

4.2.2 Prinzipien der Kostenverteilung

Da die Ergebnisse der Kostenartenrechnung die Grundlage für das gesamte Kostenrechnungssystem eines Unternehmens bilden, sind hohe Anforderungen an die Qualität der erhobenen Daten zu stel-len. Insbesondere sind folgende **Grundsätze der Kostenerfassung** zu beachten:

- Intersubjektive Nachprüfbarkeit (die Ermittlungsvorgänge müs-sen durch Belege nachprüfbar sein),

- Vollständigkeit,

- Aktualität (keine veralteten Daten),

- Genauigkeit,

- Wirtschaftlichkeit.

Der Grundsatz der Wirtschaftlichkeit steht in Konflikt mit den vorangegangenen drei Grundsätzen. Letztlich muss die Unternehmensleitung entscheiden, welches Gewicht der Kostenrechnung zuzuordnen ist. Eine höhere Informationsqualität muss zumeist mit höheren Erhebungskosten bezahlt werden. Es ist abzuwägen, ob eine Informationsverbesserung die dadurch entstehende Kostensteigerung („Kosten der Kostenrechnung") rechtfertigt.

Für Gemeinkosten, die nicht direkt einem Kostenträger (z. B. einem Produkt) zugeordnet werden können, ist eine Festlegung erforderlich, wie diese Kosten unter Berücksichtigung der Kostenerfassungsgrundsätze verteilt werden sollen. Dazu lassen sich mehrere Prinzipien der Kostenverteilung unterscheiden:

- **Verursachungsprinzip** (Kasualitätsprinzip): Das Verursachungsprinzip ist der dominierende Grundsatz in der Kostenrechnung. Einem Kostenträger sollen nur die Kosten zugerechnet werden, die durch die Herstellung des Kostenträgers direkt verursacht wurden.

- **Tragfähigkeitsprinzip:** Die Verteilung der Kosten erfolgt auf die Kostenträger nach den erzielbaren Preisen oder dem Bruttogewinn. Dieses Verteilungsprinzip wird bei der Kalkulation von Kuppelprodukten eingesetzt.

- **Durchschnittsprinzip:** Gemeinkosten werden über ermittelte Durchschnittswerte oder über Verteilungsschlüssel verteilt. Als Schlüsselgrößen können sowohl Mengengrößen (Zeiträume, Raummaße) als auch Wertgrößen (Lohnsumme) dienen.

- **Identitätsprinzip:** Da Kosten durch Entscheidungen verursacht sind, werden die Kosten einem Kostenträger nur zugerechnet, wenn Kosten und Kostenträger durch die gleiche („identische") Entscheidung ausgelöst wurden.

Bei der Darstellung der einzelnen Kostenrechnungsverfahren wird auf die jeweils zugrunde liegenden Prinzipien Bezug genommen.

4.2.3 Erfassung wichtiger Kostenarten

Nach der Art der verbrauchten Produktionsfaktoren lassen sich folgende **Kostenarten** unterscheiden:

- Materialkosten (Roh-, Hilfs- und Betriebsstoffe, Energiekosten, Zukaufteile, Büromaterial),
- Energiekosten,
- Personalkosten (Löhne, Gehälter, Provisionen),
- Dienstleistungskosten (Dienstleistungen Dritter, z. B. Transportkosten),
- Kalkulatorische Kosten (Abschreibungen, Zinsen, Wagnisse, Unternehmerlohn, Miete),
- Öffentliche Abgaben (Steuern, Gebühren).

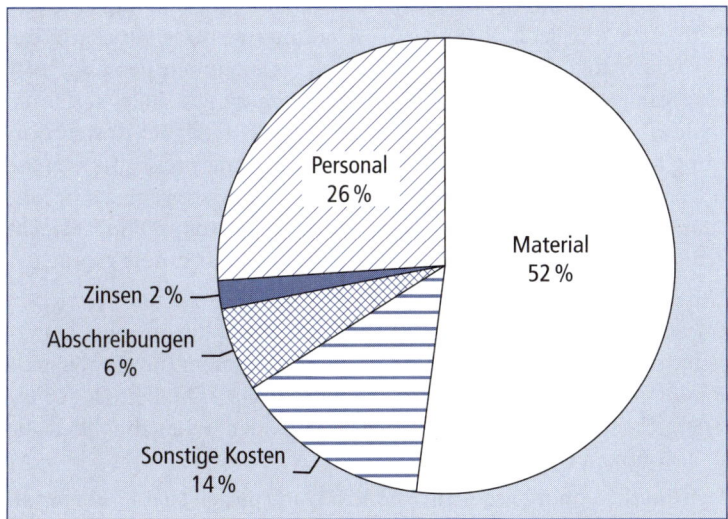

Abb. 4–4: Kostenstruktur bei produzierenden mittelständischen Unternehmen

Jede Kostenart stellt andere Anforderungen an die Erfassung. In vielen Fällen kann auf Werte der Buchführung zurückgegriffen werden, die allerdings noch weiter aufzubereiten sind (z. B. Zerlegung in Einzel- und Gemeinkosten oder in variable und fixe Bestandteile). Auf Besonderheiten bei der Erfassung der einzelnen Kostenarten wird im Folgenden näher eingegangen.

Materialkosten sind „bewerteter, sachzielbezogener Verbrauch von Material". Darunter fallen

- Fertigungsstoffe, die als Einzelkosten direkt einem Produkt zugerechnet werden können (z. B. Rohstoffe, Zukaufteile),

- Hilfsstoffe, die als Gemeinkosten verrechnet werden, da sie einen wertmäßig geringen Anteil am Produkt besitzen (z. B. Schrauben, Nägel, Klebstoffe), sowie

- Betriebsstoffe (z. B. Kraftstoffe, Schmierstoffe, Wasser).

Zur Erfassung der Materialkosten muss die Verbrauchsmenge bestimmt und anschließend bewertet werden. Auf die Methoden der Erfassung (Skontration, Inventur, Rückrechnung, Schätzung) und der Verbrauchsmengenbewertung (Anschaffungswert oder Rückgriff auf Verbrauchsfolgefiktionen) wurde bereits im Rahmen des Kap. 2.4.1 eingegangen. Die dort für die Buchführung dargestellten Verfahren besitzen auch für die Kostenrechnung Gültigkeit. Bei der Kostenrechnung können zusätzlich auch Wiederbeschaffungspreise, Tagespreise oder unternehmensintern festgelegte Verrechnungspreise als Bewertungsgrundlage eingesetzt werden. Durch den Ansatz von Verrechnungspreisen wird eine Kontinuität in die Kostenrechnung gebracht.

Unter der Bezeichnung **Energiekosten** sind die Kosten für Strom, Gas, Öl, Kohle oder Fernwärme zusammenfasst, die in vielen Unternehmen einen großen Kostenblock bilden, aus dem durch steigende Preise zudem ein großes Risiko erwachsen kann. Die Beträge für die Energiekosten können unmittelbar aus der Finanzbuchhaltung übernommen werden.

Der Einsatz von menschlicher Arbeitskraft spiegelt sich in **Personalkosten** wider, die direkt aus der Buchführung übernommen werden können. Auf die Unterscheidung in Löhne und Gehälter, sowie auf den Bereich der Personalzusatzkosten, geht Kap. 2.3.2 ein.

Für die Kostenrechnung von Bedeutung ist die Differenzierung in **Zeitlöhne** (Gehälter), bei denen eine Entlohnung nach Arbeitszeit unabhängig von der tatsächlichen Leistung erfolgt, und in **Akkord-löhne** (Stücklöhne), bei denen eine Entlohnung nach der erbrachten Leistung erfolgt. Akkordlöhne können als variable Kosten direkt einem Kostenträger (Produkt) zugerechnet werden, während bei Zeitlöhnen und Gehältern dies nicht möglich ist.

Im Rahmen der Kostenrechnung sind **unregelmäßig** anfallende **Personalkosten** (z. B. Urlaubslöhne, Weihnachtsgeld oder die Lohn-fortzahlung im Krankheitsfall) über das Jahr verteilt zu verrechnen, um eine Verzerrung zu vermeiden. Eine Verzerrung würde eintreten, wenn in Ferienzeiten, in denen ohnehin weniger produziert wird, durch das zusätzlich gezahlte Urlaubsgeld die Kosten steigen. Zur Lösung dieses Problems kann die Zurechnung des Urlaubsgeldes in der Kostenrechnung proportional zu Löhnen und Gehältern erfolgen, indem für jeden Euro, der als Lohn oder Gehalt gezahlt wird, eine anteilige Mitverrechnung des Urlaubsgeldes erfolgt.

Dienstleistungskosten (Fremdleistungskosten) entstehen, wenn ein Unternehmen die Leistungen von anderen Unternehmen in Anspruch nimmt. Dies können Pachten und Mieten, Wartungskosten, Beratungskosten oder Versicherungskosten sein. Grundlage für die Berücksichtigung bilden die in der Buchführung verbuchten Rechnungen.

Eine wichtige Kostenart, die in der Buchführung nicht auftritt, sind die **kalkulatorischen Kosten**. Sie haben die Aufgabe, die Genauigkeit der Kostenrechnung zu erhöhen, indem der tatsächliche Werteverbrauch und aperiodisch auftretende Verluste berücksichtigt werden. Gemäß der Abgrenzung von Kosten und Aufwand in Kap. 1.3 stehen kalkulatorischen Kosten entweder kein Aufwand oder ein Aufwand in anderer Höhe gegenüber. Es lassen sich folgende **kalkulatorische Kostenarten** unterscheiden:

- kalkulatorische Abschreibungen,

- kalkulatorische Zinsen,

- kalkulatorische Wagnisse,

- kalkulatorischer Unternehmerlohn,

- kalkulatorische Miete.

Durch **Abschreibungen** sollen Anschaffungs- bzw. Herstellkosten von dauerhaften, aber begrenzt nutzbaren materiellen und immateriellen Gebrauchsgütern periodengerecht auf die Nutzungsdauer verteilt werden. Während bei der Buchführung handels- und steuerrechtliche Vorschriften und Vorgaben zu beachten sind, ist das Unternehmen im Rahmen der Kostenrechnung bei der Auswahl des Verfahrens und der Prämissen (z. B. Nutzungsdauer, Restwert) völlig frei. Im Gegensatz zu bilanziellen Abschreibungen erfassen **kalkulatorische Abschreibungen** den tatsächlichen Werteverzehr der im Produktionsprozess eingesetzten Betriebsmittel (Anlagen, Maschinen, Geräte). Durch die freie Auswahl des Verfahrens, des Abschreibungssatzes, der Nutzungsdauer (Verkürzung oder Verlängerung der Abschreibungsdauer) und die Berücksichtigung von Preissteigerungen durch den Ansatz von Wiederbeschaffungspreisen erfolgt eine realistische Abbildung der Kostensituation. Außerdem lassen sich ökonomische Veränderungen (z. B. Absatzmarktverschiebungen) direkt durch Abschreibungen berücksichtigen. Als Verfahren dienen die in Kap. 2.4.2 erläuterten Methoden.

Kalkulatorische Zinsen sind in der Kostenrechnung anzusetzen, wenn bei der Verzinsung des **Fremdkapitals** (z. B. Zinsen für Kredite) andere Zinssätze gewählt werden als im bilanziellen Bereich. Zusätzlich können bei Einzelunternehmen und Personengesellschaften auch für die Verzinsung des eingesetzten **Eigenkapitals** und für zinslos überlassenes Kapital kalkulatorische Zinsen berücksichtigt werden.

Hintergrund für den Ansatz einer kalkulatorischen Verzinsung des Eigenkapitals ist die Überlegung, dass das Kapital vom Anteilseigner alternativ auch am Kapitalmarkt angelegt werden könnte. Durch die Berücksichtigung einer Verzinsung in der Kostenrechnung fließt die Eigenkapitalverzinsung im Rahmen der Kalkulation direkt in die Produktpreise ein.

Basis zur Berechnung der kalkulatorischen Zinsen auf das Eigenkapital bildet das **betriebsnotwendige Kapital** eines Unternehmens, das nach dem in Abb. 4–5 dargestellten Schema aus der Bilanzsumme abgeleitet werden kann.

Bilanzsumme
– Korrekturposten (z. B. Wertberichtigungen)
– Betriebsfremdes Vermögen (z. B. Wertpapiere)
+ Stille Reserven (durch Unterbewertungen)
= Betriebsnotwendiges („betriebsbedingtes") Vermögen
– Zinsfrei überlassenes Kapital, sog. „Abzugskapital" (z. B. Lieferantenkredite, Kundenanzahlungen)
= Betriebsnotwendiges Kapital

Abb. 4–5: Ermittlung des betriebsnotwendigen Kapitals

Zur Ermittlung der kalkulatorischen Zinsen wird das betriebsnotwendige Kapital mit einem kalkulatorischen Zinssatz multipliziert, dessen Festlegung sich an der Höhe des landes- oder branchenüblichen Zinssatzes von festverzinslichen Wertpapieren orientiert.

> **BEISPIEL:** Für die Domherr OHG sind die kalkulatorischen Zinsen für die Abrechnungsperiode September 01 zu ermitteln. Es liegen folgende Angaben vor:
> betriebsnotwendiges Vermögen   9,2 Mio. €
> Lieferantenkredite   2,6 Mio. €
> Kapitalmarktzins   5,5 %
> **Lösung:** Betriebsnotwendiges Kapital: (9,2–2,6) Mio. € = 6,6 Mio. €, kalkulatorische Zinsen: 6,6 Mio. € · 0,055 = 363.000 € pro Jahr, d. h. für September 01 sind anzusetzen: 1/12 · 363.000 € = 30.250,– €.

Für folgende Perioden wird dieser Betrag nicht einfach fortgeschrieben. Die kalkulatorischen Zinsen sind unter Berücksichtigung des dann herrschenden Zinssatzes und des vorliegenden betriebsnotwendigen Kapitals neu zu errechnen.

Eine unternehmerische Tätigkeit beherbergt immer Risiken, auf die sich das Unternehmen einstellen muss. Es lassen sich drei **Gruppen von Wagnissen** unterscheiden:

■ Allgemeines **Unternehmerrisiko:** Das allgemeine Unternehmerrisiko resultiert aus der Unternehmertätigkeit als solcher. Dem Risiko des Verlusts durch Wagnisse, die aus der gesamtwirtschaftlichen Entwicklung (Konjunktur, Inflation) resultieren, oder dem Risiko einer Insolvenz steht die Chance des Gewinns gegenüber. Dieses Risiko wird nicht als Kostenfaktor angesetzt.

- Über **Fremdversicherungen** abdeckbare Risiken: Bestimmte Risiken lassen sich über Fremdversicherungen (z. B. Feuerversicherung oder Haftpflichtversicherung) absichern. Die Prämien dieser Versicherungen stellen aufwandsgleiche Kosten dar und gehen damit über die Buchführung direkt in die Kostenrechnung ein.

- Spezielle (kalkulatorische) Wagnisse: Im Rahmen der **kalkulatorischen Wagnisse** werden folgende Wagnisarten berücksichtigt:

  - Beschaffungswagnis,

  - Vorräte- oder Beständewagnis (Schwund, Diebstahl, Veralten, Verrosten, „Vergammeln" von Lagerbeständen),

  - Anlagenwagnis (Ausfälle, Wertminderung, Katastrophenverschleiß von Maschinen und Anlagen),

  - Ausschuss- oder Produktionswagnis (Kosten für Ausschussproduktion und Nachbearbeitung),

  - Gewährleistungswagnis (Garantieleistungen, Preisnachlässe),

  - Entwicklungswagnis (nicht aktivierbare oder fehlgeschlagene Forschungs- und Entwicklungsprojekte),

  - Vertriebswagnis (Zahlungsausfälle, Transportschäden, Kursverluste).

Die speziellen Wagnisse gehen in die Kostenrechnung durch den Ansatz von **kalkulatorischen Wagniskosten** ein. Dazu werden aperiodische Ereignisse periodisiert, indem aus den Schadensfällen der vergangenen Jahre ein Mittelwert als langfristiger Erfahrungswert errechnet wird (vgl. Abb. 4–6). Dieser Mittelwert geht dann über die Gemeinkosten in die Selbstkosten ein und wird in die Verkaufspreise einkalkuliert. Dadurch wird erreicht, dass die Verkaufspreise einen stetigen Verlauf besitzen und nicht durch zufällige Schadensfälle Schwankungen unterworfen sind.

Bei Eintritt eines Schadensfalls bleiben die angesetzten kalkulatorischen Wagniskosten unverändert. Durch den Schadensfall entstehen aber auch effektive Ausschusskosten, die im Rahmen einer „Ausschussverrechnung" aus den Herstellkosten herausgerechnet werden

müssen, da ansonsten das Ausschusswagnis doppelt in die Kostenrechnung eingehen würde.

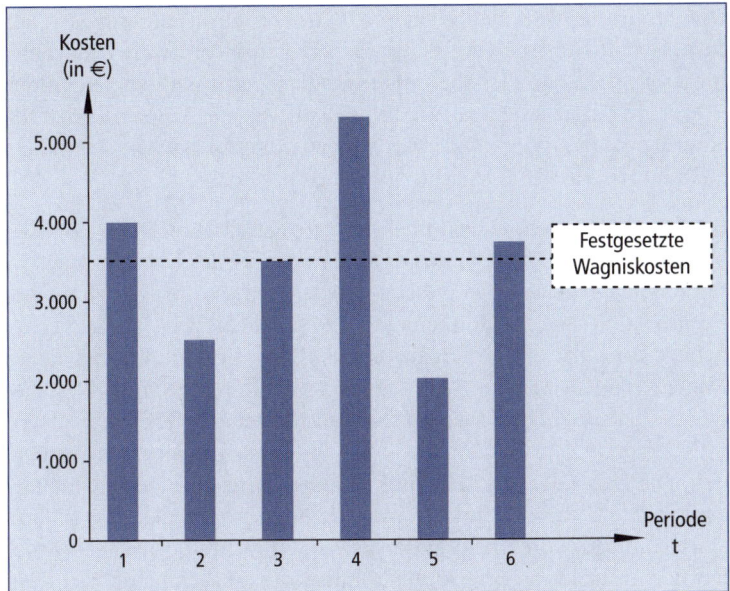

Abb. 4–6: Bestimmung von kalkulatorischen Wagniskosten

Bei Kapitalgesellschaften ist ein Geschäftsführer oder Vorstand bestellt, der das Unternehmen leitet und dafür ein Gehalt erhält, das
als Aufwand in die Buchführung Eingang findet. Bei Einzelunternehmen und Personengesellschaften (OHG, KG) wird hingegen die
Geschäftsführung von einem Kapitaleigner wahrgenommen, der
zwar für seinen Arbeitseinsatz einen Anteil am Gewinn, jedoch kein
eigenes Gehalt erhält. Somit gehen die Gehälter von Kapitalgesell-
schaftsgeschäftsführern als aufwandsgleiche Kosten in die Kostenrechnung ein, während bei Einzelunternehmen und Personengesellschaften kein derartiger Aufwand entsteht. Auf die Kalkulation der
Produktpreise sollte die Rechtsform des Unternehmens jedoch keinen Einfluss besitzen. Daher kann bei Einzelunternehmen und bei
Personengesellschaften im Rahmen der Kostenrechnung ein **kalku-**

latorischer Unternehmerlohn für die Arbeitsleistung des Kapitaleigners im eigenen Unternehmen angesetzt werden.

Die Höhe des kalkulatorischen Unternehmerlohns kann sich an dem Gehalt für eine vergleichbare Tätigkeit in anderen Unternehmen orientieren. Es ist aber auch möglich, nach dem so genannten „Opportunitätskostenansatz" das Gehalt, das der Unternehmer bei einer Tätigkeit außerhalb seines Unternehmens erzielen könnte, als kalkulatorischen Unternehmerlohn anzusetzen.

Bei Einzelunternehmen und bei Personengesellschaften ist es denkbar, dass Wirtschaftsgüter aus dem Privatbesitz des Kapitaleigners in seinem Unternehmen eingesetzt werden. Dies können Fahrzeuge, Geräte, aber auch Räumlichkeiten sein. Nach den handelsrechtlichen Vorschriften darf in diesem Fall für die Überlassung keine Miete verbucht werden. Im Rahmen der Kostenrechnung ist bei einem derartigen Sachverhalt **kalkulatorische Miete** anzusetzen, um Verzerrungen im Vergleich zu Kapitalgesellschaften zu vermeiden. Die Höhe der kalkulatorischen Miete wird über den Betrag abgeschätzt, der aufgewendet werden müsste, wenn das überlassene Wirtschaftsgut von einem außenstehenden Dritten gemietet würde. Bei der Anwendung des Opportunitätskostenansatzes sind als „Kosten für den entgangenen Nutzen" die Mieteinnahmen anzusetzen, die bei einer Vermietung der Gegenstände an einen außenstehenden Dritten gezahlt würden.

Öffentliche Abgaben (wie Steuern, Gebühren und Beiträge an öffentliche Einrichtungen) besitzen nur dann einen Kostencharakter, wenn sie zur Aufrechterhaltung der Betriebsbereitschaft des Unternehmens gezahlt werden müssen. In der Kostenrechnung werden deshalb berücksichtigt:

- Abgaben und Gebühren (wie Abwassergebühr, Vermessungsgebühr, Umweltschutzabgaben),

- Kraftfahrzeugsteuer,

- Objektsteuern (z. B. Grundsteuer),

- Verbrauchsteuern (z. B. auf Heizöl),

- Verkehrssteuern (wie Grunderwerbsteuer oder Versicherungssteuer). Eine Ausnahme bildet die Umsatzsteuer, die als „durchlaufender" Posten das Unternehmen nicht belastet und deshalb von der Kostenrechnung auch nicht erfasst wird.

- Einfuhrzölle.

Gewinnabhängige Steuern, wie die Einkommen- und Körperschaftsteuer, stellen im Regelfall für das Unternehmen weder Aufwand noch Kosten dar, da sie auf den Gewinn zu zahlen sind.

4.3 Kostenstellenrechnung

Im Rahmen der Kostenstellenrechnung werden die in der Kostenartenrechnung erfassten Gemeinkosten verursachungsgerecht auf betriebliche Teilbereiche (so genannte „Kostenstellen") verteilt. Damit wird sichtbar, *wo* in einem Unternehmen Kosten angefallen sind. Im Gegensatz zu Einzelkosten lassen sich Gemeinkosten nicht direkt einem erzeugten Produkt oder einer erstellten Leistung zurechnen. Zur Verteilung der Gemeinkosten müssen spezielle Verfahren angewandt werden.

Neben der Verteilung von Gemeinkosten auf Kostenstellen ermöglicht die Kostenstellenrechnung die Verrechnung von innerbetrieblichen Leistungen und eine Wirtschaftlichkeitskontrolle der betrieblichen Prozesse. Dies geschieht durch Zeitvergleiche und durch Vergleiche zwischen tatsächlichen Kosten („Istkosten") und geplanten Kosten auf Kostenstellenebene. Zudem bilden die Zahlen der Kostenstellenrechnung die Grundlage für die Kalkulation.

4.3.1 Kostenstellen

Eine **Kostenstelle** lässt sich als rechnungstechnisch abgegrenzter betrieblicher Teilbereich definieren, in dem Kosten entstehen und dem Kosten zugerechnet werden können. Bevor eine Kostenstellenrechnung durchgeführt werden kann, ist das gesamte Unternehmen in Kostenstellen zu untergliedern. Dabei ist darauf zu achten, dass die Kostenstellen die betrieblichen Prozesse möglichst realitätsnah abbilden.

Die Abgrenzung der Kostenstellen orientiert sich in erster Linie an den betrieblichen Funktionsbereichen. Es lassen sich

- Allgemeine Kostenstellen (z. B. Energieversorgung, Gebäudeverwaltung, Kantine, Betriebsfeuerwehr),

- Materialkostenstellen (Einkauf, Materialannahme, Lager, Materialausgabe),

- Fertigungskostenstellen (z. B. Konstruktion, Arbeitsvorbereitung oder Fertigungshauptkostenstellen wie Dreherei, Fräserei, Montage),

- Verwaltungskostenstellen (z. B. Geschäftsleitung, Rechnungswesen, Öffentlichkeitsarbeit) und

- Vertriebskostenstellen (Warenlager, Versand, Marketing, Kundendienst)

unterscheiden. Kostenstellen sollen **organisatorisch selbstständige Verantwortungsbereiche** darstellen, damit eine eindeutige Zuordnung zu einem Kostenverantwortlichen möglich ist. Auch **räumliche Gegebenheiten** sind bei der Kostenstellenfestlegung zu berücksichtigen.

Eine unternehmensspezifische Kostenstellengliederung wird als **Kostenstellenplan** bezeichnet. Es ist regelmäßig zu überprüfen, ob der Kostenstellenplan das betriebliche Geschehen noch angemessen abbildet.

Die Kostenstellen eines Unternehmens lassen sich nach abrechnungstechnischen Gesichtspunkten in Vor- und Endkostenstellen unterteilen. Als **Endkostenstellen** werden betriebliche Teilbereiche bezeichnet, deren Kosten sich direkt auf Kostenträger (z. B. Produkte) verrechnen lassen. Dazu zählen vor allem Kostenstellen im Bereich der Fertigung, aber auch Material-, Verwaltungs- und Vertriebskostenstellen.

Vorkostenstellen erbringen materielle (z. B. Reparaturen) oder immaterielle (Forschung und Entwicklung) Leistungen für andere Bereiche im Unternehmen. Daher lassen sich deren Kosten nicht direkt auf Kostenträger umlegen. Die Kosten der Vorkostenstellen werden zunächst auf die Endkostenstellen umgelegt und von dort als Gemeinkosten im Rahmen der Kalkulation den Kostenträgern zugerechnet. Vorkostenstellen bilden die allgemeinen Kostenstellen (z. B. Kantine, Kraftwerk) und die Fertigungshilfskostenstellen (z. B. Reparaturwerkstätten).

Eine andere Differenzierung der Kostenstellen ist nach fertigungstechnischen Gesichtspunkten möglich. Dabei werden Hauptkostenstellen, in denen zum Produktionsprogramm gehörende Produkte erstellt werden, und Hilfskostenstellen, die die Leistungserbringung der Hauptkostenstellen unterstützen, unterschieden.

4.3.2 Aufbau und Funktion des Betriebsabrechnungsbogens

Der Betriebsabrechnungsbogen stellt eine Tabelle zur Durchführung der Kostenstellenrechnung dar. Er wird zumeist monatlich aufgestellt. Die Schritte der Kostenstellenrechnung, die im Betriebsabrechnungsbogen abgebildet werden, sind:

- Verteilung der aus der Kostenartenrechnung übernommenen Gemeinkosten auf die Kostenstellen (**Primärkostenumlage**, vgl. Kap. 4.3.3),
- Verrechnung von innerbetrieblichen Leistungen (**Sekundärkostenumlage**, vgl. Kap. 4.3.4),
- Ermittlung von **Zuschlagssätzen** (Kap. 4.3.6).

Zusätzlich kann durch die Gegenüberstellung von geplanten und tatsächlich realisierten Kostengrößen eine Wirtschaftlichkeitskontrolle für jede Kostenstelle erfolgen.

Der grundsätzliche Aufbau eines Betriebsabrechnungsbogens ist in Abb. 4–7 dargestellt. Die Spalten des Betriebsabrechnungsbogens bilden die Kostenstellen, während in den Zeilen die angefallenen Kostenarten aufgeführt sind.

Nach der Spalte, in der die Bezeichnungen der Kostenarten aufgeführt sind, folgt eine Spalte, in der für jede Kostenart der Gesamt-

		Kostenstellen								
	Zahlen aus der Buchführung	Allgemeine Kostenstellen		Material	Fertigungskostenstellen				Verwaltung	Vertrieb
Kostenarten		A1	A2		F1	F2	F3	F4		
Lohneinzelkosten	⋮			⋮	⋮	⋮	⋮	⋮	⋮	⋮
Materialeinzelkosten	⋮			⋮	⋮	⋮	⋮	⋮	⋮	⋮
Sondereinzelkosten Fertigung	⋮			⋮	⋮	⋮	⋮	⋮	⋮	⋮
Personalkosten	⋮	⋮	⋮	⋮	⋮	⋮	⋮	⋮	⋮	⋮
Elektrizität	⋮	⋮	⋮	⋮	⋮	⋮	⋮	⋮	⋮	⋮
Hilfs- und Betriebsstoffe	⋮	⋮	⋮	⋮	⋮	⋮	⋮	⋮	⋮	⋮
Büromaterial	⋮	⋮	⋮	⋮	⋮	⋮	⋮	⋮	⋮	⋮
Abschreibungen	⋮	⋮	⋮	⋮	⋮	⋮	⋮	⋮	⋮	⋮
...										
Summe primäre Gemeinkosten		⋮	⋮	⋮	⋮	⋮	⋮	⋮	⋮	⋮
Umlage A1		0	⋮	⋮	⋮	⋮	⋮	⋮	⋮	⋮
Umlage A2			0	⋮	⋮	⋮	⋮	⋮	⋮	⋮
Summe sekundäre Gemeinkosten				⋮	⋮	⋮	⋮	⋮	⋮	⋮
Zuschlagssätze										

Zeilengruppen (linke Randspalte): Einzelkosten · Primärkostenumlage · Sekundärkostenumlage

Abb. 4–7: Betriebsabrechnungsbogen

betrag der Kosten eingetragen wird. Dieser Wert kann im Regelfall der Buchführung entnommen werden. In den folgenden Spalten wird für jede Kostenart der jeweilige Gesamtbetrag auf die einzelnen Kostenstellen verteilt.

Im oberen Bereich des Betriebsabrechnungsbogens sind die in den Kostenstellen angefallenen Einzelkosten aufgeführt. Dies geschieht zur Verbesserung der Übersichtlichkeit, da die Einzelkosten als Bezugsgrößen benötigt werden. Für die Durchführung der eigentlichen Kostenstellenrechnung ist eine Angabe der Einzelkosten jedoch nicht erforderlich.

In den nächsten Zeilen werden im Rahmen der Primärkostenumlage die Gemeinkosten mit einem geeigneten Verteilungsschlüssel den Kostenstellen zugeordnet (vgl. Kap. 4.3.3).

Im unteren Abschnitt des Betriebsabrechnungsbogens erfolgt die Verteilung der auf den Vorkostenstellen aufgelaufenen Gemeinkosten auf die Endkostenstellen („Sekundärkostenumlage", vgl. Kap. 4.3.4). Dazu muss ein geeignetes Verfahren der innerbetrieblichen Leistungsverrechnung angewandt werden. In der letzten Zeile werden für die Endkostenstellen Zuschlagssätze angegeben, die für die Kostenträgerrechnung benötigt werden.

4.3.3 Primärkostenumlage

Primäre Gemeinkosten stellen Kosten für unternehmensextern bezogene Güter und Leistungen dar. Dies sind Kosten für die Beschaffung von Anlagen und Maschinen, von Material und Zukaufteilen, aber auch Personalkosten. Die primären Gemeinkosten werden unter Zuhilfenahme des Betriebsabrechnungsbogens auf die Kostenstellen verteilt.

Dabei sind direkt und nicht direkt zuordenbare Gemeinkosten zu unterscheiden. Direkt zurechenbare Kosten lassen sich problemlos der zugehörigen Kostenstelle zuordnen, da sie durch Belege dokumentiert sind. Dazu zählen Löhne, Gehälter, Abschreibungen, aber auch Energieverbräuche (wenn entsprechende Zähler installiert sind).

Nicht direkt zurechenbare Gemeinkosten (wie von mehreren Kostenstellen genutzte Anlagen) müssen den Kostenstellen über geeignete Verteilungsschlüssel zugeordnet werden. Bei der Festlegung der Schlüsselgröße ist darauf zu achten, dass eine kostenproportionale, möglichst verursachungsgerechte Verteilung erfolgt. Wenn möglich, sollte ein direkter Zusammenhang bestehen, teilweise muss jedoch auf Abschätzungen über vereinfachende Annahmen (z. B. Abschätzung des Heizenergieverbrauchs über die Raumgröße oder die Anzahl der Heizkörper) zurückgegriffen werden.

Als **Schlüsselgrößen** können dienen:

- Mengengrößen, z. B. Anzahl der Arbeitskräfte, mengenmäßiger Verbrauch (Material, Wasser), umbauter Raum, genutzte Fläche, Energiebedarf, Anzahl der Heizkörper, Anzahl der Lampen, physikalisch-technische Größen (Leistung, kW, Gewicht), gefahrene Kilometer, Durchsatzmenge, Ausbringungsmenge.

- Zeitgrößen, z. B. Arbeitszeit, Maschinenstunden, Arbeitstage.

- Wertgrößen, z. B. Anlagenanschaffungswert, Grundstückswert, Wert der Einrichtung, Wert des Lagerbestands, Summe der Löhne und Gehälter, Umsatz.

BEISPIEL zur Primärkostenumlage: Ein Unternehmen erhält für den Bezug von Fernwärme Kosten in Höhe von 18.000 € in Rechnung gestellt. Die Fernwärme wird von den drei Kostenstellen A (nutzt einen umbauten Raum von 5.000 m³), B (10.000 m³) und C (15.000 m³) verbraucht.

Zunächst ist ein geeigneter Verteilungsschlüssel zu wählen. Es bietet sich an, von dem durch die Abteilungen genutzten umbauten Raum (insgesamt 30.000 m³) auszugehen.

18.000 €: 30.000 m³ = 0,60 €/m³

Damit lässt sich folgende Zuordnung der Heizkosten festlegen:

Kostenstelle A:	Heizkosten = 5.000 m³ · 0,60 €/m³ = 3.000 €
Kostenstelle B:	Heizkosten = 10.000 m³ · 0,60 €/m³ = 6.000 €
Kostenstelle C:	Heizkosten = 15.000 m³ · 0,60 €/m³ = 9.000 €

Nach Abschluss der Primärkostenumlage sind im Betriebsabrechnungsbogen alle in der Kostenartenrechnung erfassten Gemeinkosten auf die Kostenstellen des Unternehmens verteilt.

4.3.4 Sekundärkostenumlage (Innerbetriebliche Leistungsverrechnung)

Sekundärkosten sind Gemeinkosten, die innerhalb eines Unternehmens entstanden sind und an andere Kostenstellen weiterverrechnet werden. Aufgabe der Sekundärkostenumlage ist es, sämtliche auf den Vorkostenstellen angefallenen Gemeinkosten möglichst verursachungsgerecht auf Endkostenstellen umzulegen. Nach Durchführung der Umlage dürfen auf den Vorkostenstellen keine Kosten mehr verblieben sein, da nur Endkostenstellen ihre Kosten weiter an Kostenträger (Produkte) verrechnen können.

Zur Durchführung der Sekundärkostenumlage bestehen verschiedene Verfahren, die im Folgenden vorgestellt werden. Zur Erläuterung der Verfahren dient ein einfaches, durchgängiges Beispiel mit den folgenden Grundannahmen:

BEISPIEL: Es werden zwei Vorkostenstellen K (Kraftwerk zur Stromerzeugung) und R (Reparaturwerkstatt) sowie zwei Endkostenstellen D (Dispersionsfarbenproduktion) und L (Lackfarbenproduktion) betrachtet. Es bestehen die in Abb. 4–8 dargestellten Leistungsverflechtungen.

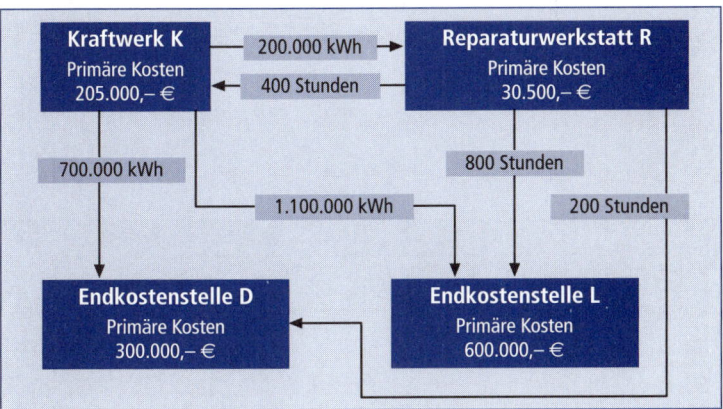

Abb 4–8: Leistungsverflechtung und grundlegende Zahlen zum Beispiel zur Sekundärkostenumlage

4.3.4.1 Blockumlageverfahren

Beim Blockumlageverfahren, das auch als Anbauverfahren bezeichnet wird, erfolgt die Umlage der auf den Vorkostenstellen angefallenen Gemeinkosten jeweils in einem „Block" auf die Endkostenstellen (vgl. Abb. 4–9). Eventuelle Leistungsflüsse zwischen den Vorkostenstellen oder Rückflüsse von den Endkostenstellen zu den Vorkostenstellen bleiben unbeachtet. Aufgrund dieser Vorgehensweise gilt das Blockumlageverfahren als ungenau.

Die Verteilung der Gemeinkosten geschieht analog zur Primärkostenumlage über geeignete Schlüsselgrößen: Aus den Gemeinkosten der Vorkostenstelle und deren Leistungsabgabe an die Endkostenstellen wird ein Verrechnungssatz ermittelt. Durch Multiplikation dieses Verrechnungssatzes mit den empfangenen Leistungen erhält man den zuzurechnenden Gemeinkostenanteil einer Endkostenstelle.

BEISPIEL zum Blockumlageverfahren: Die Gemeinkosten der Vorkostenstellen sind gemäß den Angaben aus Abb. 4–8 auf die Endkostenstellen mit dem Blockumlageverfahren umzulegen.
Lösung:

Kostenstelle K: 205.000 € : (700.000 + 1.100.000) kWh = 0,1139 €/kWh

– Belastung D: 700.000 · 0,1139 €   = 79.722 €

– Belastung L: 1.100.000 · 0,1139 €   = 125.278 €

Kostenstelle R: 30.500 € : (200 + 800) h   = 30,50 €/h

– Belastung D: 200 · 30,50 €   = 6.100 €

– Belastung L: 800 · 30,50 €   = 24.400 €

Kostenstelle	K	R	D	L
Primäre Gemeinkosten	205.000	30.500	300.000	600.000
Umlage K			79.722	125.278
Umlage R			6.100	24.400
Summe Gemeinkosten	0	0	385.822	749.678

Abb. 4–9: Beispiel zum Blockumlageverfahren

4.3.4.2 Treppenverfahren

Das Treppenverfahren stellt eine Verfeinerung des Blockumlageverfahrens dar. Es werden in gewissem Umfang auch Leistungsflüsse zwischen den Vorkostenstellen berücksichtigt, indem eine stufenweise („treppenartige") Verteilung der Gemeinkosten der Vorkostenstellen vorgenommen wird.

Die Verteilung der Gemeinkosten der Vorkostenstellen erfolgt nur an „nachfolgend" angeordnete Kostenstellen, Rückflüsse bleiben unberücksichtigt. Dadurch hat die Anordnung der Vorkostenstellen einen maßgeblichen Einfluss auf die Genauigkeit des Verfahrens. Die Vorkostenstellen sind so anzuordnen, dass der zu vernachlässigende Leistungsrückfluss von nachfolgend angeordneten Vorkostenstellen wertmäßig möglichst gering ist.

BEISPIEL zum Treppenverfahren: Die Gemeinkosten der Vorkostenstellen sind gemäß den Angaben aus Abb. 4–8 auf die Endkostenstellen mit dem Treppenverfahren umzulegen.

Lösung:
Anordnung der Vorkostenstellen über eine überschlägige Abschätzung der Leistungsflüsse:

Leistungsfluss K→R: 205.000 € · 200.000 : 2.000.000 = 20.500 €
Leistungsfluss R→K: 30.500 € · 400h : 1.400 h = 8.714 €

Der Leistungsfluss von K nach R ist wertmäßig größer, deshalb wird die Anordnung K→R gewählt, der Leistungsfluss von R nach K wird vernachlässigt.

Kostenstelle K:	205.000 € : 2.000.000 kWh	= 0,1025 €/kWh
– Belastung R:	200.000 · 0,1025 €	= 20.500 €
– Belastung D:	700.000 · 0,1025 €	= 71.750 €
– Belastung L:	1.100.000 · 0,1025 €	= 112.750 €

Kostenstelle R: Es muss ein Betrag von 51.000 € umgelegt werden (primäre Gemeinkosten in Höhe von 30.500 € plus Belastung durch Umlage K in Höhe von 20.500 €).

51.000 € : 1.000 h = 51,– €/h

Belastung D:	200 · 51,– € = 10.200 €
Belastung L:	800 · 51,– € = 40.800 €

Kostenstelle	K	R	D	L
Primäre Gemeinkosten	205.000	30.500	300.000	600.000
Umlage K		→20.500	71.750	112.750
Umlage R			→10.200	40.800
Summe Gemeinkosten	0	0	381.950	753.550

Abb. 4–10: Beispiel zum Treppenverfahren

4.3.4.3 Gutschrift-Lastschrift-Verfahren

Die Unzulänglichkeit der vorangegangenen Verfahren aufgrund der Vernachlässigung von Leistungsflüssen zwischen den Vorkostenstellen wird durch die Anwendung des Gutschrift-Lastschrift-Verfahrens (Verrechnungspreisverfahren) beseitigt. Um das Verfahren anwenden zu können, müssen Verrechnungspreise für innerbetriebliche Gemeinkostenleistungen bestehen oder festgelegt werden. Als Verrechnungspreise können vergleichbare Marktpreise, Erfahrungswerte, Durchschnittsgrößen oder Schätzungen herangezogen werden.

Nach Festsetzung der Verrechnungspreise werden empfangende Kostenstellen mit den Gemeinkosten für die empfangenen Leistungen belastet, während die leistenden Kostenstellen um den gleichen Betrag entlastet werden. Im Regelfall werden nach der Umlage auf den Vorkostenstellen kleine Restbeträge verbleiben. Diese werden dann in Form einer „Restumlage" mit einem geeigneten Verteilungsmodus (z. B. im Verhältnis der primären Gemeinkosten der Endkostenstellen) auf die Endkostenstellen umgelegt.

BEISPIEL zum Gutschrift-Lastschrift-Verfahren: Die Gemeinkosten der Vorkostenstellen sind gemäß den Angaben aus Abb. 4–8 auf die Endkostenstellen mit dem Gutschrift-Lastschrift-Verfahren umzulegen. In dem Unternehmen sind folgende Verrechnungspreise festgesetzt: Kraftwerk: 0,10 €/kWh, Reparaturwerkstatt: Stundensatz 30,– €/h. Auf den Vorkostenstellen verbleibende Restbeträge sollen zu gleichen Teilen auf die Endkostenstellen umgelegt werden.

Lösung:

Umlage K:

– Belastung R:	200.000 · 0,10 €	=	20.000 €
– Belastung D:	700.000 · 0,10 €	=	70.000 €
– Belastung L:	1.100.000 · 0,10 €	=	110.000 €
– Entlastung K:	2.000.000 · 0,10 €	=	200.000 €

Umlage R:

– Belastung K:	400 · 30 €	=	12.000 €
– Belastung D:	200 · 30 €	=	6.000 €
– Belastung L:	800 · 30 €	=	24.000 €
– Entlastung R:	1.400 · 30 €	=	42.000 €

Restkostenumlage:

Restkosten bei K und R: 17.000 € + 8.500 € = 25.500 €

Von diesem Betrag trägt jede Endkostenstelle die Hälfte (d. h. 12.750 €)

Kostenstelle	K	R	D	L
Primäre Gemeinkosten	205.000	30.500	300.000	600.000
Umlage K	–200.000	20.000	70.000	110.000
Umlage R	12.000	–42.000	6.000	24.000
Zwischensumme	17.000	8.500	376.000	734.000
Restkostenumlage	–17.000	–8.500	12.750	12.750
Summe Gemeinkosten	0	0	388.750	746.750

Abb. 4–11: Beispiel zum Gutschrift-Lastschrift-Verfahren

4.3.4.4 Mathematisches Verfahren

Beim mathematischen Verfahren (Gleichungsverfahren) wird die Leistungsverflechtung der Vorkostenstellen eines Unternehmens durch ein Gleichungssystem abgebildet. Für jede Vorkostenstelle wird eine lineare Gleichung aufgestellt, die den folgenden Aufbau besitzt:

Output der Kostenstelle = Input der Kostenstelle

$$M_j \cdot p_j = PK_j + \sum_{i=1}^{n} \left(m_{ij} \cdot p_i \right)$$

Dabei sind

M_j = Gesamtleistung Vorkostenstelle j
p_j = Verrechnungspreis Vorkostenstelle j
PK_j = Primärkosten der Vorkostenstelle j
m_{ij} = Leistungsabgabe von Kostenstelle i an j

Unbekannte in dem Gleichungssystem sind die Verrechnungspreise p_j der Vorkostenstellen. Alle anderen Größen sind bekannt. Die Lösung des Gleichungssystems ist problemlos möglich, da die Anzahl der Gleichungen der Anzahl der Unbekannten entspricht. Als Ergebnis erhält man die genauen Verrechnungspreise („Kostenpreise") für jede Vorkostenstelle. Mit diesen Verrechnungspreisen erfolgt dann in einem zweiten Schritt analog zum Gutschrift-Lastschrift-Verfahren eine Verrechnung der Leistungen im Betriebsabrechnungsbogen. Da es sich um „exakte" Verrechnungspreise handelt, werden die Vorkostenstellen durch die Umlage vollständig entlastet, es verbleibt kein Restbetrag.

BEISPIEL zum mathematischen Verfahren: Die Gemeinkosten der Vorkostenstellen sind gemäß den Angaben aus Abb. 4–8 auf die Endkostenstellen unter Zuhilfenahme des mathematischen Verfahrens umzulegen.

Lösung:

1. Gleichungssystem:
   Für K: (2.000.000 kWh) $\cdot$ p_K = 205.000 € + (400 h) $\cdot$ p_R
   Für R: (1.400 h) $\cdot$ p_R = 30.500 € + (200.000 kWh) $\cdot$ p_K
2. Lösung des Gleichungssystems:
   p_K = 0,11 €/kWh, p_R = 37,50 €/h
3. Umlagen analog zum Gutschrift-Lastschrift-Verfahren (Kap. 4.3.4.3):

Umlage K:

– Belastung R:	200.000 · 0,11 €	= 22.000 €
– Belastung D:	700.000 · 0,11 €	= 77.000 €
– Belastung L:	1.100.000 · 0,11 €	= 121.000 €
– Entlastung K:	2.000.000 · 0,11 €	= 220.000 €

Umlage R:		
– Belastung K:	400 · 37,50 €	= 15.000 €
– Belastung D:	200 · 37,50 €	= 7.500 €
– Belastung L:	800 · 37,50 €	= 30.000 €
– Entlastung R:	1.400 · 37,50 €	= 52.500 €

Kostenstelle	K	R	D	L
Primäre Gemeinkosten	205.000	30.500	300.000	600.000
Umlage K	–220.000	22.000	77.000	121.000
Umlage R	15.000	–52.500	7.500	30.000
Summe Gemeinkosten	0	0	384.500	751.000

Abb. 4–12: Beispiel zum mathematischen Verfahren

4.3.4.5 Vergleich der Verfahren

Wie an dem durchgehenden Beispiel deutlich wird, liefern die vorgestellten Verfahren zur innerbetrieblichen Leistungsverrechnung unterschiedliche Ergebnisse, auch wenn die Abweichungen in dem Beispiel sehr gering sind.

Das exakte Ergebnis liefert das **mathematische Verfahren**, wenn zuvor die primären Gemeinkosten genau erfasst und die innerbetrieblichen Leistungsverflechtungen realitätsgetreu aufgezeichnet wurden. Allerdings ist das Verfahren aufwendig: Bei einer großen Zahl von Kostenstellen muss ein großes Gleichungssystem gelöst werden. Bei jeder Veränderung der Leistungsabgabe ist das Gleichungssystem neu aufzustellen und zu lösen.

Beim **Gutschrift-Lastschrift-Verfahren** wird statt mit exakten Verrechnungspreisen mit geschätzten Festwerten gerechnet. Dies bietet den beteiligten Kostenstellen Planungssicherheit, weil innerbetriebliche Leistungen mit bekannten Preisen abgerechnet werden. Die auftretenden Ungenauigkeiten müssen in Form einer Restumlage ausgeglichen werden.

Weit verbreitet ist das **Treppenverfahren**, das einfach anzuwenden ist. Leistungsverflechtungen unter den Vorkostenstellen können in gewissem Umfang berücksichtigt werden. Wenn eine ideale Anordnung der Kostenstellen gewählt wird, kann eine hohe Genauigkeit der Kostenverrechnung erzielt werden.

Beim **Blockumlageverfahren** werden hingegen keine Leistungsverflechtungen unter den Vorkostenstellen berücksichtigt. Daher sollte es nur angewandt werden, wenn keine Verflechtungen bestehen oder deren wertmäßiger Umfang vernachlässigt werden kann.

4.3.5 Gemeinkostenaufträge

Im Rahmen der Sekundärkostenumlage wurden nur innerbetriebliche Leistungen betrachtet, die von Vorkostenstellen erbracht werden. Es ist aber auch möglich, dass Endkostenstellen Leistungen erbringen, die nicht für den Absatz, sondern für andere Endkostenstellen bestimmt sind (z. B. Geräte aus der eigenen Produktion werden im eigenen Unternehmen eingesetzt). Es handelt sich hierbei um so genannte „Gemeinkostenaufträge". Um eine Verzerrung der Kostenstruktur zu vermeiden, sollte die leistende Kostenstelle um die Kosten des Gemeinkostenauftrags entlastet, die empfangende Kostenstelle hingegen belastet werden. Zur Durchführung dieser Verrechnung zwischen Endkostenstellen kann das Kostenartenverfahren, das Kostenstellenausgleichsverfahren und das Verfahren der simultanen Verrechnung eingesetzt werden.

4.3.5.1 Kostenartenverfahren

Beim Kostenartenverfahren oder Einzelkostenverfahren werden nur die Einzelkosten (Material- und direkte Lohnkosten), die durch den Gemeinkostenauftrag verursacht werden, auf die empfangende Kostenstelle umgelegt. Eine Umlage anteiliger Gemeinkosten erfolgt nicht.

Das Verfahren ist einfach anzuwenden, führt aber dazu, dass die leistenden Kostenstellen mit zu hohen Gemeinkosten belastet sind. Ein Wirtschaftlichkeitsvergleich zwischen Eigen- und Fremdfertigung ist nicht möglich, da die gesamten Kosten, die für die innerbetriebliche Leistung angefallen sind, nicht sichtbar werden. Das

Kostenartenverfahren sollte nur angewandt werden, wenn die Gemeinkosten gegenüber den Einzelkosten des Auftrags vernachlässigbar klein sind.

4.3.5.2 Kostenstellenausgleichsverfahren

Beim Kostenstellenausgleichsverfahren erfolgt der Ausgleich der für einen Gemeinkostenauftrag angefallenen Kosten nicht nur bei den Einzelkosten, sondern auch bei den Gemeinkosten. Dazu werden in einem ersten Schritt die Einzelkosten für den Gemeinkostenauftrag und die anteilig zuzurechnenden Gemeinkosten ermittelt. Anschließend wird die leistende Kostenstelle sowohl um Einzel- wie auch um Gemeinkosten entlastet, während die empfangende Kostenstelle mit diesen Kosten belastet wird, wobei die ursprünglichen Einzelkosten zu Gemeinkosten werden.

Kostenstelle	D	E
Einzelkosten	150.000	500.000
Gemeinkosten	225.000	600.000
Umlage Einzelkosten	−4.000	—
Umlage Gemeinkosten	−6.000	10.000
Einzelkosten nach Umlage	146.000	500.000
Gemeinkosten nach Umlage	219.000	610.000

Abb. 4–13: Beispiel zum Kostenstellenausgleichsverfahren

BEISPIEL zum Kostenstellenausgleichsverfahren: Es werden zwei Endkostenstellen eines Unternehmens betrachtet, die Dreherei (D) und die Endmontage (E). In der Dreherei sind 150.000 € Einzelkosten und 225.000 € an Gemeinkosten angefallen. Bei der Endmontage liegen Einzelkosten in Höhe von 500.000 € und Gemeinkosten in Höhe von 600.000 € vor. Die Endkostenstelle „Dreherei" erstellt im Rahmen eines Gemeinkostenauftrags eine Leistung für die „Endmontage". Dafür fallen in der Endkostenstelle Dreherei Einzelkosten in Höhe von 4.000 € an.
Lösung: Errechnung der für den Gemeinkostenauftrag anfallenden Gemeinkosten aus den Einzelkosten:
4.000 € · 225.000 : 150.000 = 6.000 €

> Die Kostenstelle D wird um die Einzelkosten in Höhe von 4.000 € und die Gemeinkosten in Höhe von 6.000 € entlastet. Kostenstelle E erhält die Summe dieser Beträge als Gemeinkosten zugerechnet (vgl. Abb. 4–13).

4.3.5.3 Simultane Verrechnung

Gemeinkostenaufträge lassen sich auch über ein mathematisches Verfahren verrechnen. Dazu wird für jede Endkostenstelle eine lineare Gleichung aufgestellt. Unbekannte dieses Gleichungssystems sind die Gemeinkostenzuschlagssätze, die sich unter Berücksichtigung aller Gemeinkostenaufträge für die einzelnen Endkostenstellen ergeben. Mit den errechneten Zuschlagssätzen lassen sich dann die Gemeinkosten der Gemeinkostenaufträge errechnen.

4.3.6 Ermittlung von Zuschlagssätzen

Nach Durchführung der Sekundärkostenumlage sind die Gemeinkosten, die die einzelnen Endkostenstellen zu tragen haben, bekannt. Als letzte Phase der Kostenstellenrechnung wird nun für jede Endkostenstelle ein **Gemeinkostenzuschlagssatz** errechnet, der für die Kalkulation benötigt wird. Ein Zuschlagssatz errechnet sich nach der Gleichung

$$\text{Zuschlagssatz} = \frac{\sum \text{Gemeinkosten}}{\text{Bezugsgröße}}$$

Als Bezugsgröße (Bezugsbasis) werden im Regelfall Einzelkosten (Lohneinzelkosten, Materialeinzelkosten), Fertigungszeiten, Maschinenlaufzeiten oder auch die Herstellkosten verwendet.

> **BEISPIEL zur Zuschlagssatzermittlung:** In einer Kostenstelle laufen in dem betrachteten Zeitraum die Produktionsmaschinen 2.500 Stunden. Die Gemeinkosten nach Durchführung der Sekundärkostenumlage betragen für diese Kostenstelle 384.500 €.
> Der Zuschlagssatz errechnet sich
> (384.500 €) : (2.500 h) = 153,80 €/h

Mit dem Zuschlagssatz können dann im Rahmen der Kalkulation die Gemeinkosten auf den Kostenträger, d. h. das Produkt, umgelegt werden. In dem Beispiel hätte ein Produkt, für dessen Fertigung die Produktionsmaschine 30 Minuten genutzt wird, einen Gemeinkostenanteil von 76,90 € (= 0,5 h von 153,80 €) zu tragen.

4.4 Kalkulation (Kostenträgerstückrechnung)

Die Kalkulation oder Kostenträgerstückrechnung hat die Aufgabe, die angefallenen Kosten auf die Kostenträger möglichst verursachungsgerecht zu verteilen und anschließend die **Kosten je Mengeneinheit** („Stückkosten") zu ermitteln. **Kostenträger** sind die für den Absatz bestimmten Leistungen des Unternehmens, also die Produkte oder die Dienstleistungen. Wie bereits bei der Kostenstellenrechnung, stellt das Hauptproblem der Kalkulation die verursachungsgerechte Zurechnung der Gemeinkosten dar.

Die Kosten, die zur Herstellung eines Kostenträgers erforderlich sind, tragen die Bezeichnung **Herstellkosten**. Bezieht man zusätzlich auch Verwaltungs- und Vertriebskosten mit ein, erhält man die **Selbstkosten** (zur Abgrenzung dieser Kostenbegriffe vgl. Kap. 4.4.1.2).

Die Ergebnisse der Kalkulation bilden die Grundlage für **preis- und programmpolitische Entscheidungen** des Unternehmens, für die kurzfristige Erfolgsrechnung (vgl. Kap. 4.5) sowie für weitergehende Analysen im Rahmen des Controllings.

Zur Durchführung der Kalkulation stehen verschiedene Verfahren zur Verfügung. Die Auswahl eines Verfahrens ist im Wesentlichen von den Produktionsverhältnissen (Organisation des Produktionsprozesses, Produktionsprogramm) abhängig. So benötigen Dienstleistungsunternehmen völlig andere Verfahren als Unternehmen des Maschinenbaus. Im Folgenden werden Verfahren dargestellt, die auf industrielle Fertigungsprozesse ausgerichtet sind.

4.4.1 Zuschlagskalkulation

Die Zuschlagskalkulation wird in Unternehmen mit Einzel- oder Serienproduktion eingesetzt. Bei der Einzelfertigung wird jedes Produkt individuell, im Regelfall auf Bestellung, erstellt. Dies ist im Anlagenbau (z. B. Großschiffbau), aber auch im mittelständischen Bereich (z. B. bei Maßschneidereien) der Fall. Werden gleichartige Produkte neben- oder nacheinander in einer bestimmten Stückzahl (Artikelserie) hergestellt, spricht man von Serienproduktion (z. B. Autoindustrie).

Die Zuschlagskalkulation basiert auf der Aufspaltung der Kosten in Einzel- und Gemeinkosten. Die Bestimmung der Produktstückkosten vollzieht sich in mehreren Stufen:

- Zunächst ist für jede Kostenstelle ein **Zuschlagssatz** zu ermitteln, der sich durch Division der gesamten Gemeinkosten einer Kostenstelle durch eine Bezugsgröße (z. B. Einzelkosten) ergibt. Diese Zuschlagssätze werden üblicherweise bereits im Rahmen der Kostenstellenrechnung ermittelt (vgl. Kap. 4.3.6).

- Anschließend können mit dem Zuschlagssatz und der „Stück-Bezugsgröße" (z. B. Stückeinzelkosten) die **Stückgemeinkosten** eines Produktes errechnet werden.

- Die Herstell- und die Selbstkosten des Produktes ergeben sich durch Addition der Einzel- und Gemeinkosten.

Im Folgenden wird auf drei Varianten der Zuschlagskalkulation eingegangen, die sich durch die Art und den Differenzierungsgrad der Zuschlagssätze unterscheiden.

4.4.1.1 Summarische Zuschlagskalkulation

Bei der **summarischen oder kumulativen Zuschlagskalkulation** werden die Gemeinkosten zu einem Betrag (zu „einer Summe") zusammengefasst und dann über **einen einzigen Zuschlagssatz** dem Kostenträger zugerechnet. Als Bezugsgröße zur Errechnung des Zuschlagssatzes können die Materialeinzelkosten, die Fertigungseinzelkosten, die Summe aus diesen beiden Kostengrößen oder die Fertigungszeit herangezogen werden.

Die summarische Zuschlagskalkulation ist einfach zu handhaben, aber nur für grobe Kalkulationen geeignet.

BEISPIEL: In einer Kostenstelle sind Lohneinzelkosten in Höhe von 25.000,– €, Materialeinzelkosten in Höhe von 10.000,– € und Gemeinkosten in Höhe von 35.000,– € angefallen.
Bei einem hergestellten Produkt betragen die Lohneinzelkosten 30,– €/Stück und die Materialeinzelkosten 5,– €/Stück. Es sind die Stückgemeinkosten für dieses Produkt zu bestimmen.
1. Möglichkeit: Die Lohneinzelkosten werden als Bezugsgröße gewählt
   Zuschlagssatz 35.000 : 25.000 = 1,4.
   Die Stückgemeinkosten betragen 30 € · 1,4 = 42,– €.
2. Möglichkeit: Die Materialeinzelkosten werden als Bezugsgröße gewählt
   Zuschlagssatz 35.000 : 10.000 = 3,5.
   Die Stückgemeinkosten betragen 5 € · 3,5 = 17,50 €.
3. Möglichkeit: Die Summe aus Lohn- und Materialeinzelkosten wird als Bezugsgröße gewählt
   Zuschlagssatz 35.000 : (25.000+10.000) = 1,0.
   Die Stückgemeinkosten betragen (30+5) € · 1,0 = 35,– €.

Das Beispiel zeigt, dass die kalkulierten Produktkosten bei der Anwendung der summarischen Zuschlagskalkulation je nach gewählter Bezugsgröße erheblich schwanken. Daher sollte dieses Verfahren nur angewendet werden, wenn die Gemeinkosten im Verhältnis zu den Einzelkosten einen sehr kleinen, unbedeutenden Anteil einnehmen. Dies ist jedoch in der industriellen Praxis kaum der Fall. Da zudem die Verteilung der Kosten nicht verursachungsgerecht erfolgt, ist der Einsatz dieses Verfahrens nicht empfehlenswert.

4.4.1.2 Differenzierende Zuschlagskalkulation

Bei der differenzierenden oder elektiven Zuschlagskalkulation werden die Gemeinkosten in mehrere Bereiche (Material, Fertigung, Verwaltung, Vertrieb) aufgespalten („differenziert") und dann über mehrere Zuschlagssätze auf den Kostenträger verteilt. Um eine derartige Differenzierung vornehmen zu können, ist eine ausgebaute

Kostenstellenrechnung erforderlich. Das Verfahren ist zwar aufwendig, führt aber zu relativ genauen Ergebnissen und kann mit Ausnahme bei Kuppelprodukten (dazu vgl. Kap. 4.4.3) universell eingesetzt werden.

Der Zuschlagskalkulation liegt ein spezielles Kalkulationsschema zugrunde, das in Abb. 4–14 dargestellt ist. Das Schema kann noch erweitert werden, indem der Fertigungsbereich weiter in einzelne Fertigungsabteilungen oder Werkstätten mit jeweils eigenen Zuschlagssätzen aufgeteilt wird.

Materialeinzelkosten	Material-kosten	Her-stell-kosten	Selbst-kosten
Materialgemeinkosten			
Fertigungseinzelkosten	Ferti-gungs-kosten		
Fertigungsgemeinkosten			
Sondereinzelkosten der Fertigung			
Verwaltungsgemeinkosten			
Vertriebsgemeinkosten			
Sondereinzelkosten des Vertriebs			

Abb. 4–14: Kalkulationsschema der Zuschlagskalkulation

Bei der Kalkulation werden zunächst die Herstellkosten ermittelt, die sich aus den beiden Komponenten Materialkosten und Fertigungskosten zusammensetzen. Aus Herstellkosten und den Verwaltungs- und Vertriebskosten errechnen sich anschließend die **Selbstkosten**.

Von den **„Herstellkosten"** muss in diesem Zusammenhang der handelsrechtliche Begriff der **„Herstellungskosten"** deutlich unterschieden werden. Die Bestandteile der Herstellungskosten sind in § 255 Absatz 2 HGB geregelt (vgl. Kap. 3.4.4.3). Dabei räumt das Handelsrecht Wahlrechte ein, die im Rahmen der Kostenrechnung unüblich sind. Insbesondere die mögliche Einbeziehung von Verwaltungskosten in die Herstellungskosten widerspricht der Begriffssystematik der Kostenrechnung, da Verwaltungskosten eindeutig nicht Bestandteil der Herstellkosten, sondern der Selbstkosten eines Produktes sind.

Die einzelnen Positionen des Kalkulationsschemas gemäß Abb. 4–14 sind:

- **Materialkosten:** Die **Materialeinzelkosten** können aufgrund von Stücklisten oder Konstruktionsplänen oder aufgrund von Materialentnahmescheinen direkt einem Produkt zugerechnet werden. Der Materialkostenzuschlagssatz errechnet sich aus dem Quotienten Materialgemeinkosten / Materialeinzelkosten.
  Die **Materialgemeinkosten** pro Stück werden durch Multiplikation der Materialeinzelkosten pro Stück mit dem Materialkostenzuschlagssatz errechnet.

- **Fertigungskosten: Fertigungseinzelkosten** sind die Lohneinzelkosten, die aufgrund von Lohnzetteln direkt einem Produkt zugerechnet werden können. Zur Berechnung der **Fertigungsgemeinkosten** wird für jede Fertigungskostenstelle aus den angefallenen Fertigungsgemeinkosten und den Löhnen ein eigener Zuschlagssatz errechnet, mit dem die Stückgemeinkosten ermittelt werden können.
  Die **Sondereinzelkosten der Fertigung** fallen bei der Abwicklung von Aufträgen an und werden diesen als Einzelkosten zugerechnet. Zu den Sondereinzelkosten der Fertigung zählen speziell für einen Auftrag angefertigte Werkzeuge, Modelle, Vorrichtungen, Pressformen oder Konstruktionskosten.

- **Verwaltungs- und Vertriebsgemeinkosten:** Gemeinkosten, die durch den Vertrieb der Produkte und durch die Verwaltung des Unternehmens anfallen, zählen nicht zu den Herstellkosten, aber zu den Selbstkosten. Zuschlagsbasis für diese Kosten bilden die Herstellkosten des jeweiligen Produkts.
  Gemäß dem Verursachungsprinzip (Kausalitätsprinzip) werden **Vertriebskosten nur auf die abgesetzten**, nicht auf die im Lager liegenden **Produkte** umgelegt, da noch nicht verkaufte Produkte auch noch keine Vertriebskosten verursacht haben. **Verwaltungskosten** werden hingegen auch durch Produkte verursacht, die noch nicht verkauft sind. Unter Berücksichtigung des Vorsichtsprinzips werden jedoch auch die Verwaltungskosten nur auf die

abgesetzten Produkte umgelegt, um den Ausweis von unrealisierten Gewinnen im Betriebsergebnis zu vermeiden.

■ **Sondereinzelkosten des Vertriebs** können einem bestimmten Produkt zugerechnet werden. Dazu zählen Spezialverpackungen, aber auch Frachtgebühren oder Verkaufsprovisionen.

BEISPIEL zur differenzierenden Zuschlagskalkulation: Zur Herstellung eines Produkts muss dieses die beiden Fertigungsabteilungen F1 und F2 durchlaufen. Im Rahmen der Kostenstellenrechnung wurden (analog Kap. 4.3.6) folgende Zuschlagssätze ermittelt:
F1 = 300 %, F2 = 200 %, ferner sind die Zuschlagssätze der Materialkostenstelle (20 %), der Vertriebskostenstelle (10 %) und der Verwaltungskostenstelle (5 %) bekannt.
An Einzelkosten können dem Produkt zugeordnet werden:
Materialeinzelkosten: 5,– €, Lohneinzelkosten in F1 10,– €, Lohneinzelkosten in F2 6,– €, Sondereinzelkosten der Fertigung: 6,– €, Sondereinzelkosten des Vertriebs: 3,– €.
Unter Zuhilfenahme dieser Angaben sind die Herstellkosten und die Selbstkosten für das Produkt (pro Stück) zu errechnen.
Lösung:

Materialeinzelkosten:	5,00 €	(gegeben)
Materialgemeinkosten:	1,00 €	(20 % von 5 €)
Lohneinzelkosten F1:	10,00 €	(gegeben)
Fertigungsgemeinkosten F1:	30,00 €	(300 % von 10 €)
Lohneinzelkosten F2:	6,00 €	(gegeben)
Fertigungsgemeinkosten F2:	12,00 €	(200 % von 6 €)
Sondereinzelkosten der Fertigung:	6,00 €	(gegeben)
Herstellkosten:	**70,00 €**	(Summe)
Verwaltungsgemeinkosten:	3,50 €	(5 % von 70 €)
Vertriebsgemeinkosten:	7,00 €	(10 % von 70 €)
Sondereinzelkosten des Vertriebs:	3,00 €	(gegeben)
Selbstkosten:	**83,50 €**	(Summe)

Die differenzierende Zuschlagskalkulation ist weit verbreitet. Kritisch wird in der Fachliteratur die Zurechnung der Gemeinkosten bewertet, da diese sich in der Realität häufig nicht proportional zu ihrer Zuschlagsbasis verhalten.

Der **Anstieg der Gemeinkosten** durch die zunehmende Automatisierung und der dadurch bedingte Rückgang von zurechenbaren

Lohneinzelkosten führt dazu, dass in vielen Unternehmen Zuschlagssätze von mehr als 1.000 Prozent eingesetzt werden. Geringe Abweichungen bei den Einzelkosten, die sich durch Erfassungsfehler ergeben können, führen dadurch zu erheblichen Schwankungen bei den zugerechneten Gemeinkosten. Durch eine Verbesserung der Zuschlagsbasis durch eine weitergehende Differenzierung oder durch den Übergang auf die Maschinenstundensatzkalkulation wird versucht, dieses Problem zu lösen.

4.4.1.3 Maschinenstundensatzkalkulation

Bei der Maschinenstundensatzkalkulation, die auch als Verrechnungssatzkalkulation, Bezugsgrößenkalkulation oder Kostenstellenzuschlagskalkulation bezeichnet wird, erfolgt eine weitere Aufteilung der Kostenstellen in Abrechnungsbereiche ("Kostenplätze"), um zu möglichst verursachungsgerechten Zuschlagssätzen zu kommen. Dies ist insbesondere dann sinnvoll, wenn in einer Kostenstelle sehr unterschiedliche Produktionsmaschinen eingesetzt werden. In diesem Fall wird für jede Maschine ein **Maschinenstundensatz** ermittelt, der die Kosten pro Maschinenlaufstunde widerspiegelt. In den Maschinenstundensatz gehen sämtliche maschinenabhängigen Gemeinkosten wie Abschreibung, Energiekosten (Strom), Raumbedarf oder Instandhaltung ein.

BEISPIEL zur Maschinenstundensatzkalkulation: In der Kostenstelle „Dreherei" fallen in einer Periode Gemeinkosten in Höhe von 80.000 € an. Davon können einer Drehmaschine maschinenabhängige Gemeinkosten in Höhe von 30.000 € zugerechnet werden. Die Drehmaschine läuft in einer Periode etwa 1.500 Stunden. Wie lautet der Maschinenstundensatz, welche Kosten hat ein Produkt P zu tragen, das 30 Minuten auf der Drehmaschine bearbeitet wird?

Lösung:

Maschinenstundensatz:	30.000 €: 1.500 h	= 20,– €/h
Kostenanteil Produkt P:	20,– €/h · 0,5 h	= 10,– €

Bei Anwendung der Maschinenstundensatzkalkulation werden die Gemeinkosten der Kostenstelle um die maschinenabhängigen Gemeinkosten entlastet. Eventuell verbleibende Restkosten, die keiner

Maschine zugeordnet werden können, lassen sich als Zuschlag auf die Fertigungslöhne verrechnen.

4.4.2 Divisionskalkulation

Die Divisionskalkulation ist das einfachste Kalkulationsverfahren. Sie wird eingesetzt, wenn ein einheitliches Produkt in großer Stückzahl, meist in Massenfertigung, hergestellt wird. Dies ist bei der Produktion von Baumaterialien (Sand, Kies, Steine), bei der Kohleförderung oder auch bei der Stromerzeugung der Fall.

Das **Grundprinzip** der Divisionskalkulation basiert darauf, dass die gesamten Kosten durch die erstellten Leistungen dividiert werden. Es gilt also:

Stück-Selbstkosten = Gesamte Kosten / Produktionsmenge

Die Divisionskalkulation kann für eine Produktionsstufe (einstufige D.), aber auch für mehrere hintereinander geschaltete Produktionsstufen (mehrstufige D.) angewandt werden. Daneben ist es möglich, die Divisionskalkulationsvariante „Äquivalenzziffernrechnung" für die Kalkulation einer Mehrproduktfertigung einzusetzen, wenn die hergestellten Produkte einen hohen Ähnlichkeitsgrad haben.

4.4.2.1 Einstufige Divisionskalkulation

Bei der einstufigen oder einfachen Divisionskalkulation werden die gesamten Kosten einer Periode durch die erstellte Produktionsmenge dividiert. Dies setzt voraus, dass nur eine einzige Produktart gefertigt wird. Außerdem müssen Produktions- und Absatzmenge identisch sein, es dürfen also keine Lagerbestände auf- oder abgebaut werden.

Durch diese Restriktionen ist die Anwendung des Verfahrens stark eingeschränkt. Dennoch bestehen Einsatzmöglichkeiten. Einen Einproduktbetrieb mit absatzsynchroner Produktion stellen beispielsweise Elektrizitätswerke dar, die mit der einstufigen Divisionskalkulation ihren Strompreis kalkulieren können.

BEISPIEL zur einstufigen Divisionskalkulation: In einem kleinen Kraftwerk fallen pro Periode Gesamtkosten in Höhe von 280.000 € an. Es werden 3.500.000 kWh Energie erzeugt. Wie hoch sind die Selbstkosten pro Kilowattstunde (kWh)?
Lösung: 280.000 € : 3,5 Mio. kWh = 0,08 €/kWh

4.4.2.2 Zweistufige Divisionskalkulation

Mit der zweistufigen Divisionskalkulation lassen sich Lagerbestandsveränderungen von Fertigfabrikaten berücksichtigen. Dazu werden die gesamten Kosten, die in einer Periode anfallen, in Herstellkosten, die bei der Produktion der Produkte anfallen, und in Verwaltungs- und Vertriebskosten unterteilt. Die **Herstellkosten** werden auf die **produzierte** Leistungsmenge der Periode, die **Verwaltungs- und Vertriebskosten** hingegen auf die **abgesetzte** Leistungsmenge der Periode bezogen (vgl. dazu auch Kap. 4.4.1.2). Es gilt also die Gleichung:

$$\text{Selbstkosten (proStück)} = \frac{\text{Herstellkosten}}{\text{Produktionsmenge}} + \frac{\text{Verwaltungs- und Vertriebskosten}}{\text{Absatzmenge}}$$

BEISPIEL zur zweistufigen Divisionskalkulation: In einer Kiesgrube werden in einer Periode 2.500 t abgebaut und 2.000 t verkauft. An Kosten sind in dieser Periode 20.000 € angefallen, davon sind 4.000 € Verwaltungs- und Vertriebskosten. Wie hoch sind die Selbstkosten pro Tonne?
Lösung:
Ermittlung der Herstellkosten: 20.000 € – 4.000 € = 16.000 €
Selbstkosten/t: 16.000 € : 2.500 t + 4.000 € : 2.000 t = 8,40 €/t

4.4.2.3 Mehrstufige Divisionskalkulation

Durch die mehrstufige oder mehrfache Divisionskalkulation können Produktionsprozesse abgebildet werden, bei denen mehrere Produktionsstufen aufeinander folgen oder bei denen aus einem Ausgangsprodukt mehrere Endprodukte entstehen.

Zur Ermittlung der Selbstkosten je Produktionseinheit werden getrennt für jede Produktionsstufe die Stück-Herstellkosten nach dem

171

Prinzip einer einstufigen Divisionskalkulation ermittelt. Für jede einzelne Fertigungsstufe ergeben sich die folgenden **Rechenschritte**:

(a) Ermittlung der Herstellkosten für eingesetzte Menge = (Stückherstellkosten) · (Einsatzmenge)

(b) Ermittlung der Gesamtherstellkosten bis zu dieser Produktionsstufe = (Herstellkosten lt. Schritt a) + (Stufenkosten)

(c) Herstellkosten pro Produktionseinheit = (Herstellkosten lt. Schritt b) / (Ausbringungsmenge)

Da nur die Kosten der weiterverarbeiteten Produktionsmenge weitergewälzt werden, trägt dieses Verfahren auch die Bezeichnung **„Durchwälzmethode"**. Als letzte Stufe werden die Verwaltungs- und Vertriebskosten, bezogen auf die in der Periode abgesetzte Produktionsmenge, ermittelt.

Es ist auch möglich, die mehrstufige Divisionskalkulation in einer Gleichung abzubilden:

$$\text{Selbstkosten pro Stück} = \frac{HK_1}{x_1} + \frac{HK_2}{x_2} + \ldots + \frac{HK_n}{x_n} + \frac{\text{Verw.- u. Vertr.-Kosten}}{\text{Absatzmenge}}$$

mit $HK_{1\ldots n}$ Herstellkosten der Stufe 1 ... n
mit $x_{1\ldots n}$ Produktionsmenge der Stufe 1 ... n

Diese Vorgehensweise wird als **addierende Divisionskalkulation** bezeichnet.

Die Anwendung der mehrstufigen Divisionskalkulation setzt voraus, dass der Fertigungsprozess so strukturiert ist, dass in jeder Fertigungsstufe nur eine einzige Produktart bearbeitet wird. Ferner muss bei Produkten, die einem Zwischenlager entnommen werden, zur Bestimmung der Herstellkosten für die entnommene Menge ein Verbrauchsfolgeverfahren (z. B. FiFo, vgl. Kap. 2.4.1) angewendet werden, wenn die Preise nicht konstant sind.

BEISPIEL zur mehrstufigen Divisionskalkulation: In einem zweistufigen Produktionsprozess wird aus einem Rohstoff ein Endprodukt hergestellt, wobei die Rohstoffkosten pro Stück 9,– € betragen. In einer Periode fallen in Fertigungsstufe A 5.250 €, in Fertigungsstufe B 3.450 € und für Verwaltung und Vertrieb 2.700 € an Kosten an. Insgesamt werden 900 Stück des Erzeugnisses verkauft; in Fertigungsstufe A werden 1.050 Stück eines Zwischenproduktes, in Fertigungsstufe B 1.150 Stück des Endprodukts hergestellt. Die Mengenunterschiede werden durch Lagerbestandsveränderungen ausgeglichen. Die Preise sind als konstant anzusehen. Wie hoch sind die Stück-Selbstkosten für das Produkt?

Lösung unter Anwendung der **Durchwälzmethode:** Da die Preise konstant sind, erübrigt sich die Anwendung eines Verbrauchsfolgeverfahrens.

Stufe A:

(a) Kosten der Einsatzmenge:	9 €/Stück · 1.050 Stück	= 9.450 €
(b) Gesamtherstellkosten:	(9.450 + 5.250) €	= 14.700 €
(c) Stückherstellkosten:	14.700 € : 1.050 Stück	= 14,– €/Stück

Stufe B:

(a) Herstellkosten Einsatzmenge:	14 €/Stück · 1.150 Stück	= 16.100 €
(b) Gesamtherstellkosten:	(16.100 + 3.450) €	= 19.550 €
(c) Stückherstellkosten:	19.550 € : 1.150 Stück	= 17,– €/Stück

Verwaltung und Vertrieb:

(a) Herstellkosten Einsatzmenge:	17 €/Stück · 900 Stück	= 15.300 €
(b) Gesamtselbstkosten:	(15.300 + 2.700) €	= 18.000 €
(c) Stückselbstkosten:	18.000 € : 900 Stück	= 20,– €/Stück

Lösung unter Anwendung der **addierenden Divisionskalkulation:**

$$\text{Selbstkosten pro Stück} = \left[\frac{14.700}{1.050} + \frac{3.450}{1.150} + \frac{2.700}{900}\right]\frac{€}{\text{Stück}} = 20\,€/\text{Stück}$$

4.4.2.4 Äquivalenzziffernrechnung

Die Äquivalenzziffernrechnung stellt eine modifizierte Form der Divisionskalkulation dar, die zur Kalkulation von Produkten, die in Sortenfertigung hergestellt werden, angewandt wird. Unter Sortenfertigung wird die Massenfertigung von Erzeugnissen verstanden, die aufgrund ihrer fertigungstechnischen Ähnlichkeit und ihrer ähnlichen Kostenstruktur zu einer Produktgattung zusammengefasst werden können. So bilden die verschiedenen, in Blechwalzwerken hergestellten Bleche „Sorten". Die Sortenfertigung ist auch typisch für Ziegeleien, Sägewerke oder Papierfabriken.

Die Äquivalenzziffernrechnung basiert auf der Grundüberlegung, dass bei ähnlichen Produkten die Produktionskosten in einem mengenproportionalen Verhältnis zueinander stehen. Die Kostenunterschiede zwischen den Produktsorten lassen sich durch einfache Verhältniszahlen, so genannte Äquivalenzziffern, ausdrücken.

Zur **Ermittlung der Äquivalenzziffern** wird auf Bezugsgrößen wie Materialverbrauch, Bearbeitungszeit oder auch auf geometrische Beziehungen (Länge, Durchmesser) zurückgegriffen. Allerdings lässt sich nur selten eine Bezugsgröße finden, die vollständig dem Verursachungsprinzip entspricht; in den meisten Fällen handelt es sich um grobe Annäherungen.

Ist eine Bezugsgröße gefunden, wird eines der Produkte zur „**Einheitssorte**" (Bezugssorte, Richtsorte) erklärt, deren Äquivalenzziffer definitionsgemäß 1,0 beträgt. Für die übrigen Produktsorten wird die Äquivalenzziffer errechnet, indem deren Bezugsgrößen durch die Bezugsgröße der Einheitssorte dividiert werden. Es gilt also

$$\text{Äquivalenzziffer Sorte } i = \frac{\text{Bezugsgröße Sorte } i}{\text{Bezugsgröße Einheitssorte}}$$

Bei den Äquivalenzziffern handelt es sich um dimensionslose Zahlenwerte.

BEISPIEL zur Äquivalenzziffernermittlung: In einem Walzwerk werden drei Blechsorten hergestellt, die sich durch die Blechdicke (0,5 mm, 1,0 mm und 1,5 mm) unterscheiden. Die Blechdicke sei Bezugsgröße, das 0,5 mm dicke Blech die Einheitssorte. Es ergeben sich dann folgende Äquivalenzziffern:

Sorte 0,5 mm: Äquivalenzziffer = 1,0
Sorte 1,0 mm: Äquivalenzziffer = 1,0 : 0,5 = 2,0
Sorte 1,5 mm: Äquivalenzziffer = 1,5 : 0,5 = 3,0

Die Äquivalenzziffern drücken das Verhältnis der Kostenbelastung bei den einzelnen Sorten aus. So besagt in dem Beispiel die Äquivalenzziffer 3,0, dass die Produktion der Blechsorte 1,5 mm das Dreifache der Kosten, die bei der Erzeugung der Einheitssorte entstehen, verursacht.

Die **Schritte der Äquivalenzziffernrechnung** sind:

(a) Äquivalenzziffernermittlung

(b) Berechnen der so genannten „Schlüsselzahl" (andere Bezeichnung: Rechnungseinheit) für jede Sorte: Schlüsselzahl = (Äquivalenzziffer) · (Produktionsmenge)

(c) Division der Gesamtkosten durch die Summe der ermittelten Schlüsselzahlen, d. h. (Gesamtkosten) : (Σ Schlüsselzahlen)

(d) Errechnen der Stückselbstkosten für jede Sorte = (Äquivalenzziffer) · (Quotient aus Schritt c)

(e) Errechnen der Gesamtselbstkosten für jede Sorte = (Produktionsmenge) · (Ergebnis aus Schritt d)

BEISPIEL zur Äquivalenzziffernrechnung: Die Nürnberger Schokoladenfabrik stellt im Produktbereich „Vollmilchschokolade" drei verschiedene Packungsgrößen her: die Standardtafel (100 g), den Schoko-Riegel (50 g) und die Maxi-Tafel (250 g). In der betrachteten Periode sind 40.000 Packungen des Schoko-Riegels, 90.000 Standardtafeln und 15.000 Maxi-Tafeln hergestellt und an den Großhandel verkauft worden. Insgesamt sind für den Produktbereich „Vollmilchschokolade" Kosten in Höhe von 26.550 € angefallen. Wie hoch sind die Selbstkosten für jede Sorte?

Lösung:
(a) Äquivalenzziffernermittlung: Es ist nahe liegend, die eingesetzte Schokoladenmenge (d. h. den Materialverbrauch) als wesentliche Größe anzusehen und die Standardtafel als Einheitssorte zu wählen. Aus dem Tafelgewicht lassen sich dann folgende Äquivalenzziffern ableiten: Schoko-Riegel 0,5, Standardtafel 1,0, Maxi-Tafel 2,5.

(b) Berechnen der Schlüsselzahl
  – Schoko-Riegel: 0,5 · 40.000 Stück = 20.000 Stück
  – Standardtafel: 1,0 · 90.000 Stück = 90.000 Stück
  – Maxi-Tafel: 2,5 · 15.000 Stück = 37.500 Stück
  – Summe aller Schlüsselzahlen: 147.500 Stück

(c) Division der Gesamtkosten durch die Summe der Schlüsselzahlen 26.550 €: 147.500 Stück = 0,18 €/Stück

(d) Errechnen der Stückselbstkosten für jede Sorte
  – Schoko-Riegel: 0,5 · 0,18 €/Stück = 0,09 €/Stück
  – Standardtafel: 1,0 · 0,18 €/Stück = 0,18 €/Stück
  – Maxi-Tafel: 2,5 · 0,18 €/Stück = 0,45 €/Stück

(e) Errechnen der Gesamtselbstkosten für jede Sorte
- Schoko-Riegel: 40.000 Stück · 0,09 €/Stück =   3.600 €
- Standardtafel: 90.000 Stück · 0,18 €/Stück = 16.200 €
- Maxi-Tafel: 15.000 Stück · 0,45 €/Stück = 6.750 €

In dem Beispiel sind die Selbstkosten nicht in Herstellkosten und Verwaltungs- und Vertriebskosten aufgespalten, da von einer absatzsynchronen Produktion ausgegangen wird. Wenn eine Aufspaltung vorliegt, können die Herstellkosten über eine andere Äquivalenzziffernreihe als die Verwaltungs- und Vertriebskosten zugerechnet werden. Ebenso ist es möglich, bei mehrstufiger Produktion die Kalkulation über mehrere Äquivalenzziffernreihen vorzunehmen.

4.4.3 Kalkulation von Kuppelprozessen

Bei der Kuppelproduktion entstehen verfahrenstechnisch, technologisch oder natürlich bedingt zwangsläufig mehrere verschiedenartige Erzeugnisse (Kuppel- oder Spaltprodukte). Im industriellen Bereich laufen viele chemische Prozesse (insbesondere bei Raffinerien), aber auch die Metallverhüttung im Hochofen als Kuppelprozess ab. Ein Beispiel aus der Landwirtschaft ist die Schlachtung eines Tieres: So bildet die Schlachtung eines Schweins einen Kuppelprozess, bei dem unter anderem ein Kopf, Schulter, Nacken, Lende, Kotelett, Bauchfleisch, Schinken und vier Haxen anfallen.

Eine verursachungsgerechte Kalkulation ist bei einem Kuppelprozess nicht möglich; stattdessen werden die anfallenden Kosten nach dem **Tragfähigkeitsprinzip** verteilt: Diejenigen Spaltprodukte, die sich gut verkaufen lassen, sollen die Kosten tragen und damit die übrigen, wenig rentablen Spaltprodukte mitfinanzieren.

Spezielle Verfahren zur Kuppelkalkulation sind die Restwertmethode und die Marktwertmethode.

4.4.3.1 Restwertmethode

Die Restwertmethode ist bei Kuppelprozessen anwendbar, die eine einfache Fertigungsstruktur besitzen und deren Produktionsergebnisse in **ein Hauptprodukt** und in ein oder mehrere Nebenprodukte aufgeteilt werden können. Das Hauptprodukt stellt das eigentliche Produktionsziel des Kuppelprozesses dar, während die Nebenprodukte im Regelfall unerwünschte, aber unvermeidbare Abfallprodukte wie Sägemehl, Drehspäne oder Gießereischrott bilden.

Bei der Restwertmethode werden alle Kosten des Kuppelprozesses dem Hauptprodukt zugerechnet. Das Hauptprodukt hat somit alle Kosten zu tragen, während die übrigen Produkte keine Kostenträger darstellen und nicht näher betrachtet werden.

Zu den Kosten des Kuppelprozesses zählen auch eventuell anfallende Entsorgungskosten für Nebenprodukte. Sollten durch den Verkauf von Nebenprodukten Erlöse erzielt werden, sind diese von den angefallenen Kosten zu subtrahieren. So bilden bei einem Sägewerk Bretter und Latten das Hauptprodukt, während das Nebenprodukt „Sägespäne" beispielsweise an Reitbetriebe als Einstreu oder an Heizkraftwerke verkauft werden kann.

BEISPIEL zur Restwertmethode: Bei einem Kuppelprozess fallen Kosten in Höhe von 114.000 € an. Es entstehen drei Spaltprodukte, wobei Spaltprodukt A für 150.000 € und Spaltprodukt B für 20.000 € verkauft werden kann. Spaltprodukt C muss für 5.000 € entsorgt werden.

Lösung:
Produkt A kann als Hauptprodukt interpretiert werden. Ihm sind die Kosten in Höhe von 114.000 € abzüglich 20.000 € (Verkaufserlöse B) zuzüglich 5.000 € (Entsorgung C) zuzurechnen. Die Selbstkosten für A betragen somit 99.000 €, die Selbstkosten von B und C jeweils 0,– €, da diese Produkte bei diesem Kalkulationsverfahren keine Kostenträger darstellen.

4.4.3.2 Einfache Marktwertmethode

Bei der einfachen Marktwertmethode werden die Kosten proportional zu den bestehenden Marktwerten auf die Spaltprodukte verteilt. Unter dem Marktwert wird der Betrag verstanden, der durch den Verkauf des Spaltproduktes erzielbar ist. Der Marktwert lässt sich aus dem Stückverkaufspreis und der Produktmenge errechnen:

Marktwert = (Stückverkaufspreis) · (Produktmenge)

Bevor eine Kostenzurechnung nach der einfachen Marktwertmethode vorgenommen werden kann, muss zunächst für jedes Spaltprodukt der Marktwert ermittelt werden. Anschließend wird der Gesamtbetrag der angefallenen Kosten durch die Summe der Marktwerte aller Spaltprodukte dividiert. Nun lassen sich die Selbstkosten der Spaltprodukte errechnen, indem das Ergebnis dieser Division mit dem jeweiligen Marktwert des Spaltprodukts multipliziert wird.

Sollte eines der Spaltprodukte nicht verkauft werden können, sondern stattdessen eine kostenpflichtige Entsorgung erforderlich sein, so erhöhen die Gebühren für die Entsorgung die Kosten des Kuppelprozesses.

BEISPIEL zur einfachen Marktwertmethode: Es wird derselbe Sachverhalt wie bei der Restwertmethode betrachtet: Bei einem Kuppelprozess fallen Kosten in Höhe von 114.000 € an. Es entstehen drei Spaltprodukte, wobei Spaltprodukt A für 150.000 € und Spaltprodukt B für 20.000 € verkauft werden kann. Spaltprodukt C muss für 5.000 € entsorgt werden.

Lösung:

Angefallene Kosten:	114.000 € + 5.000 €	= 119.000 €
Summe der Marktwerte:	150.000 € + 20.000 €	= 170.000 €
Quotient aus Kosten und Marktwertsumme:	119.000 € : 170.000 €	= 0,7
Selbstkosten Produkt A:	150.000 € · 0,7	= 105.000 €
Selbstkosten Produkt B:	20.000 € · 0,7	= 14.000 €
Selbstkosten Produkt C:	0,– € (Entsorgungsprodukt, kein Kostenträger)	

Als Verteilungsmerkmal können neben Marktwerten auch andere Kriterien, wie z. B. Mengenanteile, verwendet werden. Das Verfahren wird dann als **„Verteilungsrechnung"** bezeichnet.

4.4.3.3 Verbesserte Marktwertmethode

Die verbesserte Marktwertmethode, die auch als **„retrograde Rechenweise"** bezeichnet wird, stellt eine komplexer strukturierte Variante der einfachen Marktwertmethode dar. Das Verfahren ist für mehrstufige Produktionsprozesse geeignet, die neben Kuppelprozessen auch sonstige Produktionsprozesse beinhalten können.

Bei der verbesserten Marktwertmethode wird versucht, alle verursachungsgerecht zurechenbaren Kosten auch verursachungsgerecht zu verteilen. Damit wird die Willkür der Kostenverrechnung bei Kuppelprodukten vermindert.

Um die verbesserte Marktwertmethode anwenden zu können, muss ein Strukturplan des Produktionsprozesses vorliegen. Es folgt dann eine zweistufige Vorgehensweise:

(a) Zunächst wird, ausgehend von den am Markt absetzbaren Endprodukten, für jedes Endprodukt der Marktwert ermittelt und für jedes Zwischenprodukt ein hypothetischer Marktwert errechnet.

(b) Anschließend werden die Herstellkosten für die einzelnen Zwischenprodukte und für die Endprodukte berechnet. Wenn es sich um eine Kuppelproduktionsstufe handelt, erfolgt die Verteilung nach Marktwerten, bei sonstigen Produktionsstufen werden andere geeignete Schlüssel (z. B. Mengeneinheiten) herangezogen.

BEISPIEL zur verbesserten Marktwertmethode: Aus einem Rohstoff werden in einem Kuppelprozess (Produktionsstufe 1) zwei Produkte A′ und B′ erzeugt. Produkt A′ wird in Produktionsstufe 2 weiterbearbeitet und dann als Endprodukt A verkauft. Produkt B′ kann direkt verkauft werden (Endprodukt B); es ist aber auch möglich, das Produkt in Produktionsstufe 3 zu veredeln und als Endprodukt C weiterzuverkaufen. Die Produktionsstruktur mit den Produktionsstufen und den dabei entstehenden Kosten, den Marktwerten der Endprodukte sowie den entstehenden Mengen ist in Abb. 4–15 dargestellt.

Es sind mit der verbesserten Marktwertmethode die Herstellkosten für die Endprodukte zu ermitteln. Lohnt sich die Veredelung von Produkt B′ zu Produkt C, oder sollte darauf verzichtet werden?

Lösung:
(a) Ermittlung der Marktwerte:
– Marktwerte der Endprodukte, errechnet aus den Verkaufspreisen:
  – Marktwert A = 60 €/Liter · 150 Liter = 9.000 €
  – Marktwert B = 20 €/kg · 300 kg = 6.000 €
  – Marktwert C = 90 €/Stück · 200 Stück = 18.000 €
– Marktwerte der Zwischenprodukte:
  – Marktwert A′ = A – K_2 = 9.000 € – 6.500 € = 2.500 €

- Marktwert C' = C – K_3 = 18.000 € – 1.500 € = 16.500 €
- Marktwert B' = B + C' = 6.000 € + 16.500 € = 22.500 €
- Gesamtmarktwert = A' + B' = 25.000 €

(b) Zurechnung der Kosten:
- Kosten nach Produktionsstufe 1:   6.000 € + 8.000 € = 14.000 €
  Da es sich um einen Kuppelprozess handelt, werden die Kosten nach Marktwerten verteilt:
  - Herstellkosten A' = 2.500 € · 14.000 € : 25.000 € = 1.400 €
  - Herstellkosten B' = 22.500 € · 14.000 € : 25.000 € = 12.600 €
- Kosten nach Produktionsstufe 2:
  - Herstellkosten A = 1.400 € + 6.500 € = 7.900 €
  - Hinweis: In Produktionsstufe 2 gehen 200 Liter von Produkt A' ein, aber es kommen nur 150 Liter von Produkt A heraus. Der Verlust von 50 Litern ist durch den Produktionsprozess bedingt.
- Verteilung der Kosten von B':
  - Es handelt sich nicht um einen Kuppelprozess, daher erfolgt die Verteilung auf B und C' nach den eingesetzten Mengen:
  - Herstellkosten B = 12.600 € · 300 kg : 800 kg = 4.725 €
  - Herstellkosten C'= 12.600 € · 500 kg : 800 kg = 7.875 €
- Kosten nach Produktionsstufe 3:
  - Herstellkosten C = 7.875 € + 1.500 € = 9.375 €
- Herstellkosten pro Mengeneinheit der Endprodukte:
  - Herstellkosten A = 7.900 € : 150 Liter = 52,67 €/Liter
  - Herstellkosten B = 4.725 € : 300 kg = 15,75 €/kg
  - Herstellkosten C = 9.375 € : 200 Stück = 46,88 €/Stück

(c) Erzielter Gewinn bei Verkauf aller Produkte:
- Gewinn A = 9.000 € – 7.900 € = 1.100 €
- Gewinn B = 6.000 € – 4.725 € = 1.275 €
- Gewinn C = 18.000 € – 9.375 € = 8.625 €
- Gesamtgewinn: 11.000 €

(d) Bei Verzicht auf die Veredelung von B' zu C würden insgesamt 800 kg von B anfallen, die zu 16.000 € (= 20,– € · 800 €/kg) verkauft werden könnten. Daraus folgt:
- Gewinn A = 9.000 € – 7.900 € = 1.100 € (unverändert)
- Gewinn B = 16.000 € – 12.600 € = 3.400 €
- Gewinn C entfällt, da Produkt nicht mehr hergestellt wird
- Gesamtgewinn: 4.500 €
- Bei einem Verzicht auf die Veredelung sinkt der Gesamtgewinn um 6.500 €.

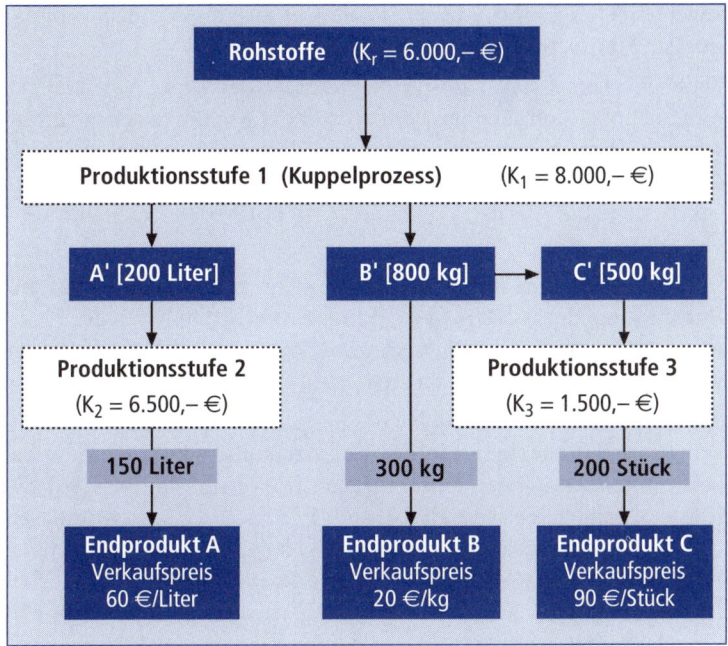

Abb. 4–15: Beispiel zur verbesserten Marktwertmethode

4.4.4 Prozesskostenrechnung

Die Prozesskostenrechnung wurde Mitte der 1980er Jahre als „Activity-Based-Costing" oder „Transaction Costing" in den USA entwickelt, um die Zurechnung der Gemeinkosten auf die Kostenträger zu verbessern. Anlass für die Entwicklung des Verfahrens bildete der ständige Anstieg der Gemeinkosten in den vergangenen Jahrzehnten, der durch die zunehmende Automatisierung der Fertigung und die wachsende Bedeutung von indirekten Leistungsbereichen (z. B. Forschung und Entwicklung, Logistik, Controlling) verursacht wird. Bei Anwendung der Zuschlagskalkulation führt der hohe Gemeinkostenanteil dazu, dass Zuschlagssätze von mehr als 1.000 Prozent auftreten. Durch die hohen Zuschlagssätze haben geringfügige Änderungen in der Zuschlagsbasis erhebliche Auswirkungen auf die zugerechneten Gemeinkosten, so dass es zu gravierenden Fehlplanungen kommen kann.

Diese Probleme sollen durch den Einsatz der Prozesskostenrechnung behoben werden. Die Befürworter der Prozesskostenrechnung sehen in ihr sogar eine Alternative zu den traditionellen Systemen der Kostenrechnung, während Kritiker darauf verweisen, dass lediglich bestehende Ansätze verbunden und mit neuen Bezeichnungen versehen wurden.

Im Folgenden wird die Prozesskostenrechnung als Instrument zur Zurechnung der Kosten von indirekten Leistungsbereichen (Gemeinkostenbereichen) eines Unternehmens auf die Kostenträger verstanden und die Prozesskostenrechnung letztlich als Variante der Kostenträgerstückrechnung interpretiert.

Der Prozesskostenrechnung liegt die Annahme zugrunde, dass bei bestimmten Aktivitäten (insbesondere im Verwaltungsbereich) die Kosten unabhängig von der Höhe traditioneller Zuschlagsbasen (wie Materialeinzelkosten, Lohneinzelkosten) sind und somit neue Verteilungsgrundlagen gesucht werden müssen. Bei der Prozesskostenrechnung wird zur Kostenverteilung von einem **Festbetrag pro Einzelaktivität** ausgegangen, da letztlich für jeden Auftrag die gleiche Arbeitskapazität benötigt wird.

Das folgende **BEISPIEL** verdeutlicht diesen Sachverhalt: In einer Periode sind Verwaltungskosten in Höhe von 50.000 € angefallen, und es werden 1.000 Aufträge abgewickelt. Pro Auftrag fallen demnach durchschnittliche Verwaltungskosten in Höhe von 50.000 €: 1.000 Aufträge = 50 €/Auftrag an.
Bei Anwendung der Prozesskostenrechnung würde anstelle eines prozentualen Zuschlags jedem Auftrag ein pauschaler Verwaltungskostenanteil von 50,– € zugerechnet.

Durch den Ansatz des Festbetrags wird jeder Auftrag gleich belastet. Diese Verrechnung ist im Regelfall verursachungsgerechter. Im Vergleich zur Zuschlagskalkulation führt dies jedoch zu einer stärkeren Gemeinkostenbelastung für kleinere Aufträge, die aufgrund der hohen Prozesskostenbelastung unrentabel werden können.

Die Prozesskostenrechnung arbeitet meistens nicht mit einem Festbetrag für den gesamten Verwaltungsbereich (wie in dem Beispiel vereinfachend angenommen wurde), sondern mit nach Tätigkeiten („Prozessen") differenzierten Prozesskostensätzen. Zu deren Ermittlung sind zunächst im Rahmen einer **Prozessanalyse** die in den Gemeinkostenbereichen ablaufenden Prozesse (Tätigkeiten) herauszuarbeiten. Innerhalb einer Kostenstelle laufen im Regelfall mehrere Teilprozesse ab. In der Kostenstelle „Einkauf" können verschiedene Bereiche wie „Einkauf Rohstoffe", „Einkauf Zukaufteile" oder „Einkauf Maschinen" unterschieden werden. Jedem Teilprozess werden die von ihm verursachten Kosten zugeordnet. Anschließend wird als Bezugsgröße ein so genannter **„Kostentreiber"** (cost driver) bestimmt, der die Inanspruchnahme der Leistung abbildet. Für die Abteilung „Einkauf" lässt sich als Kostentreiber beispielsweise die Anzahl der Bestellvorgänge heranziehen, für den Prozess „Prüfung einer Rechnung" die Anzahl der Rechnungspositionen. Die Erfassung der Kostentreiber kann in einem Unternehmen einen erheblichen Mehraufwand verursachen, da diese Größen in der traditionellen Kostenrechnung nicht berücksichtigt werden.

Anschließend wird aus den Prozesskosten und der Bezugsgröße der **Prozesskostensatz** ermittelt:

Prozesskostensatz = Prozesskosten / Prozessmenge

Der Prozesskostensatz stellt die durchschnittlichen Kosten für die einmalige Durchführung eines Prozesses dar. Je nach betrachtetem Prozess können dies die Kosten für das Schreiben einer Rechnung oder die Kontrolle des Wareneingangs sein.

Neben Teilprozessen, die innerhalb einer Kostenstelle ablaufen, lassen sich auch **kostenstellenübergreifende Hauptprozesse** berücksichtigen, indem die Prozesskostensätze von mehreren Teilprozessen zu einem Hauptprozess zusammengefasst werden. Beispielsweise tragen zum Gelingen des Hauptprozesses „Beschaffung von Fertigungsmaterial" neben dem Einkauf auch die Kostenstellen „Warenannahme" und „Warenlager" mit Teilprozessen bei, für die sich eigene Prozesskostensätze ermitteln lassen. Die Zusammenfassung der drei Prozesskostensätze ergibt den Prozesskostensatz für den Hauptprozess „Materialbeschaffung".

Zur Zurechnung der Prozesskosten (**Prozesskostenkalkulation**) auf einen einzelnen Kostenträger (Produkt) muss neben dem Prozesskostensatz auch die von der Prozesskostenart in Anspruch genommene Menge bekannt sein. Dieser Sachverhalt wird durch den **Prozesskoeffizienten** abgebildet, der für ein Produkt angibt, welche Prozessmenge für ein einzelnes Produkt benötigt wird.

> **BEISPIEL zur Kalkulation mit der Prozesskostenrechnung:** In der Kostenstelle „Einkauf" eines Unternehmens fallen Gemeinkosten in Höhe von 32.000 € an.
>
> (a) **Prozessanalyse**: Es sind insgesamt vier Mitarbeiter beschäftigt, wobei ein Mitarbeiter den Einkauf Rohstoffe und drei Mitarbeiter den Einkauf Zukaufteile betreuen. Als Prozesse können somit der „Einkauf Rohstoffe" und der „Einkauf Zukaufteile" unterschieden werden, denen die Gemeinkosten nach der Personalaufteilung im Verhältnis eins zu drei zugeordnet werden, d. h. K_R = 8.000 €, K_Z = 24.000 €.
>
> (b) **Kostentreiber:** Als Bezugsgröße wird für jeden der beiden Prozesse die Anzahl der bearbeiteten Bestellungen festgelegt. Sie betragen B_R = 3.200 Bestellungen, B_Z = 12.000 Bestellungen.
>
> (c) **Prozesskostensatz:**
> PKS_R = 8.000 € : 3.200 Bestellungen = 2,50 €/Bestellung
> PKS_Z = 24.000 € : 12.000 Bestellungen = 2,– €/Bestellung
>
> (d) **Prozesskoeffizienten:** Aus den Fertigungsunterlagen kann entnommen werden, dass für ein Produkt A vier Einheiten des Rohstoffs und acht Zukaufteile benötigt werden.
>
> (e) Kalkulation des Gemeinkostenanteils von Produkt A:
> GK_A = (2,5 · 4 + 2 · 8) €/Stück = 26,– €/Stück

Im Rahmen der Prozesskostenrechnung wird davon ausgegangen, dass der einzelne Prozess (z. B. ein Bestellvorgang) stets die gleichen, durch den Prozesskostensatz abgebildeten Kosten verursacht. Bei einer Bestellung mit einer hohen Losgröße wird daher ein Einzelteil geringer belastet als bei kleinen Losgrößen. Dadurch können erhebliche Unterschiede zu den Ergebnissen, die mit traditionellen Kalkulationsverfahren ermittelt werden, auftreten.

Die Prozesskostenrechnung stellt eine Ergänzung der bestehenden Kostenrechnungsinstrumente dar, durch die eine detaillierte Betrachtung der Gemeinkostenbereiche gefördert und damit deren Kostentransparenz erhöht wird. Durch die Prozessanalyse gelingt es, Kostentreiber zu identifizieren und Prozesse kostenstellenübergreifend zu analysieren. Vor allem für den Dienstleistungsbereich, in dem keine oder nur geringe Einzelkosten anfallen, erscheint die Prozesskostenrechnung ein interessantes Kalkulationsinstrument. Auch im industriellen Bereich lässt sich die Prozesskostenrechnung bei der Ermittlung der Herstellkosten zur Unterstützung der traditionellen Verfahren nutzen.

Die Prozesskostenrechnung verbessert für Gemeinkostenbereiche die Kostenzurechnung, weist jedoch unübersehbare Schwächen auf. Eine Unterscheidung in variable und fixe Kosten findet nicht statt. Durch die Bildung der Prozesskostensätze erfolgt eine Proportionalisierung von Fixkosten, die gegen das Verursachungsprinzip verstößt. Informationen über die Abbaubarkeit von Fixkosten werden nicht gegeben, Aussagen für kurzfristige Entscheidungen können nicht getroffen werden.

4.4.5 Zielkostenrechnung (Target Costing)

Während bei den bisher dargestellten Verfahren die Kosten für eine vorliegende konstruktive Lösung ermittelt werden, beschreitet die Zielkostenrechnung den umgekehrten Weg: Die zulässigen Kosten für ein Produkt werden aus den am Markt erzielbaren Preisen abgeleitet und anschließend als Kostenvorgabe bei der Entwicklung einer technischen Lösung eingesetzt. Die Zielkostenrechnung ist ein marktorientiertes Kostenrechnungsverfahren, das die Produktentwicklung eng an die Kostenstruktur ankoppelt.

Die Zielkostenrechnung stellt keinen völlig neuen Ansatz dar. In Deutschland wurde bereits in den 1930er Jahren der VW Käfer nach diesem Prinzip entwickelt. Große Beachtung fand die Zielkostenrechnung Ende der 1980er Jahre, als japanische Fortentwicklungen dieses Ansatzes als „Target Costing" oder „Genka Kikaku" in Deutschland bekannt wurden. Das Target Costing stellt kein reines Kalkulationsverfahren, sondern ein umfassendes Kostenmanagementsystem dar, das erfolgreich in japanischen Unternehmen eingesetzt wurde.

Das Target Costing setzt bei dem Preis an, der auf dem Markt für ein bestimmtes Produkt erzielt werden kann. Von diesem Preis ist zunächst die gewünschte Gewinnmarge abzuziehen, um zu den zulässigen Kosten zu gelangen. Diese Kosten, die auch als Zielkosten bezeichnet werden, lassen sich am besten in frühen Phasen der Produktentwicklung beeinflussen. Daher muss der gesamte Konstruktions- und Produktentwicklungsprozess auf die Kosten abgestimmt sein. Der Ansatz des Target Costing geht noch weiter: Es werden nicht nur die auf dem Markt erzielbaren Preise, sondern auch die vom Markt gewünschten Produktwertrelationen berücksichtigt. Das bedeutet, dass zunächst die Funktionen eines Produktes und deren Bedeutung für den Käufer durch Kundenbefragungen ermittelt werden müssen.

So werden aus der Bedeutung, die im Rahmen dieser Marktbefragungen einer einzelnen Funktion zugewiesen wird, die zulässigen Kosten für die entsprechende Produktkomponente (z. B. Motor, Karosserie oder Innenausstattung eines Autos) abgeleitet. In Zusammenarbeit von Entwicklungs- und Konstruktionsabteilung mit der Kostenrechnung ist aus den Vorgaben für die einzelnen Produktkomponenten ein brauchbarer Prototyp des neuen Produktes zu entwickeln.

Das Target Costing eignet sich insbesondere für den Bereich der Serienfertigung. In Japan wird es erfolgreich in der Automobilindustrie (so bei Toyota) und im Maschinenbau eingesetzt.

4.4.6 Verkaufspreisfestsetzung

Es ist zwischen der Bestimmung der Selbstkosten im Rahmen der Kalkulation und der Verkaufspreisfestsetzung zu unterscheiden. Die Kalkulation soll möglichst exakt die vorliegende Kostensituation widerspiegeln. Bei der Festlegung des Verkaufspreises gehen hingegen noch weitere Komponenten ein, die in Abb. 4–16 aufgeführt sind.

Die Festsetzung des Verkaufspreises orientiert sich an den Selbstkosten, die im Rahmen der Kalkulation errechnet werden. Zusätzlich sind

■ der Gewinnaufschlag,

■ die Angebotssituation (Berücksichtigung der Angebots- und Nachfragesituation sowie von verkaufspsychologischen Effekten),

■ die Zahlungsbedingungen (z. B. gewährte Nachlässe in Form von Rabatt und Skonto) sowie

■ die gesetzliche Mehrwertsteuer

zu berücksichtigen. Der Nettoverkaufspreis sollte nicht unter den Selbstkosten liegen, da sonst bei jeder verkauften Produkteinheit ein Verlust erwirtschaftet wird.

Selbstkosten (Kalkulationsergebnis)	
+	Gewinnaufschlag (gewünschter Gewinn)
+	Sonstige Aufschläge (z. B. zur Berücksichtigung der Angebotssituation)
=	**Barverkaufspreis**
+	gewährter Kundenskonto
+	gewährter Kundenrabatt
=	Nettoverkaufspreis
+	Mehrwertsteuer
=	**Bruttoverkaufspreis**

Abb. 4–16: Ermittlung des Verkaufspreises

Diese Vorgehensweise der Verkaufspreisbestimmung, bei der auf der Basis der Selbstkosten ein so genannter „Kostenpreis" ermittelt wird, trägt die Bezeichnung **Preisfindung**. Es ist aber auch möglich, durch eine **Preisbildung** den Verkaufspreis zu bestimmen (vgl. *Schultz*, Projektkostenschätzung, S. 64–66). Hierbei orientiert sich das Unternehmen an den üblichen Marktpreisen, an den realisierbaren Preisen oder an den Preisvorstellungen eines Anfragers. Marktpreise sind die auf den Absatzmärkten üblichen Preise, die sich aufgrund der Nachfrage- und Konkurrenzsituation ergeben.

4.5 Kurzfristige Erfolgsrechnung (Kostenträgerzeitrechnung)

Die kurzfristige Erfolgsrechnung wird auch als Kostenträgerzeitrechnung oder als Betriebsergebnisrechnung bezeichnet. Sie hat die Aufgabe, durch die Gegenüberstellung von Kosten und Erlösen das **Betriebsergebnis** einer Periode zu ermitteln. Das Betriebsergebnis bildet die „ordentliche" Tätigkeit eines Unternehmens ab, also all das, was zum Unternehmenszweck gehört. Außerordentliche Einflüsse bleiben ebenso ausgeklammert wie unternehmens- oder periodenfremde Ereignisse.

Die kurzfristige Erfolgsrechnung dient der laufenden Überwachung der Wirtschaftlichkeit eines Unternehmens. Deshalb müssen kurze **Abrechnungszeiträume** gewählt werden, damit auf negative Einflüsse rasch reagiert werden kann. Im Regelfall wird das Betriebsergebnis monatlich ermittelt.

Zur Durchführung der kurzfristigen Erfolgsrechnung stehen **zwei Verfahren** zur Verfügung, das Gesamtkostenverfahren und das Umsatzkostenverfahren. Die beiden Verfahren unterscheiden sich bezüglich

- der Gliederungssystematik,

- der Behandlung von Lagerbestandsveränderungen bei unfertigen und fertigen Erzeugnissen sowie

- der Aktivierung von Eigenleistungen (z. B. selbst erstellte Werkzeuge und Anlagen).

Beide Verfahren können in Staffelform (tabellarisch), als Gleichung oder in Kontenform dargestellt werden und führen zu dem gleichen Betriebsergebnis.

Die beiden Verfahren werden auch im Rahmen der Gewinn- und Verlustrechnung eingesetzt (vgl. Kap. 3.4.1). Dabei bestehen im formalen Aufbau und bei der prinzipiellen Vorgehensweise weder bei dem Gesamtkostenverfahren noch bei dem Umsatzkostenverfahren Unterschiede zwischen Buchführung und Kostenrechnung. Es ergeben sich jedoch unterschiedliche Ergebnisse, da bei der Gewinn- und Verlustrechnung Aufwendungen und Erträge, bei der kurzfristigen Erfolgsrechnung Kosten und Erlöse (Leistungen) gegenübergestellt werden (zur Abgrenzung von Aufwand und Kosten, vgl. Kap. 1.3). Zudem werden im Rahmen der Kostenrechnung Herstellkosten, bei der Buchführung jedoch Herstellungskosten angesetzt (zum Herstellkostenbegriff vgl. Kap. 4.4.1.2).

Die kurzfristige Erfolgsrechnung besitzt im Vergleich zur Gewinn- und Verlustrechnung die folgenden Vorteile:

- In der kurzfristigen Erfolgsrechnung werden **keine neutralen Aufwendungen und Erträge** berücksichtigt, so dass unternehmens- oder periodenfremde sowie außerordentliche Einflüsse ausgeklammert bleiben. Dies erhöht die Aussagekraft der kurzfristigen Erfolgsrechnung, da auf diese Weise die einzelnen Periodenergebnisse besser vergleichbar sind.

- Durch die Berücksichtigung von **kalkulatorischen Kostenarten** lassen sich der tatsächliche Werteverbrauch und kalkulatorische Wagnisse berücksichtigen. Dadurch werden aperiodisch auftretende Ereignisse normalisiert und die Rechenergebnisse verstetigt (zur Normalisierung vgl. Kap. 4.1.2).

- Die kurzfristige Erfolgsrechnung ist als Bestandteil des internen Rechnungswesens **unabhängig von handels- und steuerrechtlichen Bestimmungen**. So kann der Wertverlust von Maschinen und Anlagen an den tatsächlichen Gegebenheiten ausgerichtet werden (z. B. durch den Ansatz von Wiederbeschaffungspreisen).

Aufgrund dieser Unterschiede gewährt die kurzfristige Erfolgsrechnung im Vergleich zur Gewinn- und Verlustrechnung einen **realistischeren Einblick** in die Erfolgssituation des Unternehmens und erleichtert innerbetriebliche Analysen, da zufällige Ereignisse (wie Feuer oder sonstige Katastrophen) und betriebsindividuelle Besonderheiten (wie die Finanzierungsstruktur oder die unentgeltliche Überlassung von Räumlichkeiten) eliminiert werden. Ein wesentlicher Vorteil sind auch die **kürzeren Abrechnungsperioden** der kurzfristigen Erfolgsrechnung, durch die ein rasches und zeitnahes Reagieren der Unternehmensleitung ermöglicht wird.

4.5.1 Gesamtkostenverfahren

Beim Gesamtkostenverfahren werden sämtliche Kosten, die in einer Periode angefallen sind, den erzielten Erlösen gegenübergestellt. Die Strukturierung der Kosten ist kostenartenorientiert, so dass eine direkte Zuordnung von Kosten und Erlösen auf Produktebene nicht möglich ist. Um eine periodengerechte Zurechnung von Kosten und Erlösen zu erreichen, sind Lagerbestandsveränderungen zu berücksichtigen. Dabei gilt die Prämisse, dass Bestandsveränderungen zu Herstellkosten bewertet werden. Wenn aufgrund von Preisschwankungen gravierende Abweichungen zu den Herstellkosten früherer Perioden auftreten, sind Verbrauchsfolgeverfahren anzuwenden.

In **Staffelform** (tabellarischer Form) lässt sich das Betriebsergebnis mit dem Gesamtkostenverfahren wie folgt ermitteln:

	Umsatzerlöse der Periode
–	Kosten der Periode
+	Bestandserhöhung der unfertigen und fertigen Erzeugnisse (bewertet zu Herstellkosten)
–	Bestandsverminderung der unfertigen und fertigen Erzeugnisse (bewertet zu Herstellkosten)
+	Aktivierte Eigenleistungen
=	**Betriebsgewinn/-verlust**

Die Kosten für aktivierte Eigenleistungen sind in den Herstellkosten der Periode enthalten. Da aktivierte Eigenleistungen selbst im eigenen Unternehmen eingesetzt werden, erhöhen sie weder den Lagerbestand noch führen sie zu Umsatzerlösen, obwohl sie eine in der Periode erbrachte Leistung darstellen. Deshalb müssen die aktivierten Eigenleistungen durch eine Gutschrift aus den Herstellkosten herausgerechnet werden.

In **Kontenform** ist das Gesamtkostenverfahren in Abb. 4–17 dargestellt.

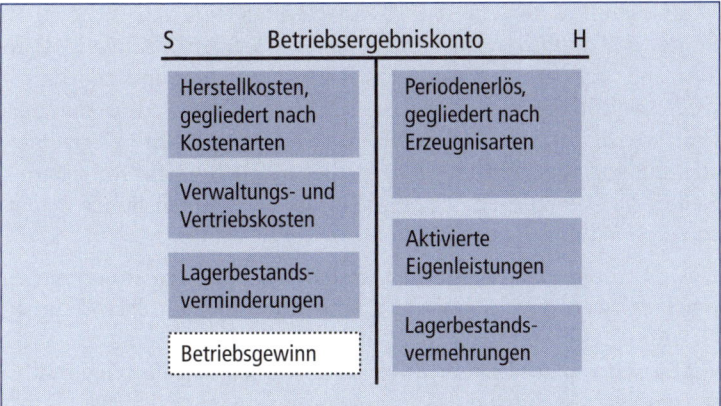

Abb. 4–17: Betriebsergebniskonto nach dem Gesamtkostenverfahren (Entsteht ein Saldo auf der rechten Seite, handelt es sich um einen „Betriebsverlust")

Produkt	A	B	C
Produktionsmenge (Stück)	1.000	2.000	3.000
Verkaufsmenge (Stück)	1.200	1.600	3.000
Herstellkosten (€/Stück)	20,–	16,–	15,–
Verkaufspreis (€/Stück)	30,–	25,–	21,–
Verwaltungs- und Vertriebsgemeinkosten (€)	4.000	9.600	23.800

Abb. 4–18: Beispiel zur kurzfristigen Erfolgsrechnung

BEISPIEL zum Gesamtkostenverfahren: Ermittlung des Betriebsergebnisses in Staffelform aus den Zahlenangaben gemäß Abb. 4–18:

	Umsatzerlöse der Periode:	139.000 €	= (1.200·30+1.600·25+3.000·21) €
–	Herstellkosten:	97.000 €	= (1.000·20+2.000·16+3.000·15) €
–	Verwaltungs und Vertriebskosten:	37.400 €	= (4.000 + 9.600 + 23.800) €
+	Bestandserhöhung B:	6.400 €	= 400 · 16 €
–	Bestandsverminderung A:	4.000 €	= 200 · 20 €
=	**Betriebsgewinn:**	7.000 €	

Das Gesamtkostenverfahren ist einfach aufgebaut und leicht in das System der doppelten Buchführung zu integrieren. Nachteilig ist die Tatsache, dass zur Erfassung der Lagerbestandsveränderungen für jede Ermittlung eines Betriebsergebnisses eine Inventur durchgeführt werden muss. Zudem ist eine produktbezogene Gegenüberstellung von Kosten und Erlösen nicht möglich. Diese Information ist für die Steuerung des Unternehmens jedoch von hoher Bedeutung.

Das Gesamtkostenverfahren ist in deutschen Unternehmen immer noch weit verbreitet, da bis zum Jahre 1986 in Deutschland für die Gewinn- und Verlustrechnung das Umsatzkostenverfahren nicht zugelassen war und daher in vielen Unternehmen das Gesamtkostenverfahren auch für die Kostenrechnung eingesetzt wurde.

4.5.2 Umsatzkostenverfahren

Im Gegensatz zum Gesamtkostenverfahren ist das Umsatzkostenverfahren kostenträgerorientiert: Die Ergebnisse werden differenziert nach Produktarten, nach Kunden oder Märkten betrachtet. Dadurch wird der Erfolg für jede einzelne Produktart deutlich. In die Rechnung gehen nur die Selbstkosten für die abgesetzten Produkte ein, die tatsächliche Produktionsmenge spielt keine Rolle. Dadurch kann auf eine Inventur zur Erfassung der Bestände für die Ermittlung des Betriebsergebnisses verzichtet werden, so dass eine kurzfristige und zeitnahe Ermittlung des Betriebsergebnisses erleichtert wird.

Die Darstellung im System der doppelten Buchführung ist aufwendig; deshalb wird in der Praxis das Umsatzkostenverfahren häufig nicht in das System der Buchführung integriert, sondern außerhalb des Kontensystems geführt.

In **Staffelform** lässt sich das Betriebsergebnis wie folgt darstellen:

Umsatzerlöse der Periode der Erzeugnisart A

− Selbstkosten der Erzeugnisart A

= Erfolg der Erzeugnisart A

+ Umsatzerlöse der Periode der Erzeugnisart B

− Selbstkosten der Erzeugnisart B

= Erfolg der Erzeugnisart B

+ Erfolge aller anderen Erzeugnisarten

= **Betriebsgewinn/-verlust**

Abb. 4–19 zeigt das Umsatzkostenverfahren in **Kontenform**.

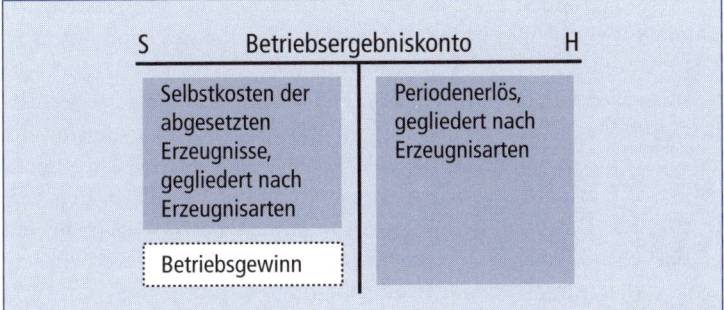

Abb. 4–19: Betriebsergebniskonto nach dem Umsatzkostenverfahren (Entsteht ein Saldo auf der rechten Seite, handelt es sich um einen „Betriebsverlust")

BEISPIEL zum Umsatzkostenverfahren: Ermittlung des Betriebsergebnisses in Staffelform aus den Zahlenangaben gemäß Abbildung 4–18:

	Umsatzerlöse Produkt A:	36.000 €	= 1.200 · 30 €
−	Selbstkosten Produkt A:	28.000 €	= 1.200 · 20 € + 4.000 €
+	**Umsatzerlöse Produkt B:**	40.000 €	= 1.600 · 25 €
−	Selbstkosten Produkt B:	35.200 €	= 1.600 · 16 € + 9.600 €
+	**Umsatzerlöse Produkt C:**	63.000 €	= 3.000 · 21 €
−	Selbstkosten Produkt C:	68.800 €	= 3.000 · 15 € + 23.800 €
=	**Betriebsgewinn:**	7.000 €	

Hinweis: Beim Umsatzkostenverfahren werden die Selbstkosten für die abgesetzte (nicht für die produzierte) Menge ermittelt.

Erfolge der einzelnen Produkte:

Produkt A: 36.000 € – 28.000 €   =   8.000 €

Produkt B: 40.000 € – 35.200 €   =   4.800 €

Produkt C: 63.000 € – 68.800 €   = –5.800 €

Mit dem Produkt C wurde in der betrachteten Periode demnach ein Verlust erwirtschaftet.

Wie das Beispiel verdeutlicht, ermöglicht das Umsatzkostenverfahren eine Erfolgsanalyse für jedes einzelne Produkt. Dabei besteht jedoch die Gefahr, dass aufgrund der Vollkostenbetrachtung falsche Schlussfolgerungen gezogen werden. Ursache sind fixe Kosten, wie anteilige Verwaltungskosten, die unabhängig von der Produktion eines Produktes anfallen. So könnte aus den Zahlen des Beispiels die Schlussfolgerung gezogen werden, Herstellung und Verkauf des Verlustproduktes C einzustellen. Wenn allerdings die Selbstkosten des Produktes C in Höhe von 68.800 € einen Fixkostenanteil von mehr als 5.800 € erhalten, würde die Einstellung des Produktes den Verlust für das Unternehmen noch erhöhen, da die Erlöse in Höhe von 63.000 € entfallen, die Fixkosten jedoch bestehen bleiben würden. Durch den Einsatz der Deckungsbeitragsrechnung (vgl. Kap. 4.7) kann dieser Mangel behoben werden.

Fortführung des BEISPIELS: In den Selbstkosten des Produktes C seien fixe Kosten in Höhe von 15.000 € enthalten. Da das Betriebsergebnis nach dem Umsatzkostenverfahren für dieses Produkt einen Verlust von 5.800 € ausweist, soll dieses Produkt aus dem Sortiment gestrichen werden. Wie wirkt sich das auf das Betriebsergebnis aus?

Lösung:

Produkt A: 36.000 € – 28.000 €   = 8.000 €

Produkt B: 40.000 € – 35200 €   = 4.800 €

Produkt C: Produktion wird eingestellt, Fixkosten in Höhe von 15.000 € bleiben bestehen (da Fixkosten unabhängig von der Produktionsmenge anfallen).

Betriebsergebnis: 8.000 + 4.800 – 15.000   = – 2.200 €

Durch die Einstellung des Produktes C würde sich der Betriebsgewinn in Höhe von 7.000 € in einen Verlust in Höhe von 2.200 € verwandeln.

Bezüglich des Informationsgehaltes weist das Umsatzkostenverfahren eindeutige Vorteile gegenüber dem Gesamtkostenverfahren auf. Durch die Gliederung nach Kostenträgern (Produkten, Erzeugnissen) wird deutlich, welchen Einfluss das einzelne Produkt auf das Betriebsergebnis besitzt. Zur Beurteilung der einzelnen Produkte und des Produktprogramms, zur Vorbereitung von Marketingmaßnahmen oder für die langfristige Unternehmensplanung sind derartige Informationen unabdingbar. Der Verzicht auf Inventuren ermöglicht eine schnelle Ermittlung des Betriebsergebnisses.

Das Umsatzkostenverfahren setzt das Bestehen einer ausgebauten Kostenrechnung und Lagerbuchführung voraus, die die benötigten produktbezogenen Informationen liefern kann. Eine Integration in das System der doppelten Buchführung ist aufwendig.

4.6 Plankostenrechnung

Die Plankostenrechnung ist ein Kostenrechnungssystem, das auf geplanten, prognostizierten Größen basiert. Bei der Festlegung von Plankosten spielen Erwartungen bezüglich der künftigen Entwicklung, aber auch Zielvorgaben eine wichtige Rolle.

Plankosten besitzen einen Vorgabecharakter und erfüllen damit eine **Lenkungsfunktion**. Zugleich ermöglichen sie eine wirksame **Kontrolle** durch **Soll-Ist-Vergleiche**. Dazu werden geplante Größen (Planmenge, Planpreis, Plankosten) den tatsächlich eingetretenen Größen (Istmenge, Istpreis, Istkosten) gegenübergestellt. Daneben können Plankosten für Wirtschaftlichkeitsanalysen, Produktkalkulationen und für unternehmerische Entscheidungen eingesetzt werden.

Plankosten errechnen sich aus dem **Planwert** („wie teuer?") und der **Planmenge** („wie viel?"). Der Planwert leitet sich aus einer **Prognose für die Preise** der eingesetzten Güter (Material, Arbeitskraft, Maschinen) ab. Wesentliche Einflussgröße für die Planmenge ist der **Beschäftigungsgrad**, der ein Maß für die Kapazitätsauslastung darstellt (vgl. Kap. 4.2.1). Neben dem Beschäftigungsgrad bestehen weitere Einflussgrößen (z. B. Auftragsgröße, Unternehmensgröße), die jedoch im Regelfall aus Praktikabilitätsgründen vernachlässigt werden.

In der Betriebswirtschaftslehre ist der **Beschäftigungsgrad** als Quotient aus eingesetzter Kapazität (oder Ist-Beschäftigung) und vorhandener Kapazität (oder Vollbeschäftigung) definiert. Es gilt:

Beschäftigungsgrad = (Eingesetzte Kapazität) / (Vorhandene Kapazität)

Unter Vollbeschäftigung wird in diesem Zusammenhang ein Beschäftigungsstand verstanden, bei dem die Ausbringungsmenge (bei gleich bleibender Kapazität) nicht mehr gesteigert werden kann. Die bestehende Kapazität ist dann vollständig ausgelastet. In der Unternehmenspraxis ist dies jedoch kaum der Fall; in Deutschland sind bei „gesunden" Unternehmen Auslastungsgrade von 70 bis 90 Prozent üblich. Bei dauerhaft höheren Auslastungsgraden sollte eine Erweiterung der Produktionskapazität erwogen werden.

Als Maßstab für die Kapazität kann die Ausbringungsmenge hinzugezogen werden, so dass sich der Beschäftigungsgrad aus dem Quotienten von Ist-Ausbringungsmenge und maximaler Ausbringungsmenge errechnet:

Beschäftigungsgrad = Ist-Produktionsmenge / Kann-Produktionsmenge

Ein anderer Kapazitätsmaßstab ist die Maschinenlaufzeit.

Für Zwecke der Kostenplanung und Kostenkontrolle besteht das Erfordernis, einen **konstanten,** von der Beschäftigung **unabhängigen Verrechnungspreis** zu besitzen, der als Hilfsmittel für die Plankalkulation der erzeugten Produkte dienen kann. Dieser Verrechnungspreis wird als **„Plankostenverrechnungssatz"** bezeichnet. Er errechnet sich gemäß der Gleichung:

Plankostenverrechnungssatz = Plankosten / Planbezugsgröße

Als Bezugsgröße wird zumeist die Ausbringungsmenge angesetzt. Neben Beschäftigungsgrad und Plankostenverrechnungssatz sind im Rahmen der Plankostenrechnung folgende Begriffe von grundlegender Bedeutung:

■ **Istkosten K_{IST}:** Tatsächlich angefallene Kosten (vergangenheitsorientierte Größe).

- **Plankosten** K_{PLAN}: Geplante Kosten bei Planbeschäftigung (= Planvorgabe); es basieren sowohl der Wertansatz (Preis) wie auch die Menge auf Plangrößen.

- **Sollkosten** K_{SOLL}: Geplante Kosten bei Istbeschäftigung; der Wertansatz basiert auf Plangrößen (d. h. Planpreis), während die Menge eine Istgröße bildet.

- **Wirdkosten**: Prognostizierte („geschätzte") Kosten.

- **Budget**: Vorgegebener („geplanter") Ausgabenrahmen (Etat) einer Kostenstelle (vgl. Kap. 5.3.4).

4.6.1 Kostenplanung

Grundlage für eine Kostenplanung bilden die folgenden Festlegungen:

- **Planungsperiode:** Die Planungsperiode beträgt im Regelfall ein Jahr. Während dieses Zeitraums bleiben die Grundannahmen (z. B. Verrechnungspreise, geplante Ausbringungs- und Absatzmengen, Kapazitäten) unverändert, wenn nicht extreme Abweichungen eine Überarbeitung der Planung erforderlich machen.

- **Kostenstellendefinition:** Dies geschieht im Regelfall im Rahmen der Kostenstellenrechnung (vgl. Kap. 4.3). Für die spätere Kostenkontrolle ist es von großer Bedeutung, dass Kostenstellen abgegrenzte Kompetenzbereiche mit eindeutiger Verantwortungszuweisung bilden.

- **Auswahl der Bezugsgrößen:** Es sind Bezugsgrößen zu definieren, bei denen ein proportionales Abhängigkeitsverhältnis zu den Kosten vorliegt. Bei sehr unterschiedlichen Leistungen muss mit mehreren Bezugsgrößen gearbeitet werden, damit eine Kostenproportionalität sichergestellt ist.

- **Gliederung der Kostenarten:** Die Kostenarten werden danach untergliedert, ob sie durch den Kostenstellenverantwortlichen beeinflussbar sind oder nicht.

- **Ermittlung der Leistungsanforderungen:** Durch Festlegung der durchschnittlichen Beschäftigung, des Beschäftigungsgrades oder

der Ausbringungsmenge sind die Leistungsanforderungen für jede Kostenstelle vorzugeben.

Unter Berücksichtigung dieser Festlegungen erfolgt die Kostenplanung getrennt für jede einzelne Kostenart.

Bei der **Planung** der **Materialeinzelkosten** kann auf technische Unterlagen zurückgegriffen werden. Die Mengenkomponente lässt sich über Konstruktionszeichnungen, Stücklisten oder Rezepturen bestimmen. Als Wertkomponente werden geplante Beschaffungspreise angesetzt.

Die zur Fertigung notwendige Arbeitszeit lässt sich über arbeitswissenschaftliche Methoden (Analyse des Arbeitsablaufs nach dem Refa-System, durch Multimomentstudien oder das Work-Factor-Verfahren) oder über die erforderliche Maschinenlaufzeit ermitteln. Zur Berechnung von **Lohneinzelkosten** erfolgt anschließend eine Multiplikation der ermittelten Planarbeitszeit mit Lohn- und Gehaltsstundensätzen, die Tarifverträgen entnommen werden können.

Bei der Planung von **Maschinen- und Gerätekosten** sind Plansätze für Energie- und Instandhaltungskosten, kalkulatorische Abschreibungen und anteilige Gebäudekosten zu berücksichtigen.

Für die meisten Verfahren der Plankostenrechnung ist die Aufspaltung der Kosten in fixe (feste) und variable Komponenten erforderlich. Fixe Kosten (wie Gehälter, Mieten, Abschreibungen) fallen unabhängig vom Beschäftigungsgrad, bzw. von der Ausbringungsmenge, an. Variable Kosten sind hingegen direkt von der Ausbringungsmenge abhängig. Zur Zerlegung der Kosten in fixe und variable Bestandteile stehen die folgenden Verfahren der **Kostenauflösung** zur Verfügung:

- **Buchtechnisches Verfahren:** Beim buchtechnischen Verfahren werden aufgrund von subjektiver Erfahrung die Kostenarten in fixe und variable Bestandteile aufgeteilt.

- **Mathematisches Verfahren:** Beim mathematischen oder Differenzen-Quotienten-Verfahren wird eine lineare Kostenfunktion aufgestellt. Zur Ermittlung der Gleichung dienen lediglich zwei Stützwerte (Kosten bei unterschiedlichen Ausbringungsmengen). Aus der aufgestellten Gleichung lässt sich die Höhe der Fixkosten ableiten.

- **Regression (Statistisches Verfahren):** Beim Regressionsverfahren wird durch eine Vielzahl von Beobachtungswerten eine Gerade nach der Methode der kleinsten Quadrate gelegt (vgl. Abb. 4–20). Die Beobachtungswerte spiegeln die Kosten wider, die bei bestimmten Ausbringungsmengen vorgelegen haben.

Beim mathematischen und beim Regressionsverfahren besitzt die Geradengleichung die folgende Form:

$K(x) = K_{FIX} + k_{VAR} \cdot x$

In dieser Gleichung stellt x die Ausbringungsmenge (oder „Beschäftigung") dar. Fixkosten sind diejenigen Kosten, die auch anfallen, wenn keine Produktion erfolgt. Daher ergeben sich die Fixkosten aus der Gleichung, wenn für die Ausbringungsmenge x der Wert Null eingesetzt wird (y-Achsenabschnitt).

Nach Abschluss der Kostenplanung lässt sich für jede Kostenstelle ein Kostenplan (vgl. Abb. 4–21) aufstellen, in dem für jede anfallende Kostenart die Plankosten und deren Aufteilung in fixe und variable Bestandteile aufgeführt sind.

4.6.2 Starre Plankostenrechnung

Die starre Plankostenrechnung bildet die einfachste Form der Plankostenrechnung. Sämtliche Kosteneinflussgrößen sind fest („starr") vorgegeben. Der Einfluss der Ausbringungsmenge bleibt unberücksichtigt. Eine Unterscheidung zwischen fixen und variablen Kosten findet nicht statt. Dadurch kommt es zu einer Proportionalisierung der Fixkosten, d. h. die Fixkosten werden so behandelt, als wären sie variabel und würden mit der Ausbringungsmenge schwanken.

Der Vorteil der starren Plankostenrechnung im Vergleich zur Istkostenrechnung besteht darin, dass durch die Ermittlung von Plangrößen Vorgabewerte geschaffen werden, die der Unternehmensleitung als Orientierungspunkte dienen können.

Wenn Unterschiede zwischen Plan- und Istgrößen auftreten, lassen sich die festgestellten Abweichungen jedoch nur schwer interpretieren. Abweichungen, die auf einer unwirtschaftlichen Arbeitsweise oder auf Planungsfehlern beruhen, lassen sich nicht erkennen. Die-

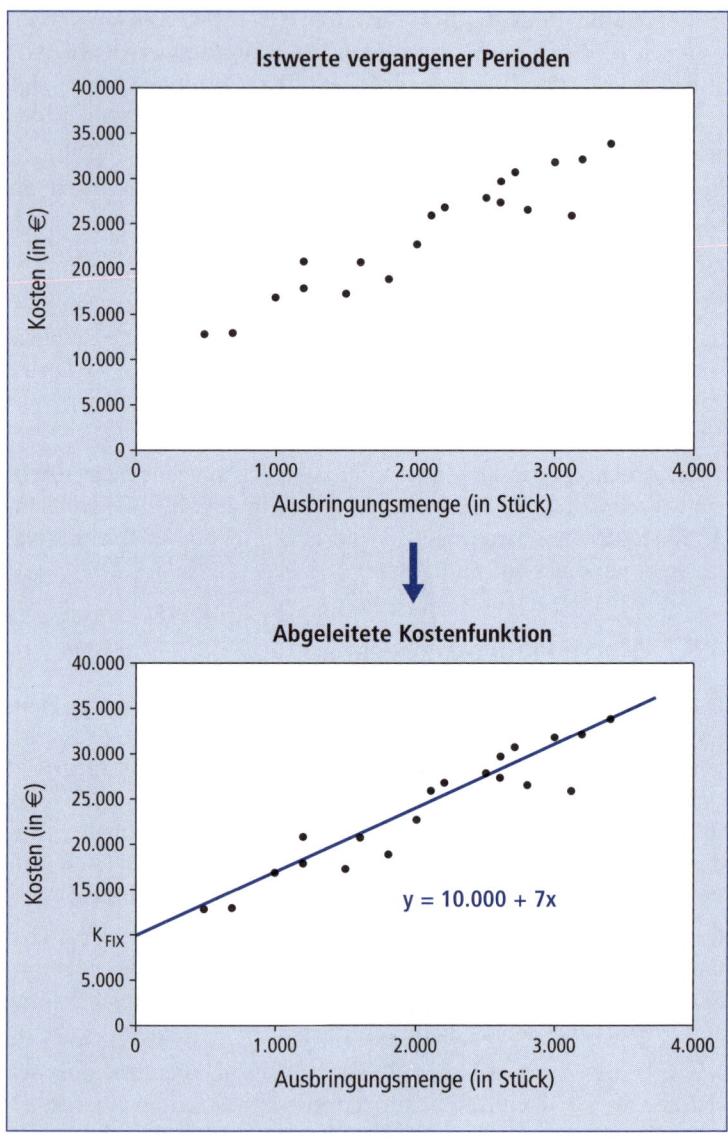

Abb. 4–20: Ermittlung einer Kostenfunktion

Kostenplan für Kostenstelle:				753 Fertigung	Monat:	Sept. 01
Planbezugsgröße: 3.500 Fertigungsstunden					Kostenstellenleiter: A. Kremer	
Kostenarten	Ein-heit	Planmenge	Planwert €/ME	Plankosten (€/Monat)		
				Gesamt	Fix	Proportional
Fertigungslöhne	Std.	3.500	32,–	112.000,–	–	112.000,–
Hilfslöhne	Std.	230	25,–	5.750,–	2.500,–	3.250,–
Kalk. Lohnnebenkosten	€	117.750,–	0,70	82.425,–	1.750,–	80.675,–
Werkzeuge und Geräte	Std.	3.500	0,24	840,–	–	840,–
Hilfs- und Betriebsstoffe	Std.	3.500	0,09	315,–	18,–	297,–
Reparatur- und Instandhaltungskosten	Std.	75	40,–	3.000,–	2.120,–	880,–
Kalkulatorische Abschreibungen	€	567.000,–	0,006	3.402,–	3.402,–	–
Kalkulatorische Zinsen (auf Anlagevermögen mit Restwert von 285.000 €)	€	285.000,–	0,005	1.425,–	1.425,–	–
Kalkulatorische Raummiete	m²	600	18,–	10.800,–	10.800,–	–
Energiekosten (Strom)	kWh	2.540	0,20	508,–	–	508,–
Plankostensumme				220.465,–	22.015,–	198.450,–
Kalkulationssätze				62,99		56,70

Abb 4–21: Kostenplan

ser Mangel führt dazu, dass die starre Plankostenrechnung kaum eingesetzt wird.

4.6.3 Flexible Plankostenrechnung auf Vollkostenbasis

Die flexible Plankostenrechnung stellt eine Weiterentwicklung der starren Plankostenrechnung dar. Während bei der starren Plankostenrechnung sämtliche Kosteneinflussgrößen unveränderlich sind, ist bei der flexiblen Plankostenrechnung die **Ausbringungsmenge** (Beschäftigung) als **entscheidungsrelevante Kosteneinflussgröße** veränderlich. Weitere Kosteneinflussgrößen bleiben unberücksichtigt.

Ein weiterer Unterschied besteht darin, dass die Plankosten in fixe und variable Bestandteile aufgespalten werden. Die variablen Kosten verhalten sich proportional zur Ausbringungsmenge (linearer Kostenverlauf), während die Fixkosten stets gleich bleiben.

Bei der **Durchführung** der flexiblen Plankostenrechnung werden zunächst für jede Kostenstelle die **Planbeschäftigung** x_{PLAN} (= Planausbringungsmenge) und die in fixe und variable Bestandteile aufgegliederten **Plankosten K_{PLAN}** festgelegt. Zur Festlegung der Planbeschäftigung kann von der optimalen, der durchschnittlichen oder der erwarteten Kapazitätsauslastung ausgegangen werden. Ziel ist es, eine Planausbringungsmenge festzulegen, die möglichst wenig von der späteren Ist-Ausbringungsmenge x_{IST} abweicht.

Anschließend wird die **Sollkostenfunktion** abgeleitet, mit deren Hilfe die Sollkosten (geplante Kosten bei Ist-Ausbringungsmenge) für eine beliebige Ausbringungsmenge x errechnet werden können:

$$\text{Sollkosten } K(x) = K_{FIX} + \left(K_{PLAN} - K_{FIX} \right) \cdot \frac{x}{x_{PLAN}}$$

In dieser Gleichung bilden K_{FIX} die fixen Kosten und K_{PLAN} die Plankosten. Durch die Differenz zwischen Plankosten und Fixkosten werden die variablen Kosten errechnet.

Aus der Division der Plankosten K_{PLAN} durch die Planausbringungsmenge x_{PLAN} errechnet sich der Plankostenverrechnungssatz der

Kostenstelle, mit dem sich für jede Ausbringungsmenge x die **verrechneten Plankosten** bestimmen lassen:

Verrechnete Plankosten $K_{VER}(x) = \dfrac{x \cdot K_{PLAN}}{x_{PLAN}}$

Die Sollkostenfunktion und die Gerade der verrechneten Plankosten können nun in ein Diagramm eingetragen werden, wobei die beiden Geraden sich bei den Plankosten K_{PLAN} schneiden. Abb. 4–22 zeigt ein derartiges Diagramm, in dem folgende Kostengrößen eingetragen sind:

K_{IST}^* Istkosten zu Istpreisen (tatsächliche Kosten)

K_{IST} Istkosten zu Planpreisen (d. h. Preissteigerungen sind herausgerechnet)

K_{PLAN} Plankosten

K_{SOLL} Sollkosten (geplante Kosten bei Ist-Ausbringungsmenge)

K_{VER} Verrechnete Plankosten

K_{FIX} Fixkosten

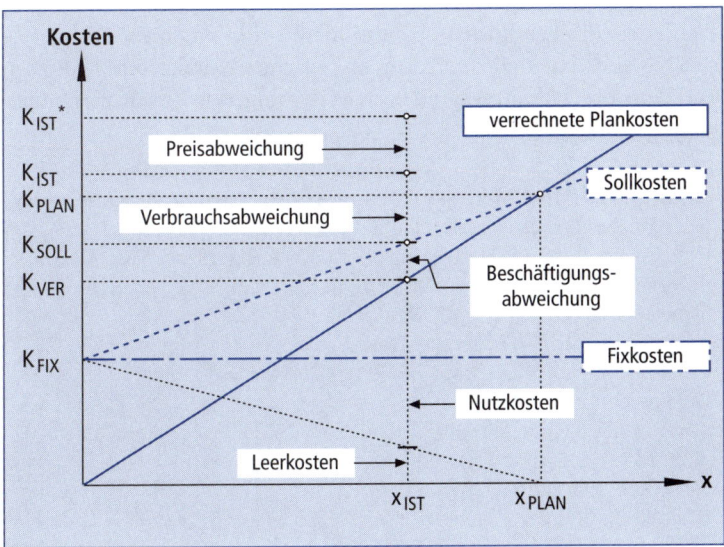

Abb 4–22: Flexible Plankostenrechnung auf Vollkostenbasis in Diagrammdarstellung

Aufgrund der Unterschiede zwischen Plankosten und Istkosten lassen sich bei der flexiblen Plankostenrechnung auf Vollkostenbasis gemäß Abb. 4–22 Verbrauchsabweichung, Beschäftigungsabweichung und Preisabweichung unterscheiden, denen eindeutig Ursachen und Verantwortungsbereiche zuzuordnen sind. Dadurch besitzen diese Abweichungen für Kontrolle und Steuerung des Unternehmens eine hohe Bedeutung. Auf die Abweichungen und ihre Interpretation wird in Kap. 4.6.5 (Kostenkontrolle) näher eingegangen.

Zur Überwachung der Kapazitätsauslastung werden die Fixkosten in die beiden Komponenten Nutzkosten und Leerkosten aufgeteilt. Die Leerkosten stellen den nicht verrechneten Fixkostenanteil dar und entsprechen betragsmäßig der Beschäftigungsabweichung. Es gilt die Gleichung:

(Fixkosten) = (Leerkosten) + (Nutzkosten)

Wenn die tatsächliche Ausbringungsmenge der geplanten entspricht, nehmen die Leerkosten den Wert Null an, bei einer Ausbringungsmenge von Null entsprechen sie den Fixkosten.

Ziel ist es, die Leerkosten zu minimieren und einen möglichst hohen Nutzkostenanteil zu erreichen. Zwischen Nutzkosten, Fixkosten und dem Beschäftigungsgrad besteht der folgende Zusammenhang:

(Nutzkosten) = (Fixkosten) · (Beschäftigungsgrad)

BEISPIEL zur flexiblen Plankostenrechnung auf Vollkostenbasis:
Für eine Kostenstelle liegen folgende Werte vor:
Plankosten: K_{PLAN} = 80.000 €, davon 30.000 € Fixkosten
Planbeschäftigung: x_{PLAN} = 2.000 Stunden
Istbeschäftigung: x_{IST} = 1.500 Stunden
Mit diesen Angaben lassen sich berechnen:
Plankostenverrechnungssatz: 80.000 € : 2.000 h = 40 €/h
Sollkostenfunktion:
$K(x)$ = 30.000 € + x · (80.000 – 30.000) € : 2.000 h
$K(x)$ = 30.000 € + x · 25 €/h
Sollkosten (bei Istbeschäftigung):
$K(x_{IST})$ = 30.000 € + 25 €/h · 1.500 h = 67.500 €
Verrechnete Plankosten: 40 €/h · 1.500 h = 60.000 €
Beschäftigungsgrad: x_{IST}: x_{PLAN} = 1.500 : 2.000 = 0,75
Nutzkosten = 30.000 € · 0,75 = 22.500 €

Auf die Ermittlung der Abweichungen wird in einem Beispiel in Kapitel 4.6.5 eingegangen.

Die flexible Plankostenrechnung auf Vollkostenbasis ermöglicht eine effiziente Kostenkontrolle. Durch die Sollkostenfunktion ist eine aussagefähige Abweichungsanalyse für jeden Beschäftigungsgrad bzw. jede Ausbringungsmenge möglich. Die ermittelten Abweichungen sind gut interpretierbar und damit für die Steuerung des Unternehmens einsetzbar.

Nachteilig wirkt sich die Proportionalisierung der Fixkosten durch den Plankostenverrechnungssatz aus, da dadurch Fehler bei der Planung und der Kostenzurechnung gemacht werden. Die Begrenzung auf die Ausbringungsmenge (Beschäftigung) als einzige Kosteneinflussgröße erleichtert die Anwendbarkeit des Verfahrens. Dafür müssen jedoch Ungenauigkeiten aufgrund der starken Vereinfachung des tatsächlichen Sachverhalts in Kauf genommen werden.

4.6.4 Flexible Plankostenrechnung auf Teilkostenbasis (Grenzplankostenrechnung)

Die flexible Plankostenrechnung auf Teilkostenbasis oder Grenzplankostenrechnung stellt eine Fortentwicklung der flexiblen Plankostenrechnung auf Vollkostenbasis dar. Die Prämissen der flexiblen Plankostenrechnung auf Vollkostenbasis gelten fort: Die Ausbringungsmenge (Beschäftigung) bildet die einzige entscheidungsrelevante Kosteneinflussgröße, die geplanten Verrechnungspreise werden ebenso wie sonstige Kosteneinflussgrößen als unveränderlich (starr) angesehen. Die Kosten werden in fixe und variable Bestandteile aufgespalten, wobei ein linearer Verlauf der variablen Kosten angenommen wird. Der einzige, aber wesentliche Unterschied besteht darin, dass lediglich die **variablen Kosten** auf den Kostenträger verrechnet werden.

Diese Vorgehensweise ist im **Grenzprinzip** begründet, das in den Wirtschaftswissenschaften in verschiedenen Bereichen eingesetzt wird (z. B. Grenzkosten, Grenznutzen, Grenzsteuersatz). Durch eine Grenzprinzipbetrachtung lässt sich die Auswirkung, die das Hinzufügen einer zusätzlichen Einheit besitzt, bestimmen. Im Bereich der Kostenrechnung lässt sich damit beispielsweise die Frage beantworten, welche Mehrkosten entstehen, wenn anstelle von 5.000 Autos 5.001 Stück produziert werden. Diese Mehrkosten bilden genau die **Grenzkosten**: Es sind die Kosten, die entstehen, wenn **eine** zusätzliche Einheit produziert („Herstellkosten der zuletzt produzierten Einheit") oder wenn eine Arbeitsstunde mehr gearbeitet wird. Mathematisch lassen sich die Grenzkosten über die erste Ableitung der Kostenfunktion berechnen. Bei linearen Kostenfunktionen, mit denen in diesem Kapital aus Vereinfachungsgründen gearbeitet wird, ergeben sich als Grenzkosten die (konstanten) variablen Kosten pro Stück, d. h. für jede Einheit (auch für die zuletzt produzierte) sind die zusätzlichen Kosten stets gleich hoch. Die von der Produktionsmenge unabhängigen fixen Kosten bleiben unberücksichtigt. Interessant sind Grenzkosten insbesondere bei nichtlinearen Kostenfunktionen, wenn die Kosten für zusätzliche Einheiten stark ansteigen (oder auch fallen).

Die Kenntnis der Grenzkosten ist für unternehmerische Entscheidungen von großer Bedeutung. Insbesondere bei Entscheidungen über Produktionsausweitungen oder Produktionsstilllegungen sollten die geplanten Grenzkosten (= Grenzplankosten) berücksichtigt werden.

Über die Behandlung der Fixkosten gibt die Grenzplankostenrechnung selbst keine Antwort. Die Fixkosten lassen sich im Rahmen der Deckungsbeitragsrechnung (vgl. Kap. 4.7) entweder als Block in das Betriebsergebnis übernehmen oder in kleinere Teileinheiten aufspalten und stufenweise verteilen.

Es werden sowohl bei einer Vollkostenrechnung wie auch bei einer Teilkostenrechnung letztlich die gesamten Kosten betrachtet. Der einzige Unterschied liegt im Umfang der direkten Kostenzurechnung auf den Kostenträger.

Da die Fixkosten im Rahmen der Grenzplankostenrechnung zunächst nicht betrachtet werden, enthält der Plankostenverrechnungssatz nur variable Bestandteile. Eine Proportionalisierung von

Fixkosten findet nicht statt. Dadurch fallen die Funktion der verrechneten Plankosten und die Sollkostenfunktion zu der Funktion

$$K\left(x_{IST}\right) = x_{IST} \cdot \left(K_{VAR} : x_{PLAN}\right)$$

zusammen, wobei x_{IST} die tatsächliche Beschäftigung, x_{PLAN} die geplante Beschäftigung und K_{VAR} die variablen Kosten darstellen.

Abb. 4–23 verdeutlicht, dass durch das Zusammenfallen der beiden Funktionen eine Beschäftigungsabweichung nicht auftritt. Da keine Fixkosten betrachtet werden, ist auch die Unterscheidung von Nutzkosten und Leerkosten ohne Relevanz. Eine wichtige Größe bildet weiterhin die Verbrauchsabweichung, auf deren Analyse im Rahmen des Kap. 4.6.5 (Kostenkontrolle) näher eingegangen wird.

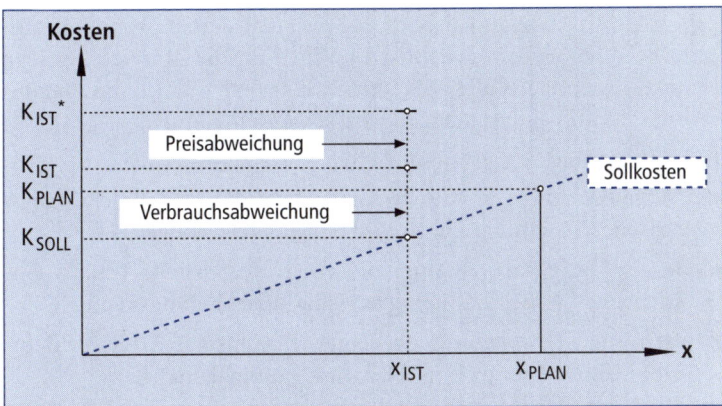

Abb. 4–23: Grenzplankostenrechnung in Diagrammdarstellung

Die Grenzplankostenrechnung ermöglicht durch die Gegenüberstellung von Plankosten und Istkosten eine Kostenkontrolle. Durch die Abstellung auf die variablen Kosten bildet sie die Grundlage für unternehmerische Entscheidungen wie die Preisuntergrenzenermittlung oder die Produktionsprogrammplanung. Um zu verhindern, dass die vollständige Kostendeckung als langfristiges Unternehmensziel aus dem Bewusstsein verdrängt wird, sind eventuell parallel Kalkulationen auf Vollkostenbasis durchzuführen.

BEISPIEL zur Grenzplankostenrechnung:
Für eine Kostenstelle liegen folgende Werte vor:

Variable Plankosten: K_{PLAN} = 50.000 €
Planbeschäftigung: x_{PLAN} = 2.000 Stunden
Istbeschäftigung: x_{IST} = 1.500 Stunden

Lösung:
Sollkostenfunktion: $K(x) = x \cdot 50.000 \, € : 2.000 \, h = 25 \, €/h \cdot x$
Variable Sollkosten (bei Istbeschäftigung):
$$K(x_{IST}) = 25 \, €/h \cdot 1.500 \, h = 37.500 \, €$$

4.6.5 Kostenkontrolle

Durch die Kostenkontrolle werden Abweichungen zwischen den geplanten Größen und den tatsächlich realisierten Istgrößen aufgedeckt. Daneben ist es wichtig, Ursachen für die Abweichungen zu ermitteln, damit Abhilfemaßnahmen eingeleitet sowie die Planungen für zukünftige Perioden angepasst werden können.

Es bestehen folgende grundsätzlichen Abweichungsarten:

- **Preisabweichungen** (durch Änderungen bei den Beschaffungspreisen, sowie durch Lohn- und Gehaltssteigerungen),

- **Beschäftigungsabweichung** bei einer Kostenstelle (durch eine Änderung der Beschäftigung bzw. der Ausbringungsmenge),

- **Verbrauchsabweichung** bei einer Kostenstelle (durch Mehr- oder Minderverbrauch und Unwirtschaftlichkeiten),

- **Mengenabweichung** einer Kostenart (durch Mehr- oder Minderverbrauch).

Preisabweichungen lassen sich leicht durch eine Gegenüberstellung von Planwerten und Istwerten identifizieren. Preisabweichungen sind extern vorgegeben und daher nicht von dem Leiter der jeweiligen Kostenstelle zu vertreten. Um die übrigen Abweichungsarten interpretieren zu können, werden Preisänderungen herausgerechnet. Dazu sind Istmenge und Istbeschäftigung nicht mit Istpreisen, sondern mit Planpreisen zu bewerten. Neben den Preisen werden für die übrigen Analysen sämtliche Grundprämissen, die der Kostenplanung zugrunde lagen, während des betrachteten Zeitraums konstant gehalten. So sind Änderungen des Fertigungsprogramms, der Kapazitäten oder der Fertigungstechnologien herauszurechnen, wenn eine aussagefähige Abweichungsanalyse durchgeführt werden soll.

Durch die Beschäftigungs- und die Verbrauchsabweichung, die im Rahmen der flexiblen Plankostenrechnung ermittelt werden (vgl. Abb. 4–22), ist eine **kostenstellenbezogene Abweichungsanalyse** möglich.

Die **Beschäftigungsabweichung** entsteht bei der flexiblen Plankostenrechnung auf Vollkostenbasis aufgrund der Abweichung zwischen geplantem Beschäftigungsgrad und dem tatsächlichen Beschäftigungsgrad. Bei der flexiblen Plankostenrechnung auf Teilkostenbasis tritt eine Beschäftigungsabweichung nicht auf.

Graphisch lässt sich die Beschäftigungsabweichung gemäß Abb. 4–22 als Differenz zwischen der Geraden der verrechneten Plankosten und der Sollkostenfunktion darstellen. Es gilt also die Gleichung:

$$\text{Beschäftig.abweichung} = \left(\text{Sollkosten } K_{SOLL}\right) - \left(\text{Verrechnete Plankosten } K_{VER}\right)$$

Betragsmäßig entspricht die Beschäftigungsabweichung den Leerkosten (vgl. Kap. 4.6.3). Wenn die Ist-Ausbringungsmenge exakt der Planausbringungsmenge entspricht, besitzt die Beschäftigungsabweichung den Wert Null. Eine negative Beschäftigungsabweichung tritt auf, wenn die Ist-Ausbringungsmenge höher als die Planausbringungsmenge ist.

Die Beschäftigungsabweichung ist planungsbedingt und von der Kostenstelle nicht zu vertreten. Je größer die Beschäftigungsabweichung wird, desto größer ist der Planungsfehler, der bei der Festlegung der geplanten Ausbringungsmenge gemacht wurde. Größere Beschäftigungsabweichungen müssen zu einer gründlichen Überarbeitung der Planungsgrundlagen führen.

Während der Leiter der Kostenstelle für die Beschäftigungsabweichung nicht verantwortlich gemacht werden kann, fällt die **Verbrauchsabweichung** in seinen Zuständigkeitsbereich. Die Verbrauchsabweichung ist ein Maßstab für die Wirtschaftlichkeit einer Kostenstelle. Da bei der Ermittlung der Verbrauchsabweichung ein gleich bleibendes Preisniveau zugrunde gelegt wird, sind die Ursachen ausschließlich in der Kostenstelle selbst zu suchen. Die Verbrauchsabweichung ist definiert als Differenz aus Istkosten und Sollkosten. Es gilt:

Verbrauchsabweichung = (Istkosten K_{IST}) – (Sollkosten K_{SOLL})

Ein positiver Wert für die Verbrauchsabweichung weist auf Unwirtschaftlichkeit in der Kostenstelle hin, bei einem negativen Wert wurde durch die Kostenstelle günstiger gearbeitet als geplant.

Die Verbrauchsabweichung lässt sich in mehrere „Spezialabweichungen" zerlegen. Spezialabweichungen entstehen durch Ausschuss, innerbetriebliche Unwirtschaftlichkeiten, Planungsfehler sowie durch Abweichungen bezüglich der Fertigungsintensität, der Seriengröße und bei der Maschinenbelegung.

> **BEISPIEL zur Preis-, Beschäftigungs- und Verbrauchsabweichung:**
> Für das Beispiel zur flexiblen Plankostenrechnung auf Vollkostenbasis sind Preis-, Beschäftigungs- und Verbrauchsabweichung zu berechnen (vgl. die Zahlenangaben und die Gleichungen aus Kap. 4.6.3; zusätzlich sind die Istkosten zu Istpreisen $K_{IST}* = 78.500$ € und die Istkosten zu Planpreisen $K_{IST} = 76.000$ € gegeben):
> Preisabweichung:
> $K_{IST}* - K_{IST} = 78.500$ € $- 76.000$ € $= 2.500$ €
> Beschäftigungsabweichung:
> $K_{SOLL} - K_{VER} = 67.500$ € $- 60.000$ € $= 7.500$ €
> Verbrauchsabweichung:
> $K_{IST} - K_{SOLL} = 76.000$ € $- 67.500$ € $= 8.500$ €
> Leerkosten = Beschäftigungsabweichung = 7.500 €
> Dargestellt sind diese Abweichungen in Abb. 4–22.

Auf der Ebene der Kostenarten lassen sich **Mengen- und Preisabweichungen** analysieren. Hierbei besteht eine Abhängigkeit zwischen den beiden Einflussgrößen, die durch die sog. Abweichung 2. Grades dargestellt wird. Eine graphische Darstellung der Überlagerung der beiden Abweichungsursachen zeigt Abb. 4–24, in der der Preis über der eingesetzten Menge aufgetragen ist.

Fläche A stellt die Plankosten dar, die sich aus der Multiplikation von Planmenge und Planpreis ergeben. Die Flächen B, C und D ergeben sich, wenn Istmenge und Istpreis von den Planwerten abweichen.

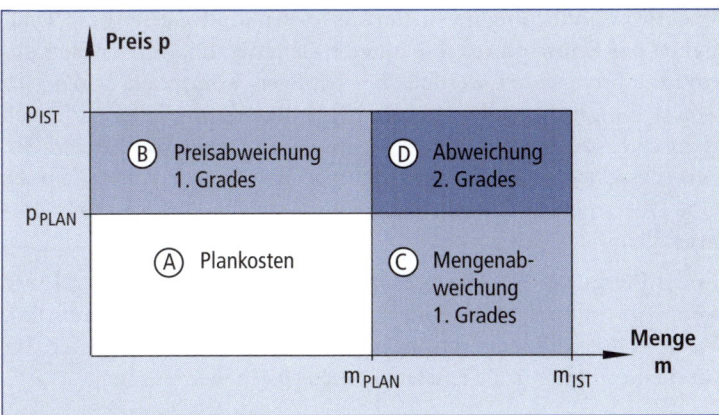

Abb. 4–24: Mengen- und Preisabweichung

Dabei lassen sich Abweichungen ersten Grades, die nur durch eine Einflussgröße bedingt sind, und die Abweichung zweiten Grades unterscheiden. Feld B stellt die Preisabweichung ersten Grades und Feld C die Mengenabweichung ersten Grades dar. Feld D ist sowohl vom höheren Preis, als auch von der höheren Verbrauchsmenge abhängig und wird als Abweichung zweiten Grades bezeichnet.

BEISPIEL zur Mengen- und Preisabweichung: Es ist geplant, dass in einer Periode Zukaufteile mit einer Planmenge m_{PLAN} = 500 Stück und einem Planpreis p_{PLAN} = 8,– €/Stück benötigt werden. Nach der Periode werden als Istwerte m_{IST} = 600 Stück und p_{IST} = 10,– €/Stück ermittelt. Welche Abweichungen liegen vor?

Lösung:

Plankosten:

$A = m_{PLAN} \cdot p_{PLAN}$ = 500 Stück · 8 €/Stück = 4.000,– €

Preisabweichung 1.Grades:

$B = m_{PLAN} \cdot (p_{IST} - p_{PLAN})$ = 500 € · (10–8) €/Stück = 1.000,– €

Mengenabweichung 1.Grades:

$C = p_{PLAN} \cdot (m_{IST} - m_{PLAN})$ = 8 €/Stück · (600–500) € = 800,– €

Abweichung 2.Grades:

$D = (p_{IST} - p_{PLAN}) \cdot (m_{IST} - m_{PLAN})$ = (10–8) €/Stück · (600–500) € = 200,– €

Gesamtabweichung:

$B + C + D$ = 2.000,– €

Wichtige Randbedingungen für die Kostenkontrolle sind die **Häufigkeit der Kontrollprozesse** und die **Genauigkeit**, mit der die Kontrollen durchgeführt werden. Bei häufigen Kontrollen lassen sich Abweichungen schneller erkennen. Häufige Kontrollen sind jedoch ebenso wie zu hohe Anforderungen an die Genauigkeit teuer. Zudem besteht die Gefahr, dass überhastet eingeleitete Maßnahmen eine Überreaktion darstellen, die einen Aufschaukelungseffekt auslösen kann.

In der Praxis werden Abweichungsanalysen nur dann durchgeführt, wenn Abweichungen bestimmte Grenzwerte übersteigen. Auf diese Weise können blinder Aktionismus vermindert und die Kosten, die für die Kostenkontrolle entstehen, niedrig gehalten werden.

4.6.6 Break-Even-Analyse

Die Break-Even-Analyse (Gewinnschwellenanalyse, Deckungspunktanalyse) stellt eine besondere Form der Erfolgsplanung dar. Sie hat die Aufgabe, den Beschäftigungsgrad zu ermitteln, ab dem mit einem Produkt ein Gewinn erwirtschaftet wird. Dieser Punkt, an dem die Kosten genau den Erlösen entsprechen, wird als Gewinnschwelle oder als **Break-Even-Punkt** bezeichnet.

Die Break-Even-Analyse wird für jedes Produkt getrennt durchgeführt. Dabei müssen die Kosten in fixe und variable Bestandteile aufgespalten sein. Vereinfachend wird davon ausgegangen, dass Verkaufspreis und variable Kosten konstant sind. Ferner bleiben Lagerbestandsveränderungen unberücksichtigt. Es gilt also Produktion gleich Absatz.

Für ein Produkt ist der Break-Even-Punkt erreicht, wenn die Erlöse genau den angefallenen Kosten entsprechen. Es gilt also

$$(\text{Menge}) \cdot (\text{Stückpreis}) = K_{FIX} + (k_{VAR} \cdot \text{Menge})$$

Graphisch lässt sich dieser Sachverhalt als Schnittpunkt der Erlösgeraden und der Kostenfunktion interpretieren. Abb. 4–25 zeigt die Break-Even-Analyse in Diagrammdarstellung.

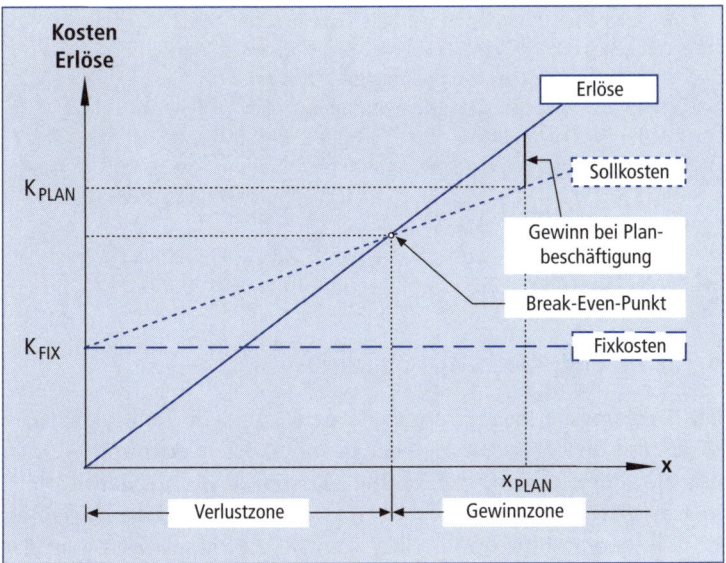

Abb. 4–25: Break-Even-Analyse

Die Produktionsmenge, ab der mit einem Produkt ein Gewinn erwirtschaftet wird („Break-Even-Menge"), errechnet sich nach Umformung der vorangegangenen Gleichung wie folgt:

$$\text{Break-Even-Menge} = \frac{K_{FIX}}{\text{Stückpreis} - k_{VAR}}$$

Durch die Break-Even-Analyse wird deutlich, wie sich die Gewinne für ein Produkt bei verschiedenen Ausbringungsmengen verhalten. Bei Produkten, deren Gewinnschwelle bei einem hohen Kapazitätsauslastungsgrad liegt, entstehen bereits bei geringen Umsatzrückgängen Verluste. Die Break-Even-Analyse kann als Instrument zur Planung, aber auch zur Kontrolle und Beurteilung von einzelnen Produkten dienen, wie das folgende Beispiel zur Break-Even-Analyse verdeutlicht:

BEISPIEL: Für die Flensburger Schuhwerke liegen folgende Plandaten für das nächste Quartal vor: Netto-Verkaufspreis 40 €/Paar, Fixkosten 45.000,– €, variable Selbstkosten 35,– €/Paar, Maximalkapazität 25.000 Paare.

– Ab welcher Absatzmenge wird ein Gewinn erzielt?
x = K_{FIX} : (p – k_{VAR}) = [45.000 : (40–35)] Paare = 9.000 Paare
– Wie hoch ist der Gewinn bei Kapazitätsauslastung?
Gewinn = Umsatzerlöse – Kosten = (p · x) – (K_{FIX} + k_{VAR} · x)
= (40 · 25.000 – 45.000 – 35 · 25.000) € = 80.000 €
– Welcher Absatz ist erforderlich, damit ein Gewinn von 50.000 € erzielt
wird? Auflösen der Gleichung zur Gewinnberechnung nach der Ausbringungsmenge x:
x = (G + K_{FIX}) : (p – k_{VAR}) = [(50.000 + 45.000) : (40–35)] Paare
x = 19.000 Paare

4.7 Deckungsbeitragsrechnung

Die Deckungsbeitragsrechnung ist eine auf dem Teilkostenansatz
basierende Erfolgsrechnung. Bei der **Teilkostenrechnung** werden
nur die **„entscheidungsrelevanten" Kosten** direkt auf den Kostenträger verrechnet. Als entscheidungsrelevant gelten die **variablen
Kosten,** deren Höhe unmittelbar vom Beschäftigungsgrad oder der
Ausbringungsmenge abhängig ist. Als nicht entscheidungsrelevant
werden die fixen (d. h. unveränderlichen) Kostenbestandteile klas-
sifiziert. Teilkostenrechnungen betrachten zunächst nur einen Teil
der Kosten, und zwar die variablen Kosten. Die fixen Kosten werden
aber nicht vernachlässigt, sondern erst in einer späteren Phase berücksichtigt.

Die Verfahren der Deckungsbeitragsrechnung unterscheiden sich im
Umfang und der Vorgehensweise bei der Kostenzurechnung auf die
Kostenträger (Produkte). Es lassen sich drei verschiedene Verfahren
unterscheiden: einstufige und mehrstufige Deckungsbeitragsrechnung sowie die Deckungsbeitragsrechnung auf der Basis von relativen Einzelkosten. Alle Verfahren greifen auf die Zahlen der Kosten-
arten-, Kostenstellen- und Kostenträgerstückrechnung zurück.

Bei der einstufigen und bei der mehrstufigen Deckungsbeitragsrechnung werden die Kosten für jede Produktart in fixe und variable Bestandteile untergliedert. Anschließend lässt sich für jede Produktart
der **„Deckungsbeitrag"** ermitteln:

(Deckungsbeitrag DB) = (Erlöse) – (Variable Kosten)

Der Deckungsbeitrag stellt den Anteil dar, den diese Produktart zur Deckung der bestehenden Fixkosten leisten kann. Er ist eine periodenbezogene Größe. Beim **Bruttodeckungsbeitrag** werden die gesamten Erlöse und variablen Kosten, die in einer Periode für eine Produktart angefallen sind, angesetzt. Es ist zu beachten, dass sich die variablen Kosten nicht auf die produzierte, sondern auf die abgesetzte Menge (die Basis für den Erlös bildet) beziehen müssen. Werden die Größen auf eine Produktionseinheit bezogen, liegt ein **Stückdeckungsbeitrag** oder eine „Deckungsspanne" vor. Es gilt:

(Stückdeckungsbeitrag db) = (Stückerlös) – (Variable Stückkosten)

4.7.1 Einstufige Deckungsbeitragsrechnung

Bei der **einstufigen Deckungsbeitragsrechnung** werden die Deckungsbeiträge für jede Produktart ermittelt und zu einem Gesamtdeckungsbeitrag zusammengefasst. Anschließend werden von diesem Betrag die Fixkosten ohne weitere Unterteilung in einem Betrag abgezogen, um das Betriebsergebnis der Periode zu ermitteln. Abb. 4–26 zeigt die Vorgehensweise.

Produkt	A	B	C
Erlöse	3.500	6.000	7.500
– variable Kosten	1.500	3.000	4.000
= Produkt-Deckungsbeitrag	2.000	3.000	3.500
= Gesamt-Deckungsbeitrag	8.500		
– Fixkostenblock	4.000		
= Betriebsergebnis	4.500		

Abb. 4–26: Einstufige Deckungsbeitragsrechnung

Da nur die proportionalen, „direkt" zurechenbaren Kosten auf die Produkte verrechnet werden, trägt dieses Verfahren auch die Bezeichnung **„Direct Costing"**.

> **BEISPIEL zur einstufigen Deckungsbeitragsrechnung:** Die Domherr
> OHG stellt drei Produkte A, B und C her. Für eine Periode liegen die
> folgenden Angaben vor:
>
> Produkt A: Erlös   3.500 €,   variable Kosten 1.500 €,   Fixkosten   500 €
> Produkt B: Erlös   6.000 €,   variable Kosten 3.000 €,   Fixkosten   1.000 €
> Produkt C: Erlös   7.500 €,   variable Kosten 4.000 €,   Fixkosten   2.500 €
>
> Es sind die Bruttodeckungsbeiträge für die Produkte und das Betriebs-
> ergebnis zu ermitteln. Die Lösung ist in Abb. 4–26 zusammengestellt.
> Dabei sind die Fixkosten der drei Produkte zu einem Betrag (4.000 €)
> zusammenaddiert worden.

Die einstufige Deckungsbeitragsrechnung lässt sich zur Beurteilung
von einzelnen Produktarten und für **produktprogrammpolitische
Entscheidungen** einsetzen, da unmittelbar deutlich wird, welchen
Beitrag ein Produkt zur Erzielung des Gesamtergebnisses leistet. Der
Absatz von Produkten mit hohen Deckungsbeiträgen kann durch
Marketingmaßnahmen gefördert, Produkte mit niedrigen Deckungsbeiträgen können aus dem Produktionsprogramm genommen werden. Dabei sind jedoch Kapazitätsgrenzen und Kostenstei-
gerungen, die beispielsweise durch Überstundenfertigungen entstehen, zu beachten.

Negative Deckungsbeiträge sollten zur Preiserhöhung oder, falls dies
nicht möglich ist, zur Produktionseinstellung führen, da ansonsten
mit jeder verkauften Einheit ein Verlust erzielt wird. Eine Ausnahme
bilden Produkte, die zur Abrundung der Produktprogrammpalette
unbedingt erforderlich sind.

Hauptkritikpunkt an der einstufigen Deckungsbeitragsrechnung ist
die undifferenzierte, wenig verursachungsgerechte Zurechnung der
Fixkosten. Dies führte zur Entwicklung der mehrstufigen Deckungsbeitragsrechnung.

4.7.2 Mehrstufige Deckungsbeitragsrechnung

Die mehrstufige Deckungsbeitragsrechnung, die auch als **Fixkosten-
deckungsrechnung** bezeichnet wird, stellt eine Fortentwicklung der
einfachen Deckungsbeitragsrechnung dar. Die Ermittlung der Pro-

duktdeckungsbeiträge erfolgt wie bei der einfachen Deckungsbeitragsrechnung. Anschließend werden die Fixkosten jedoch nicht als ein Block, sondern differenziert zugerechnet, damit eine möglichst verursachungsgerechte Verteilung erfolgt. Dazu wird der Fixkostenblock in mehrere **Fixkostenstufen** aufgespalten. Als Kriterien für die Aufspaltung können die Struktur des Produktionsprogramms (Produkte, Produktgruppen) und Abrechnungsbereiche des Unternehmens (Kostenstellen, Unternehmensbereiche) dienen. Die Anzahl der Stufen, nach denen die Fixkosten zerlegt und anschließend zugerechnet werden, ist von unternehmensspezifischen Gegebenheiten abhängig. Auf jeder Fixkostenstufe wird ein eigener Stufendeckungsbeitrag ermittelt (Deckungsbeitrag I, Deckungsbeitrag II etc.). Als letzten Schritt erhält man das Betriebsergebnis des Unternehmens.

Die unterste Fixkostenstufe bilden die **Produktfixkosten**, die einer einzelnen Produktart direkt zurechenbar sind (beispielsweise Lizenzgebühren oder Kosten für Spezialwerkzeuge). **Produktgruppenfixkosten** fallen für mehrere Produktarten gemeinsam an (z. B. gemeinsam genutzte Produktionsmaschinen oder gemeinsame Werbekosten für eine Produktgruppe). **Bereichsfixkosten** können mehreren Kostenstellen, die zu einem Unternehmensbereich zusammengefasst sind, gemeinsam zugerechnet werden (z. B. Zwischenlager oder Abschreibung Fabrikationshalle). **Unternehmensfixkosten** (wie Aufwendungen für die Verwaltung oder Vorstandsgehälter) lassen sich nur dem Gesamtunternehmen zurechnen. Daneben sind weitere Zwischenstufen denkbar. Je detaillierter eine Gliederung ist, desto verursachungsgerechter erfolgt die Zurechnung der Kosten zu den Kostenträgern.

Die Vorgehensweise der mehrstufigen Deckungsbeitragsrechnung verdeutlicht Abb. 4–27, die auf den Zahlen des folgenden Beispiels basiert.

BEISPIEL zur mehrstufigen Deckungsbeitragsrechnung: In einem Unternehmen werden sieben Produkte gefertigt. Die Produkte A und B lassen sich zu Produktgruppe 1, die Produkte C und D zu Produktgruppe 2 und die Produkte F und G zu Produktgruppe 4 zusammenfassen. Die Produktgruppen 1 und 2 bilden den Unternehmensbereich I, während

Produktgruppe 4 zusammen mit Produkt E den Unternehmensbereich II bildet. Es liegen folgende Angaben vor:

A: Erlös 30.000 €, variable Kosten 24.000 €, Fixkosten 1.500 €.
B: Erlös 4.500 €, variable Kosten 3.900 €, Fixkosten 900 €.
C: Erlös 17.000 €, variable Kosten 9.000 €, Fixkosten 1.500 €.
D: Erlös 9.000 €, variable Kosten 6.000 €, Fixkosten 2.100 €.
E: Erlös 25.000 €, variable Kosten 11.000 €, Fixkosten 8.000 €.
F: Erlös 45.000 €, variable Kosten 20.000 €, Fixkosten 11.000 €.
G: Erlös 7.500 €, variable Kosten 5.600 €, Fixkosten 1.500 €.

Daneben fallen für Produktgruppe 1 Fixkosten in Höhe von 2.000 €, für Produktgruppe 2 in Höhe von 4.000 € und für Produktgruppe 4 in Höhe von 5.500 € an. Dem Unternehmensbereich I sind Fixkosten in Höhe von 1.400 €, Unternehmensbereich II in Höhe von 3.000 € zuzurechnen. Auf Gesamtunternehmensebene fallen Fixkosten in Höhe von 8.200 € an.

Mit diesen Angaben kann eine vierstufige Deckungsbeitragsrechnung durchgeführt werden. Am übersichtlichsten ist eine tabellarische Darstellung, wie sie für das Beispiel in Abb. 4–27 zusammengestellt ist.

Die mehrstufige Deckungsbeitragsrechnung kann zur Überprüfung der Kostentragfähigkeit und Kostendeckung eingesetzt werden (so genannte „retrograde Rechnung"). Wie die einstufige Variante (vgl. Kap. 4.7.1), liefert die mehrstufige Deckungsbeitragsrechnung die Grundlage für **produktprogrammpolitische und preispolitische Entscheidungen**. Durch die Fixkostenschlüsselung ist die Zurechnung jedoch verursachungsgerechter. Die ermittelten Stufen-Deckungsbeiträge ermöglichen eine objektivere Beurteilung der einzelnen Produktarten, Produktgruppen und Unternehmensbereiche. Unternehmerische Entscheidungen wie die Förderung von Produkten mit hohen Deckungsbeiträgen oder die Streichung von Verlustprodukten werden erleichtert.

Aus dem Beispiel zur mehrstufigen Deckungsbeitragsrechnung können folgende Konsequenzen abgeleitet werden: Produkt B besitzt einen negativen Deckungsbeitrag II und sollte deshalb aus dem Produktprogramm gestrichen werden, wenn es nicht zur Sortimentsergänzung benötigt wird. Produkt F ist besonders zu pflegen, während die Produkte D und G kritisch beobachtet werden sollten.

Unternehmensbereich		I			II		
Produktgruppe	1		2		3	4	
Produkt	A	B	C	D	E	F	G
Erlöse	30.000	4.500	17.000	9.000	25.000	45.000	7.500
– variable Kosten	24.000	3.900	9.000	6.000	11.000	20.000	5.600
= Deckungsbeitrag I	6.000	600	8.000	3.000	14.000	25.000	1.900
– Produktfixkosten	1.500	900	1.500	2.100	8.000	11.000	1.500
= Deckungsbeitrag II	4.500	– 300	6.500	900	6.000	14.000	400
Σ Deckungsbeitrag II	4.200		7.400		6.000	14.400	
– Produktgruppenfixkosten	2.000		4.000		-	5.500	
= Deckungsbeitrag III	2.200		3.400		6.000	8.900	
Σ Deckungsbeitrag III			5.600			14.900	
– Bereichsfixkosten			1.400			3.000	
= Deckungsbeitrag IV			4.200			11.900	
Σ Deckungsbeitrag IV				16.100			
– Unternehmensfixkosten				8.200			
= Betriebsergebnis				7.900			

Abb. 4–27: Mehrstufige Deckungsbeitragsrechnung: Ermittlung des Betriebsergebnisses

Unternehmensbereich	I				II		
Produktgruppe	1		2		3	4	
Produkt	A	B	C	D	E	F	G
Anteil Produktfixkosten am Deckungsbeitrag I	25 %	150 %	19 %	70 %	57 %	44 %	79 %
Anteil Produktgruppenfixkosten am Deckungsbeitrag II	48 %		54 %		-	38 %	
Anteil Bereichsfixkosten am Deckungsbeitrag III	25 %				20 %		
Anteil Unternehmensfixkosten am Deckungsbeitrag IV	51 %						

Abb. 4–28: Mehrstufige Deckungsbeitragsrechnung: Prozentuale Fixkostenaufteilung

Bei der Entscheidung, bestimmte Produkte oder Produktgruppen aufzugeben, muss jedoch immer beachtet werden, dass die Fixkosten, die diesen Produkten zugerechnet wurden, auch nach deren Streichung aus dem Produktionsprogramm weiterhin anfallen und somit von den verbleibenden Produkten getragen werden müssen. Dies kann dazu führen, dass sich trotz der Eliminierung eines „Verlustproduktes" das Betriebsergebnis des Unternehmens verschlechtert.

Ergänzend lassen sich im Rahmen der mehrstufigen Deckungsbeitragsrechnung der **Gewinn** und die **Gesamtkosten** für jede Produktart ermitteln. Dazu muss aus den Ergebnissen einer abgeschlossenen Periode der prozentuale Anteil der Fixkosten an dem zugehörigen Deckungsbeitrag ermittelt werden. In Fortführung des Beispiels sind in Abb. 4–28 die prozentualen Anteile der Fixkosten dargestellt.

Ausgehend vom Produkterlös, erfolgt eine stufenweise Zurechnung der Kosten. Als Ergebnis erhält man den Gewinn für das betreffende Produkt in der betrachteten Periode.

Für das Produkt F aus dem vorherigen **BEISPIEL** errechnet sich der Gewinn unter Zuhilfenahme der Prozentsätze aus Abb. 4–28 wie folgt:

	Erlös Produkt F	45.000,00 €	(gegeben)
–	variable Kosten	20.000,00 €	(gegeben)
=	Deckungsbeitrag I	25.000,00 €	
–	Produktfixkosten	11.000,00 €	(= 0,44 · 25.000 €)
=	Deckungsbeitrag II	14.000,00 €	
–	Produktgruppenfixkosten	5.320,00 €	(= 0,38 · 14.000 €)
=	Deckungsbeitrag III	8.680,00 €	
–	Bereichsfixkosten	1.736,00 €	(= 0,2 · 8.680 €)
=	Deckungsbeitrag IV	6.944,00 €	
–	Unternehmensfixkosten	3.541,44 €	(= 0,51 · 6.944 €)
=	Gewinn Produkt F	3.402,56 €	

Die Gesamtkosten für die Produktart ergeben sich aus der Differenz von Erlösen und dem ermittelten Gewinn. Für das Beispiel gilt somit:
Gesamtkosten Produkt F = (Erlös Produkt F) – (Gewinn Produkt F)
$$= 45.000 € – 3.402,56 € = 41.597,44 €$$
Die ermittelten Größen lassen sich leicht in Stückwerte umrechnen, wenn sie durch die Anzahl der abgesetzten Produkte dividiert werden: Wenn 125 Stück von Produkt F verkauft werden, betragen der Stückgewinn 27,22 € und die Stückkosten 332,78 €.

4.7.3 Preisuntergrenzenbestimmung und Produktionsplanung mit Deckungsbeiträgen

Die Bestimmung der Preisuntergrenze eines Produkts ist abhängig von der Kapazitätsauslastung des Unternehmens. Wenn die **Kapazitäten nicht** voll **ausgelastet** sind, gelten die variablen Selbstkosten eines Produktes als dessen Preisuntergrenze. Wenn Erlöse die variablen Selbstkosten überschreiten, trägt die Annahme eines Auftrags zur Verbesserung des Betriebsergebnisses bei. Bei mehreren Zusatzaufträgen ist derjenige Zusatzauftrag zu bevorzugen, der den größten Bruttodeckungsbeitrag besitzt.

> **BEISPIEL:** Einem Unternehmen liegen zwei Anfragen für Zusatzaufträge vor. Bei Anfrage I sind 5.000 Stück von Produkt A (Stückdeckungsbeitrag 5,– €), bei Anfrage II 4.000 Stück von Produkt B (Stückdeckungsbeitrag 6,– €) zu liefern. Es sind nur Kapazitäten für die Ausführung von einer der beiden Anfragen vorhanden. Welche Anfrage soll angenommen werden?
> **Lösung:** Anfrage I, da der Bruttodeckungsbeitrag 25.000 € (= 5 · 5.000 €) beträgt und damit höher ist als bei Anfrage II mit 24.000 € (= 6 · 4.000 €).

Besondere Gründe können zeitweilig für ein **Unterschreiten** der variablen Selbstkosten als Preisuntergrenze sprechen, obwohl dann jede verkaufte Produkteinheit zu einem Verlust führen wird. Derartige Gründe können vorübergehende Absatzflauten, die Erschließung neuer Märkte oder die Einführung neuer Produkte darstellen. Daneben ist es denkbar, dass Verlustprodukte im Sortiment gehalten werden müssen, um eine abgerundete Produktpalette anbieten zu können. Hierbei sind in jedem Einzelfall Erfolgseinbußen und Nutzen gegeneinander abzuwägen.

Bei voll **ausgelasteten Kapazitäten** erfolgt die Festlegung der Preisuntergrenze unter Berücksichtigung von **Opportunitätskosten**. Als Opportunitätskosten ist der entgangene Gewinn anzusetzen, der dadurch entsteht, dass ein anderer Auftrag verdrängt wird.

Bestehen Fertigungsengpässe, sind **spezifische Deckungsbeiträge** zur Entscheidungsfindung hinzuzuziehen. Der spezifische Deckungsbeitrag sdb errechnet sich aus dem Stückdeckungsbeitrag, der auf die Engpassbelastung bezogen wird. Es gilt

$sdb = db : e = (Stückerlös - k_{VAR}) : e$

mit e = Engpassbelastung.

Produkte mit einem höheren spezifischen Deckungsbeitrag sind bei der Produktion zu bevorzugen. Sie werden mit der maximal absetzbaren Menge produziert. Auf die Produktion von Produkten mit einem niedrigen spezifischen Deckungsbeitrag wird verzichtet, wenn die Kapazitäten ausgelastet sind.

BEISPIEL zur Anwendung von spezifischen Deckungsbeiträgen:
Es werden drei Produkte hergestellt, für die die folgenden Angaben vorliegen:

A: Stückdeckungsbeitrag   4,– €,   maximaler Absatz: 10.000 Stück

B: Stückdeckungsbeitrag   10,– €,   maximaler Absatz: 5.000 Stück

C: Stückdeckungsbeitrag   6,– €,   maximaler Absatz: 8.000 Stück

Für die Herstellung von allen drei Produkten wird eine Maschine eingesetzt, deren Kapazität von 3.000 Stunden einen Produktionsengpass darstellt. Für die Produktion eines Stücks wird die Maschine wie folgt belegt:

Produkt A: 10 Minuten pro Stück

Produkt B: 50 Minuten pro Stück

Produkt C: 20 Minuten pro Stück

Mit welcher Stückzahl sollen die einzelnen Produkte produziert werden?

Lösung:
(1) Errechnen der spezifischen Deckungsbeiträge:
- sdb_A = 4,– € : 10 min. = 0,4 €/min.
- sdb_B = 10,– € : 50 min. = 0,2 €/min.
- sdb_C = 6,– € : 20 min. = 0,3 €/min.

(2) Ermittlung der Belegung der Engpasskapazität:
- A: 10.000 Stück · 10 min./Stück = 100.000 min.
- B: 5.000 Stück · 50 min./Stück = 250.000 min.
- C: 8.000 Stück · 20 min./Stück = 160.000 min.
- Engpasskapazität = 3.000 h = 180.000 min.

(3) Festlegung des Produktionsplans
- Aufgrund der spezifischen Deckungsbeiträge hat Produkt A Priorität vor Produkt C. An letzter Stelle folgt Produkt B.
- Produkt A: Produktionsmenge 10.000 Stück, belegte Kapazität: 100.000 min., Restkapazität: 80.000 min.
- Produkt C: Produktionsmenge 4.000 Stück, dann ist die Kapazität aufgebraucht, so dass von Produkt B kein einziges Stück hergestellt werden kann.

Bei der Festlegung des Produktionsplans ist zu beachten, dass aus Sortimentsgründen auf die Produktion eines Produkts (wie im vorangegangenen Beispiel) im Regelfall nicht vollständig verzichtet werden kann. Es wird dann von jedem Produkt zunächst eine Mindestmenge produziert. Die Aufteilung der danach verbleibenden

Restkapazität erfolgt auf der Grundlage der spezifischen Deckungsbeiträge.

Bei mehreren Engpässen oder bei einer komplexen Produktprogrammplanung kann auf mathematische Optimierungsmodelle zurückgegriffen werden, auf die an dieser Stelle nicht eingegangen wird.

4.7.4 Deckungsbeitragsrechnung auf der Basis von relativen Einzelkosten

Bei der Deckungsbeitragsrechnung auf der Basis von relativen Einzelkosten wird versucht, durch konsequente Anwendung des Identitätsprinzips eine Verteilung von Gemeinkosten über Schlüsselgrößen zu vermeiden. Das Identitätsprinzip besagt, dass nur solche Kosten zusammengefasst werden sollen, die auf einer identischen Entscheidung beruhen. Produkteinzelkosten werden durch die Entscheidung, ein Produkt zu fertigen, verursacht. Die Ursache für die Entstehung von Gemeinkosten ist die Entscheidung, eine Produktgruppe zu fertigen. Andere Gemeinkosten sind durch die Entscheidung verursacht, eine Kostenstelle oder einen Unternehmensbereich einzurichten. Nach den Regeln der relativen Einzelkostenrechnung sollen diese Kosten nicht einem Produkt als Gemeinkosten, sondern der übergeordneten Hierarchieebene als „Einzelkosten" zugerechnet werden.

Der Kostenbegriff wird somit relativ: Ob es sich um Einzelkosten handelt oder nicht, ist von der Ebene abhängig, auf der man die Kosten betrachtet. Mit einer geeigneten Bezugsebenenhierarchie ist dies möglich.

Im Rahmen der relativen Einzelkostenrechnung werden Kosten nur verrechnet, wenn sie als Einzelkosten interpretiert werden können. Die aus der relativen Einzelkostenrechnung abgeleitete Deckungsbeitragsrechnung besitzt ein eigenes Schema, das der mehrstufigen Deckungsbeitragsrechnung ähnelt. Statt einer Aufschlüsselung des Fixkostenblocks in verschiedene Fixkostenstufen, erfolgt eine Aufteilung der Kosten auf die verschiedenen Hierarchieebenen. In der praktischen Anwendung des Verfahrens bestehen einige Schwierigkeiten, so dass auf diese Variante der Deckungsbeitragsrechnung nicht weiter eingegangen wird (eine ausführliche Darstellung des Verfahrens findet sich bei *Riebel*, Einzelkosten- und Deckungsbeitragsrechnung).

Literaturempfehlungen zum Thema „Kostenrechnung"

Eisele, Wolfgang: Technik des betrieblichen Rechnungswesens. 7. Auflage. München: Vahlen 2002

Kloock, Josef/Sieben, Günter/Schildbach, Thomas/Homburg, Carsten: Kosten- und Leistungsrechnung. 9. Auflage. Stuttgart: UTB 2005

Olfert, Klaus: Kostenrechnung. 14. Auflage. Ludwigshafen: Kiehl 2005

Schweitzer, Marcell/Küpper, Hans-Ulrich: Systeme der Kosten und Erlösrechnung. 9. Auflage. München: Vahlen 2008

5. Kapitel

Controlling

5.1 Abgrenzung des Controlling-Begriffs

Der Begriff „Controlling" stammt aus dem angelsächsischen Sprachraum und ist in Deutschland seit den 1970er Jahren verbreitet. Im betriebswirtschaftlichen Schrifttum findet man eine verwirrende Vielfalt von Controlling-Definitionen, die sich teilweise erheblich unterscheiden. Die Palette reicht von sehr engen Abgrenzungen, bei denen sich das Controlling auf Soll-Ist-Vergleiche beschränkt, bis hin zu umfassenden Konzeptionen, bei denen das Controlling Teile der Unternehmensführung übernimmt.

Heute ist unstrittig, dass unter Controlling weit mehr als Kontrolle zu verstehen ist, obwohl in der breiten Öffentlichkeit aufgrund der Wortverwandtschaft ein Controller häufig noch als „Kontrolleur" missverstanden wird. Grundsätzlich lässt sich **Controlling** als ein **System** verstehen, **das die Unternehmensführung** („das Management") **mit den erforderlichen Instrumenten und Informationen versorgt**, damit diese

- das laufende Geschäft überwachen und steuern,
- Handlungsalternativen vergleichen und
- Entscheidungen fundiert treffen kann.

Durch die Bereitstellung von Instrumenten und Informationen soll das Controlling die Durchführung von **Planungs- und Kontrollprozessen** ermöglichen, koordinieren und unterstützen. Unternehme-

rische Entscheidungen werden weiterhin durch die Unternehmensleitung getroffen, das Controlling dient lediglich der **Entscheidungsvorbereitung**. Zur Verdeutlichung der Rolle eines Controllers findet sich
im Schrifttum das Bild des Navigators, der dem Steuermann (d. h.
dem Manager) die zur Steuerung des „Unternehmensschiffs" erforderlichen Daten liefert (vgl. *Horváth*, Controlling, S. 751).

Die benötigten **Informationen** gewinnt das Controlling zum erheblichen Teil aus dem Rechnungswesen des Unternehmens, insbesondere aus der Kostenrechnung, deren Zahlen aufbereitet und ausgewertet werden. Darüber hinaus müssen weitere Informationsquellen
hinzugezogen werden (vgl. Abb. 1–1 in Kap. 1.1); eine Reduzierung
des Controllings auf den Bereich des Rechnungswesens würde jedoch zu unzureichenden Ergebnissen führen.

Zur Durchführung des Controllings sind **organisatorische Voraussetzungen** zu schaffen, die von der Größe und der Branche des Unternehmens abhängig sind. Bei kleineren, mittelständischen Unternehmen kann die Controllingfunktion durch den kaufmännischen
Geschäftsführer oder den Leiter des Rechnungswesens übernommen
werden. Je größer das Unternehmen oder je größer der Planungs-,
Kontroll- und Koordinationsbedarf eines Unternehmens wird, desto
umfangreicher werden auch Anforderungen an das Controlling, so
dass die Schaffung einer Stabsstelle oder einer Controllingabteilung
erforderlich ist. Bei großen Unternehmen kann die Einrichtung eines
zentralen Controllings, das durch dezentrale Controllingstellen in
den einzelnen Bereichen unterstützt wird, sinnvoll sein.

In jedem Fall ist die Einstellung von speziell ausgebildeten Mitarbeitern oder die Schulung und Weiterbildung des bestehenden Perso-
nalstamms erforderlich. Durch die Übertragung von Controlling-
aufgaben ohne Schulung oder die reine Umbenennung bereits be-
stehender Abteilungen (z. B. der Abteilung Rechnungswesen, der
betriebswirtschaftlichen Abteilung oder der EDV-Abteilung), wie es
in der Praxis teilweise praktiziert wurde, wird hingegen kein Controllingsystem geschaffen, das diesen Namen auch verdient.

Bei seiner Tätigkeit hat sich das Controlling an den **Zielen** des Ge-
samtunternehmens zu orientieren und diese zu fördern. Bei Indust-

rieunternehmen gilt somit als Leitlinie für das Controlling, dass der Unternehmenserfolg zu steigern oder die Gewinnerzielung des Unternehmens sicherzustellen ist.

Es lassen sich die Bereiche strategisches und operatives Controlling unterscheiden. Im Rahmen des **strategischen Controllings** werden langfristige, grundlegende Entscheidungen vorbereitet. Durch das strategische Controlling soll die Existenz des Unternehmens dauerhaft gesichert werden. Neben Informationen aus dem eigenen Unternehmen sind in größerem Umfang Informationen aus dem Umfeld des Unternehmens zu berücksichtigen. Diese Informationen dienen zur Prognose von künftigen Entwicklungen sowie zum frühzeitigen Erkennen von Chancen und Risiken durch Veränderungen in der Unternehmensumwelt (Politik, Absatzmärkte).

Das **operative Controlling** beschäftigt sich mit dem Alltagsgeschäft und besitzt eine kurzfristige Ausrichtung. Es werden Detailprobleme (z. B. einzelne Produkte oder Prozesse) und kurzfristige Aspekte betrachtet. Die verarbeiteten Informationen stammen überwiegend aus dem Unternehmen selbst. Das operative Controlling soll die Wirtschaftlichkeit der ablaufenden Prozesse und die Rentabilität des Unternehmens sicherstellen. Durch die Umwandlung der Unternehmensziele in Planvorgaben (z. B. in Form von Budgets) soll den Kostenstellenleitern, aber auch jedem Mitarbeiter die Kontrolle seiner Arbeitsergebnisse ermöglicht werden.

Bei den meisten Unternehmen liegt der Aufgabenschwerpunkt des Controllings im operativen Bereich. Das strategische Controlling hat vor allem bei größeren Unternehmen in den vergangenen Jahren an Bedeutung gewonnen.

5.2 Aufgabenbereiche

Durch das Controlling werden zur Unterstützung der Unternehmensleitung Planungs-, Kontroll- und Informationsversorgungsaufgaben wahrgenommen. Daneben soll das Controlling die Koordination der in diesen Bereichen ablaufenden Prozesse sicherstellen.

Im Bereich der **Planung** hat das Controlling

- Planungsverfahren zu entwickeln und bereitzuhalten,
- Randbedingungen und Planungsgrundlagen festzulegen,
- Unternehmensziele zu operationalisieren (d. h. in umsetzbare Größen umzuwandeln),
- die Planung in Zusammenarbeit mit anderen Bereichen des Unternehmens durchzuführen und Pläne aufzustellen,
- Entscheidungsalternativen aufzuzeigen und
- den gesamten Planungsprozess zu koordinieren.

Durch die Fortentwicklung und ständige Pflege der Planungsinstrumente übernimmt das Controlling eine Serviceaufgabe für das Unternehmen, das im Schrifttum auch als **systembildende Funktion** des Controllings bezeichnet wird.

Der Bereich der Planung lässt sich nach dem Planungshorizont in die langfristige („strategische") und die kurzfristige („operative") Planung unterteilen. Beide Bereiche besitzen ein spezifisches Instrumentarium.

Die **Kontrolle** baut auf der Planung auf. Im Rahmen der Kontrolle wird überwacht, ob die aufgestellten Pläne und Vorgaben eingehalten werden. Dazu ist ein Kontrollinstrumentarium aufzubauen und zu pflegen. Durch die Kontrolle sollen nicht nur Abweichungen, sondern auch deren Ursachen aufgezeigt werden.

Üblicherweise werden Kontrollen in Form von **Ex-post-Kontrollen** während oder nach der Durchführung eines Vorgangs (Planrealisierung, Produktion) durch Soll-Ist-Vergleiche vorgenommen. Ergänzend dazu kann durch **Ex-ante-Kontrollen** versucht werden, bereits vor der Realisierungsphase drohende Entwicklungen zu erkennen und der Unternehmensleitung mitzuteilen.

Die Weiterleitung von Informationen als weitere Aufgabe des Controllings ergibt sich aus den vorangegangenen Ausführungen zu Planung und Kontrolle. Das Controlling hat die **Informationsversorgung** des Unternehmens sicherzustellen. Dabei sollten die Informationen zielgerichtet und komprimiert weitergeleitet werden. Dazu ist zunächst der Informationsbedarf der einzelnen Adressaten zu ermitteln, um dann ein „Informationsdesign" (z. B. die Aufbereitung von Daten in Grafikform oder die Berichtsgestaltung) festzulegen.

Neben der **systembildenden Funktion** durch die Fortentwicklung der bestehenden Planungs-, Kontroll- und Informationssysteme besitzt das Controlling auch Koordinationsaufgaben. Die einzelnen Bereiche des Unternehmens und die bestehenden Informationssysteme sind aufeinander abzustimmen (**systemkoppelnde Funktion**). Das Controlling hat ferner dafür zu sorgen, dass die bestehenden Systeme, Methoden und die aufgestellten Pläne den Mitarbeitern des Unternehmens bekannt sind und von ihnen akzeptiert werden. Das Controlling kann so dafür sorgen, dass wirtschaftliches Handeln von jedem Mitarbeiter verinnerlicht und zum Leitbild für den eigenen Arbeitsbereich wird.

5.3 Überblick über das Instrumentarium des Controllings

Zur Erfüllung der Aufgaben des Controllings steht eine Vielzahl von Verfahren und Techniken zur Verfügung, von denen in diesem Buch nur eine Auswahl wichtiger Instrumente dargestellt werden kann. Ausführlichere Erläuterungen und die Beschreibung von weiteren Instrumenten finden sich bei *Schultz*, Basiswissen Controlling, S. 29 ff.

Ein Teil der Instrumente stammt ursprünglich aus anderen Bereichen der Betriebswirtschaftslehre, insbesondere aus dem Bereich der Planung und Kontrolle. Daneben lassen sich auch viele Managementtechniken für Controlling-Aufgaben einsetzen. Die Instrumente sind entsprechend den Anforderungen eines Unternehmens auszuwählen und anzupassen.

Die Instrumente lassen sich nach verschiedenen Kriterien klassifizieren. Im Folgenden sind die Instrumente nach der Aufgabe, die sie innerhalb des Controllings erfüllen, geordnet. Zunächst werden Verfahren aus dem Bereich des strategischen Controllings vorgestellt (Prognose künftiger Entwicklungen, Unternehmenspositionierung).

Der Übergang zum operativen Controlling (Produktbeurteilung, Budgetierung) ist fließend. Abschließend folgen Instrumente, durch die die Informationsversorgung sichergestellt wird.

5.3.1 Instrumente zur Prognose künftiger Entwicklungen

Es ist für ein Unternehmen von großer Bedeutung, künftige Trends und Entwicklungen frühzeitig zu erkennen, damit das Unternehmen rechtzeitig darauf reagieren kann. Viele zukünftige Entwicklungen zeichnen sich frühzeitig ab und könnten mit trivialen Methoden registriert werden. Doch das Alltagsgeschäft und die Flut von Informationen verhindern eine Wahrnehmung. Mit den in diesem Kapitel vorgestellten Verfahren wird versucht, die Erfassung und Weiterverarbeitung von Signalen zu systematisieren, so dass sie nicht übersehen werden und den Entscheidungsträgern rechtzeitig bekannt sind.

5.3.1.1 Gap-Analyse

Die **Gap-Analyse** (oder **Lückenanalyse**) ist ein Instrument der strategischen Planung, mit dem Differenzen zwischen der Planung und der prognostizierten Zielerreichung aufgezeigt werden können. Die entstehende Differenz wird als Ziellücke (engl. „Gap") bezeichnet, die durch das Ergreifen von Maßnahmen geschlossen werden sollte.

Die Gap-Analyse lässt sich in einem Koordinatensystem darstellen; dabei wird über der Zeitachse die Entwicklung der Zielgröße aufgetragen (vgl. Abb. 5–1). Als **Zielgröße** oder Lückenindikator können beispielsweise Umsatz, Gewinn, Rendite oder Marktanteil des Unternehmens oder eines Geschäftsfeldes dienen.

In Abb. 5–1 werden Entwicklungslinie, Potentiallinie und Ziellinie unterschieden. Die **Entwicklungslinie** zeigt den Verlauf der Zielgröße, wenn die bisher geplanten Maßnahmen umgesetzt werden. Sie bildet das Basisgeschäft des Unternehmens (oder der betrachteten strategischen Geschäftseinheit) unter Berücksichtigung der vorhandenen Stärken, Chancen, Schwächen und Risiken ab.

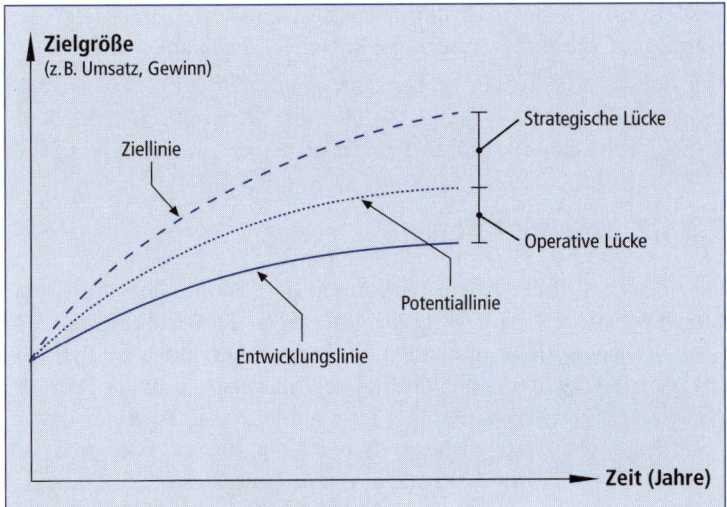

Abb. 5–1: Prinzip der Gap-Analyse

Mit dem vorhandenen Potential des Unternehmens lässt sich durch operative Maßnahmen die Zielgröße steigern, ohne dass neue Produkte entwickelt oder Märkte erschlossen werden müssen. Diese Steigerung durch eine bestmögliche Nutzung der vorhandenen Gegebenheiten (z. B. durch eine bessere Marktdurchdringung) bildet die **Potentiallinie** ab. Eine Steigerung darüber hinaus ist nur möglich, wenn das Potential des Unternehmens erweitert wird. Diesen optimalen Verlauf der Zielgrößenkurve nach Potentialerweiterung bezeichnet man als **Ziellinie**.

Die Lücke, die sich zwischen Potential- und Entwicklungslinie ergibt, wird als **operative Lücke** bezeichnet. Diese Lücke kann durch operative Maßnahmen (z. B. Kostensenkungsprogramme, Verbesserung der Logistik, bessere Abstimmung der Produktionsprozesse, bessere Durchdringungen der bestehenden Märkte) mittelfristig verkleinert oder geschlossen werden.

Die Differenz zwischen Ziel- und Potentiallinie heißt **strategische Lücke**. Sie kann nur durch neue Projekte, eine veränderte Strategie (z. B. Innovationen) oder eine Veränderung der seitherigen, einengenden Unternehmensstruktur geschlossen werden und zeigt den Handlungsbedarf für strategische Entscheidungen auf.

Die Gap-Analyse ist ein grobes Instrument, das durch weitere Methoden vertieft und ergänzt werden muss. Zur optischen Verdeutlichung von Chancen und Risiken ist sie jedoch sinnvoll einsetzbar.

5.3.1.2 Szenariotechnik

Die Szenariotechnik ist ein Instrument der Zukunftsforschung, das verschiedene denkbare Wege der künftigen Entwicklung aufzeigt. Mit ihr lassen sich zum einen in Form einer globalen Betrachtungsweise Fragen wie die künftige Energieversorgung der Erde abschätzen („Globalszenarien"); zum anderen ist sie auch auf Unternehmens- oder Geschäftsbereichsebene einzusetzen. Hier dient die Szenario-Technik der Überprüfung von Leitbildern, der Strategiefindung, der Strategiebewertung sowie der Bewertung von Entscheidungsalternativen. Zudem kann die Szenario-Technik zur strategischen Frühaufklärung eingesetzt werden.

Unter einem **Szenario** wird die Darstellung einer möglichen künftigen Situation und des Weges, der zu dieser Situation führt, verstanden. Im Rahmen der Szenariotechnik werden mehrere solcher Szenarien erstellt und in Form eines Szenariotrichters grafisch dargestellt (vgl. Abb. 5–2).

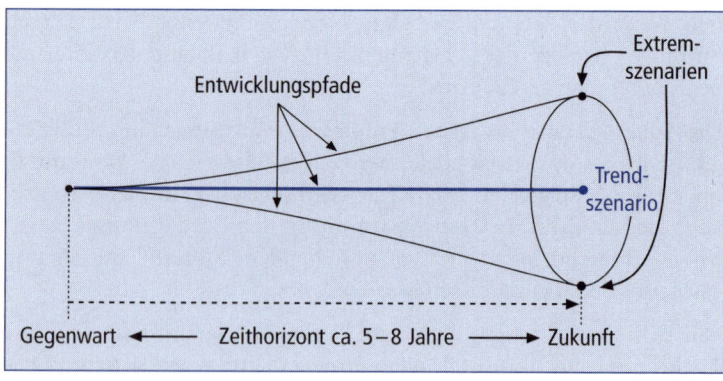

Abb. 5–2: Szenario-Trichter

Der **Szenariotrichter** bildet in seiner Grundversion drei verschiedene Szenarien ab: Neben den beiden **Extremszenarien**, die mit dem bestmöglichen („best case") Entwicklungspfad die obere Begrenzung und dem schlechtesten („worst case") Entwicklungspfad die untere Begrenzung des Trichters bilden, enthält der Szenariotrichter das **Trendszenario**, das die wahrscheinliche Entwicklung bei gegebenen Randbedingungen aufzeigt. Daneben können weitere Szenarien in Form von alternativen Entwicklungspfaden aufgenommen werden. Da die Erstellung eines Szenarios recht aufwendig ist, beschränkt man sich in der Praxis im Regelfall auf zwei bis drei Szenarien.

Die Szenariotechnik greift auf Informationen zurück, die das Controlling des Unternehmens liefert. Da Szenarien auch stark vom Unternehmensumfeld abhängig sind, spielen insbesondere Informationen, die im Rahmen der Umweltanalyse (vgl. Kap. 5.3.2.1) gewonnen werden, eine große Rolle.

Bei der Erstellung eines Szenarios lassen sich drei **Phasen** unterscheiden:

- **Analysephase:** Beschreibung der Ausgangssituation und der Rahmenbedingungen, Aufzeigen von Problembereichen.

- **Prognosephase:** Abschätzen von künftigen Entwicklungen, Aufzeigen von überraschenden Ereignissen, Festlegen von Entscheidungskriterien.

- **Synthesephase:** Zusammensetzung der ermittelten Entwicklungswege zu einem Szenario.

Anschließend werden die Ergebnisse in den Planungs- und Entscheidungsprozess des Unternehmens integriert. Dabei sind die ermittelten Szenarien ständig auf einem aktuellen Stand zu halten.

Die Szenario-Technik liefert bessere Ergebnisse als eine reine Trendextrapolation, da mehrere Lösungswege und neben qualitativen auch quantitative Einflussgrößen berücksichtigt werden. Nachteilig sind der hohe organisatorische Aufwand, der zur Erstellung eines Szenarios erforderlich ist, und subjektive Einflüsse, durch die die Ergebnisqualität beeinflusst wird. Die Szenario-Technik ist erheblich von der Fach- und Methodenkompetenz der mit der Durchführung beauftragten Personen abhängig.

5.3.1.3 Früherkennungssysteme und Risikomanagement

Früherkennungssysteme dienen dazu, Chancen und Risiken für ein Unternehmen in einem sehr frühen Stadium aufzuzeigen, damit der Unternehmensführung genügend Zeit verbleibt, um Maßnahmen zur Nutzung der Chancen oder zur Abwehr von Gefahren zu ergreifen. Im Schrifttum wird in diesem Zusammenhang teilweise der Aspekt der Risikoerkennung in den Vordergrund gestellt und von „**Frühwarnsystemen**" gesprochen; daneben ist als synonyme Bezeichnung auch der Begriff „**Frühaufklärung**" üblich.

Eine Früherkennung von Chancen und Risiken kann sowohl für den kurzfristigen (operativen) als auch für den langfristigen (strategischen) Bereich vorgenommen werden. Es lassen sich drei „Generationen" von Früherkennungssystemen unterscheiden, wobei die beiden ersten Generationen der operativen, die dritte der strategischen Früherkennung zuzurechnen sind:

Früherkennungssysteme der ersten Generation: Die Früherkennung wird über einen Zeitvergleich von **Kennzahlen** vorgenommen (zu Kennzahlen und Kennzahlensystemen vgl. Kap. 5.3.5.4). Aus der Unter- oder Überschreitung der vorgegebenen Sollwerte können die Auswirkungen für die bestehenden Planungen ermittelt und Maßnahmen eingeleitet werden. Durch eine Verknüpfung der Kennzahlen zu Kennzahlensystemen lässt sich die Aussagekraft steigern.

Im Vergleich zu den Ergebnissen des externen Rechnungswesens, dessen Informationen erst nach Abschluss eines Geschäftsjahres zur Verfügung stehen, stellen Kennzahlen eine wesentliche Verbesserung dar. Kennzahlen lassen sich monats- oder quartalsweise ermitteln; durch Hochrechnung lässt sich die Einhaltung der Jahresplanung schon während des Geschäftsjahres abschätzen, so dass auf negative Entwicklungen im Geschäftsverlauf schneller reagiert werden kann. Dennoch ist es für eine angemessene Reaktion häufig schon zu spät, wenn Abweichungen bei den Kennzahlen festgestellt werden. Deshalb wird im Schrifttum häufig der „Späterkennungscharakter" kritisiert, den die Systeme der ersten Generation aufweisen.

Früherkennungssysteme der zweiten Generation: Zum Aufspüren von noch nicht allgemein erkennbaren Signalen und Entwicklungen wird ein System von **Frühwarnindikatoren** aufgebaut, das frühzeitiger als die herkömmlichen Instrumente die entsprechenden Informationen liefert. Ziel ist der Aufbau eines umfassenden Systems von Frühwarnindikatoren, das alle internen und externen Entwicklungen, die für ein Unternehmen relevant sind, abbildet.

Beim Aufbau eines solchen Systems von Frühwarnindikatoren werden einzelne Beobachtungsfelder abgegrenzt und für diese Felder Indikatoren bestimmt. Als **unternehmensinterne Beobachtungsfelder** dienen das Produktionsprogramm, der Personalbereich (Mitarbeiterfluktuation, Krankenstand, Lohn- und Gehaltsentwicklung), Forschungs- und Entwicklungsaktivitäten, Absatz (Umsatz, Auftragseingänge), Produktion (Produktionsmenge, Lohnkostenanteil) sowie die Finanzlage des Unternehmens (Cashflow, Liquiditätsreserve). **Unternehmensextern** werden der wirtschaftliche (Konjunktur, Arbeits-, Beschaffungs-, Absatz- und Kapitalmarkt), der technologische (neue Verfahren und Technologien) und der politische Bereich über Indikatoren abgebildet.

Sämtliche Indikatoren sollten eindeutige Ergebnisse liefern, frühzeitig verfügbar und leicht zu ermitteln sein. Es ist darauf zu achten, dass die Indikatoren nicht auf vergangenheitsbezogene Größen, sondern auf zukunftsorientierte Phänomene ausgerichtet sind. Ein Unternehmen hat Maßnahmen einzuleiten, wenn ein Indikator die indikatorspezifisch festgelegte Toleranzgrenze überschreitet.

Früherkennungssysteme der dritten Generation: Die Früherkennungssysteme der ersten beiden Generationen sind dadurch charakterisiert, dass sie nur Chancen und Risiken aufzeigen können, für die eine geeignete Kennzahl oder ein geeigneter Indikator festgelegt wurde. Völlig neue Entwicklungen, die jedoch erhebliche Bedeutung für das Unternehmen besitzen können, werden hingegen nicht erfasst. Doch auch derartige Veränderungen in der Unternehmensumwelt kündigen sich im Regelfall durch **schwache Signale** an, die mit den Früherkennungssystemen der dritten Generation frühzeitig erkannt und aufbereitet werden sollen.

Schwache Signale lassen sich im Regelfall nur qualitativ beschreiben. Da alle Veränderungen im politischen und im sozio-kulturellen Bereich durch Menschen verursacht werden, lassen sich durch eine Analyse von Meinungen, Pressemeldungen, Veröffentlichungen und Gerichtsurteilen Signale ermitteln, die auf Veränderungen (Diskontinuitäten) hindeuten. Diese sind mit einem „Strategischen Radar" zu erfassen. Dies kann dadurch geschehen, dass alle (leitenden) Mitarbeiter eines Unternehmens über „Trendmeldungsformulare" Beobachtungen an das Controlling weiterleiten, die zentral ausgewertet werden. Bei richtiger Deutung der Signale kann das Unternehmen frühzeitig reagieren. Das Risiko von Fehldeutungen darf hierbei jedoch aufgrund der mangelnden Operationalisierung der Signale nicht unterschätzt werden.

Früherkennungssysteme verbessern die Informationslage eines Unternehmens erheblich, so dass Entscheidungen qualifizierter und frühzeitiger getroffen und die Steuerung des Unternehmens zielgerichteter vorgenommen werden können. Nur die vorausschauende Betrachtung von Chancen und Risiken ermöglicht eine erfolgreiche Weiterentwicklung des Unternehmens.

Dennoch können Früherkennungssysteme eine umfassende Informationsversorgung des Unternehmens nicht sicherstellen. Die Gefahr, dass wichtige Bereiche durch die bestehenden Systeme nicht erfasst werden, besteht immer. Zudem ist es sehr schwer, aus der Vielfalt der Informationen und Signale die relevanten Größen herauszufiltern. Insbesondere aus dem politischen Bereich drohen Umwälzungen, die erhebliche Auswirkungen auf ein Unternehmen besitzen, aber nicht vorhersagbar sind. So kam der völlige Zusammenbruch des Ostblocks in den Jahren 1989/90 zu diesem Zeitpunkt überraschend; noch zu Beginn des Jahres 1989 hätte damit niemand gerechnet.

Als Reaktion auf **spektakuläre Unternehmenskrisen** in den 1990er Jahren fand im Rahmen des 1998 verabschiedeten „Gesetzes zur Kontrolle und Transparenz im Unternehmensbereich" das Controlling-Instrument „Frühaufklärungssystem" Eingang in eine gesetzliche Regelung. Demnach sind Aktiengesellschaften verpflichtet, ein internes Überwachungssystem aufzubauen, um drohende Risiken und gefährdende Entwicklungen frühzeitig erkennen und Gegenmaßnahmen einleiten zu können (§91 Absatz 2 AktG). In der Gesetzesbegründung wird den Bereichen „interne Revision" und „Controlling" die Zuständigkeit für Einrichtung und Pflege eines derartigen **Risiko-Management-Systems** zugewiesen. Damit unterstreicht auch der Gesetzgeber die Bedeutung von Früherkennungssystemen.

Ein **Risiko-Management-System**, das den gesetzlichen Anforderungen gerecht wird, setzt sich aus mehreren Teilprozessen zusammen, die in Abb. 5–3 in schematischer Form zusammengefasst sind.

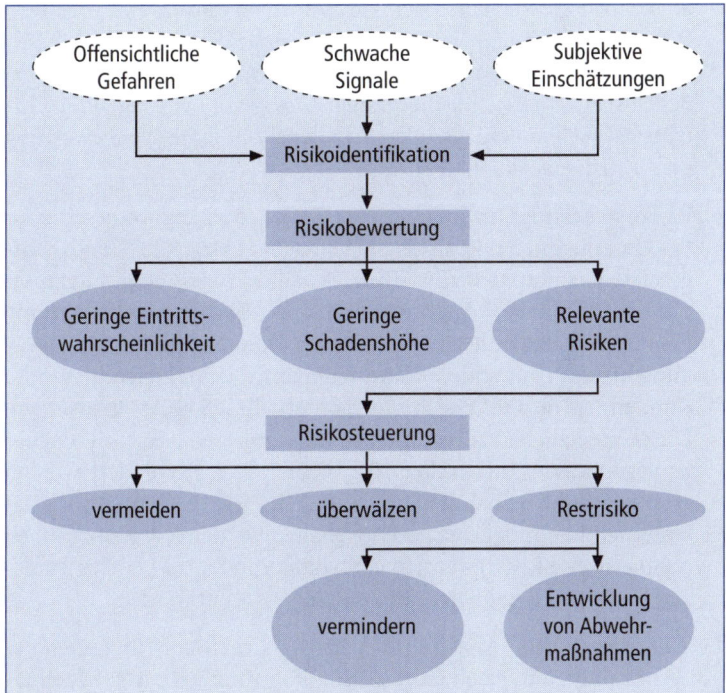

Abb. 5–3: Teilprozesse eines Risiko-Management-Systems

- **Risikoidentifikation:** Zur Erfassung der wesentlichen Risiken, die ein Unternehmen bedrohen kann, sind Problembereiche, sog. Risikofelder, abzustecken. Diese Bereiche müssen ständig oder in regelmäßigen Abständen nach Risiken durchleuchtet werden. In Form einer „Risikoinventur" werden die einzelnen Unternehmensbereiche systematisch und nach vergleichbaren Kriterien auf Risiken abgeklopft. Die Erfassung der Risiken erfolgt entweder aufgrund von offensichtlichen Gefahren, aufgrund von schwachen Signalen oder aufgrund von subjektiven Einschätzungen der Mitarbeiter.

- **Risikobewertung:** Die Bewertung der aufgezeigten Risiken erfolgt nach deren Eintrittswahrscheinlichkeit und der möglichen Schadenshöhe, die entstehen kann. Risiken, die eine geringe Eintrittswahrscheinlichkeit oder eine geringe Schadenshöhe besitzen, können von der weiteren Betrachtung ausgenommen werden. Es muss jedoch sichergestellt sein, dass bei steigender Eintrittswahrscheinlichkeit oder Schadenshöhe eine Neubewertung dieser Risiken erfolgt.

- **Risikosteuerung:** Im Rahmen der Risikosteuerung werden die für das Unternehmen relevanten Risiken näher betrachtet. Um das aufgezeigte Gesamtrisiko zu reduzieren, sind Prozesse und Organisationsstrukturen des Unternehmens so zu gestalten, dass bestimmte Risiken völlig vermieden (z. B. durch Bonitätsprüfung von Neukunden) oder auf andere Marktteilnehmer (z. B. Lieferanten oder Kunden) sowie auf Versicherungsunternehmen abgewälzt werden. Durch zusätzliche Maßnahmen ist das verbliebene Restrisiko weiter zu vermindern. Für Risiken, die nicht weiter vermindert werden können, sind Maßnahmen zu entwickeln, wie der Schaden für das Unternehmen möglichst gering gehalten werden kann. So können beispielsweise Risikoprämien einkalkuliert oder die Geschäftstätigkeit breit nach Regionen oder Branchen gestreut werden.

Die Ergebnisse der Analyse sind im Unternehmen in geeigneter Form bekannt zu machen (sog. „Risikokommunikation"). Regelmäßige „Risikoberichte" schaffen Transparenz bezüglich der Risikosituation des Unternehmens.

Die einzelnen Teilprozesse bilden zusammen das Risiko-Management-System eines Unternehmens. Die Vorgehensweise und die bestehenden Regelungen sind in Form einer Risiko-Management-Richtlinie zu definieren. Die Einhaltung der Richtlinie hat eine unabhängige Instanz zu überwachen. Diese Überwachungsaufgabe kann dem Wirtschaftsprüfer, aber auch der „Internen Revision" übertragen werden.

5.3.2 Instrumente zur Beurteilung der Position eines Unternehmens

Zur langfristigen Sicherstellung des Unternehmenserfolgs müssen die Absatzmärkte und die Aktivitäten der Konkurrenzunternehmen beobachtet werden. Anschließend sind die Beobachtungen in ein Verhältnis zum eigenen Unternehmen zu stellen. Die systematische Sammlung von Informationen und deren Interpretation, aber auch die Abschätzung von zukünftigen Entwicklungen lässt sich mit den folgenden Instrumenten vornehmen.

5.3.2.1 Umfeldanalyse

Um die Position eines Unternehmens beurteilen zu können, müssen die vorhandenen unternehmensinternen Informationen ständig durch Informationen über das **Unternehmensumfeld** ergänzt werden. Dies geschieht im Rahmen der Umwelt- oder Umfeldanalyse, die im englischsprachigen Schrifttum als „environmental scanning" bezeichnet wird.

Schwerpunkt der Umfeldanalyse eines Unternehmens bilden Informationen über die relevanten Märkte und die wichtigsten Konkurrenten des Unternehmens. Es lassen sich verschiedene Vorgehensweisen bei der Informationsbeschaffung unterscheiden, die von einem ungerichteten, eher zufälligen Informationserwerb („Undirected Viewing") bis hin zu einer gezielten Suche nach einer festen Vorgehensweise („Formal Search") reichen.

Durch das **EAP-Modell** (Environmental-Assessment-Process-Modell) von *Neubauer* und *Solomon* erfolgt eine systematische Umfeldanalyse, bei der Entwicklungstrends und deren Bedeutung für das Unternehmen ermittelt werden. Das Ergebnis bildet eine so genannte „Impact Matrix", aus der abgelesen werden kann, welche Auswirkungen (engl. „impact") die ermittelten Umfeldfaktoren (in Form von Erwartungen, die das Umfeld z. B. in Form von Kundenwünschen an das Unternehmen stellt, und von Umwelttrends) auf die verfolgten Strategien und die vorhandenen Marktaufträge des Unternehmens besitzen. Abb. 5–4 zeigt eine derartige Impact Matrix.

			Strategien S_i				Marktaufträge M_i				Auswirkung A_1	
			S_1	S_2	S_3	S_4	M_1	M_2	M_3	M_4	+	–
Externe Einflussgrößen	Trends T_i	T_1	+3	+2	+5	+4	+2	–3	–2	0	+16	–5
		T_2	0	–1	+4	+5	+4	+3	+2	+5	+23	–1
		T_3	+3	–2	0	–2	+3	–5	–1	+3	+9	–10
		T_4	+3	+4	+3	+4	+3	+5	+2	–1	+26	–1
	Erwartungen E_i	E_1	–1	–2	+3	-2	+2	0	–1	+1	+6	–6
		E_2	+3	–2	0	+2	+3	–5	–1	+3	+11	–8
		E_3	–2	–4	–5	–2	–1	0	–2	0	0	–16
		E_4	+2	–3	+2	+3	+4	–1	0	+2	+13	–4
		E_5	0	–3	–1	–1	+2	+4	+2	0	+9	+4
Auswirkung A_2	+		+16	+6	+17	+19	+23	+12	+6	+14		
	–		–3	–17	–6	–6	–1	–14	–7			

Abb. 5–4: Beispiel für eine „Impact-Matrix"

Die Zahlen in Abb. 5–4 ergeben sich, indem für jeden Umfeldtrend T_i und jede Erwartung E_i sämtliche Strategien und sämtliche Marktaufträge des Unternehmens mit einer Bewertungsziffer zwischen –5 (sehr hohes Risiko) und +5 (sehr große Chance) bewertet werden. Die in die Matrix eingetragenen Bewertungsziffern werden dann zeilen- und spaltenweise aufaddiert, und zwar getrennt nach positiven und negativen Werten. Durch die **Zeilensummen** (in Abb. 5–4 Auswirkung A_1) wird deutlich, welche Umfeldfaktoren für das Unternehmen einen besonders positiven oder negativen Einfluss haben und daher besonders aufmerksam betrachtet werden sollten. Aus den **Spaltensummen** (in Abb. 5–4 Auswirkung A_2) lassen sich Chancen und Risiken bei den vorhandenen Strategien und Aufträgen des Unternehmens ablesen.

Aus den Zahlen in Abb. 5–4 können die folgenden Schlüsse gezogen werden: Aufgrund der betragsmäßig hohen Werte in den +/–Spalten von A_1 und A_2 besitzt Trend T_4 einen besonders positiven, Erwartung E_3 einen besonders negativen Einfluss auf das Unternehmen. Strategie S_2 birgt hohe Risiken, während Marktauftrag M_1 große Chancen bietet.

5.3.2.2 Strategische Erfolgsfaktoren

Unter strategischen Erfolgsfaktoren werden Größen verstanden, die einen maßgeblichen Einfluss auf den Gewinn eines Unternehmens besitzen. Durch die Analyse der Erfolgsfaktoren eines Unternehmens und den anschließenden Vergleich der gewonnenen Ausprägungsformen lässt sich die Position des Unternehmens in Bezug zu den Hauptkonkurrenten oder zu den Unternehmen der gleichen Branche bestimmen.

Als strategische Erfolgsfaktoren gelten Kenngrößen, die die Produktions- und Kostensituation des Unternehmens sowie seine Position in den Märkten abbilden. Dazu können Kenngrößen aus dem externen und internen Rechnungswesen herangezogen werden. Zusätzliche Informationen lassen sich durch Marktforschung gewinnen. Welche Faktoren für ein Unternehmen einen strategischen (d. h. langfristigen) Einfluss auf den Erfolg besitzen, muss aufgrund langjähriger Erfahrung ermittelt werden.

Um an Vergleichswerte von anderen Unternehmen zu gelangen, kann auf veröffentlichte Unterlagen (z. B. Jahresberichte) von einzelnen Wettbewerbern, aber auch auf Statistiken (z. B. des Statistischen Bundesamtes) zurückgegriffen werden.

Erleichtert wird eine Analyse der strategischen Erfolgsfaktoren durch Datenbanken, die speziell für diesen Zweck aufgebaut werden. So hat im Jahre 1960 das US-amerikanische Unternehmen General Electric das „Profit Impact of Market Strategies Project" (abgekürzt: PIMS) ins Leben gerufen, das heute als unabhängiges Institut fortbesteht. In einer Studie wurden 37 strategische Erfolgsfaktoren herausgearbeitet, die einen Einfluss auf den Gewinn eines Unternehmensgeschäftsfeldes besitzen sollen. Die im Rahmen der **PIMS-Studie** berücksichtigten Faktoren beziehen sich auf die Wettbewerbsposition (z. B. Preis, Produktqualität, Marktanteil), das Marktumfeld (z. B. Wachstum, Kundenmerkmale) sowie auf die Produktionsstruktur (z. B. Produktivität, Investitionsintensität) eines Unternehmensgeschäftsfeldes. Die Ergebnisse sind in einer Datenbank gespeichert, mit deren Hilfe Voraussagen über den Erfolg von Geschäftsfeldern getroffen und künftige Strategien abgeleitet werden können.

5.3.2.3 Stärken-Schwächen-Analyse

Es ist für die Unternehmensführung von höchster Bedeutung, die Stärken und Schwächen des eigenen Unternehmens zu kennen. Ein Hilfsmittel hierzu ist die **Stärken-Schwächen-Analyse**, die auch als **SOFT-Analyse** (Abkürzung für Strengths-Opportunities-Failures-Threats-Analyse) oder als **Potentialanalyse** bezeichnet wird.

Ausgangspunkt der Analyse bildet ein Kriterienkatalog, der so aufgebaut sein muss, dass er die ganzheitliche Beurteilung eines Unternehmens oder eines Unternehmensbereichs ermöglicht. Bei der Aufstellung des Katalogs kann auf unternehmenseigene Anforderungen und Schwerpunkte, auf ermittelte strategische Erfolgsfaktoren (vgl. Kap. 5.3.2.2), aber auch auf Beispiele aus dem Schrifttum zurückgegriffen werden.

Im nächsten Schritt ist für jedes Kriterium die Position des Unternehmens festzulegen. Als Maßstab zur Bewertung des eigenen Unternehmens kann ein Konkurrenzunternehmen oder ein Mittelwert aus den Beurteilungen der wichtigsten Konkurrenten herangezogen werden.

Das Ergebnis der Bewertung wird anschließend in ein so genanntes **Stärken-Schwächen-Profil** eingetragen und dadurch visualisiert. In Abb. 5–5 werden Stärken-Schwächen-Profile von zwei Unternehmen gegenüber gestellt.

Durch eine ständige Fortschreibung der Stärken-Schwächen-Analyse können Entwicklungstendenzen aufgezeigt und dokumentiert

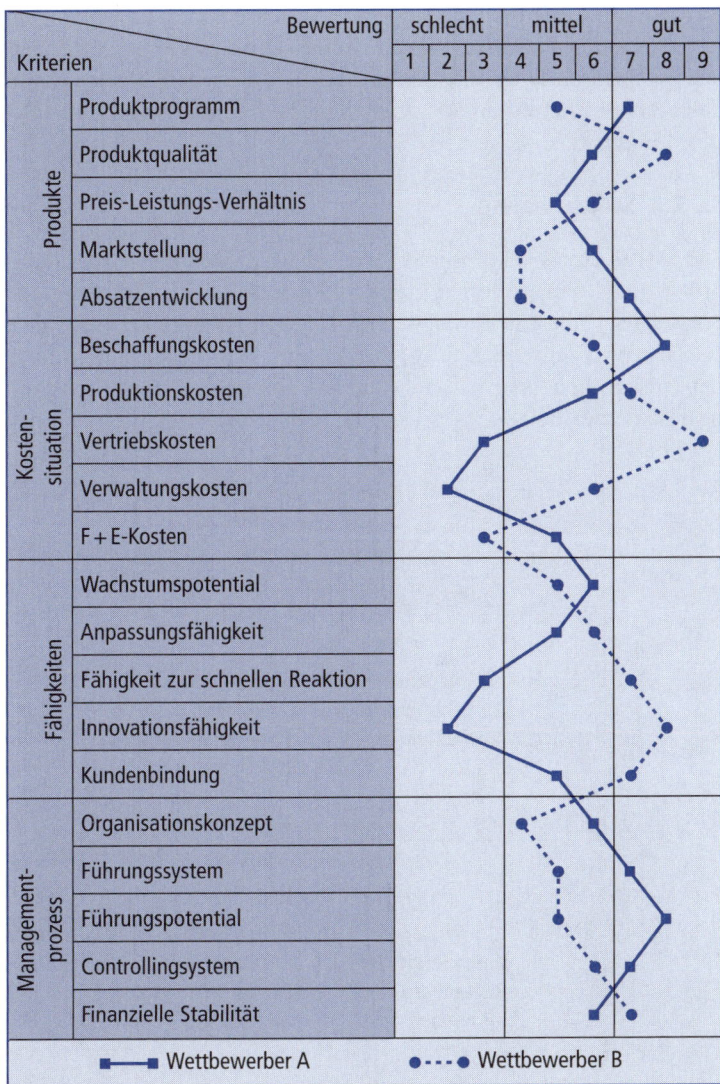

	Bewertung	schlecht			mittel			gut		
Kriterien		1	2	3	4	5	6	7	8	9
Produkte	Produktprogramm									
	Produktqualität									
	Preis-Leistungs-Verhältnis									
	Marktstellung									
	Absatzentwicklung									
Kosten- situation	Beschaffungskosten									
	Produktionskosten									
	Vertriebskosten									
	Verwaltungskosten									
	F + E-Kosten									
Fähigkeiten	Wachstumspotential									
	Anpassungsfähigkeit									
	Fähigkeit zur schnellen Reaktion									
	Innovationsfähigkeit									
	Kundenbindung									
Management- prozess	Organisationskonzept									
	Führungssystem									
	Führungspotential									
	Controllingsystem									
	Finanzielle Stabilität									

■——■ Wettbewerber A   ●---● Wettbewerber B

Abb. 5–5: Stärken-Schwächen-Profil (Quelle: *Schultz*, **Basiswissen Controlling**, S. 214)

werden. Ein wesentlicher Mangel des Verfahrens liegt in der Subjektivität bei der Bewertung der einzelnen Kriterien. Dieser Mangel lässt sich durch langjährige Erfahrung der mit der Stärken-Schwächen-Analyse betrauten Mitarbeiter oder durch die Vorgabe von Beurteilungsrastern vermindern.

5.3.2.4 SWOT-Analyse

Die SWOT-Analyse kombiniert eine Analyse von internen Einflussgrößen (in Form von unternehmensspezifischen Stärken und Schwächen) mit einer Analyse von externen Chancen und Risiken (Gefahren). Die Bezeichnung leitet sich aus den Anfangsbuchstaben der entsprechenden englischen Begriffe Strengths (Stärken), Weaknesses (Schwächen), Opportunities (Chancen) und Threats (Risiken) her.

Interne Einflussgrößen		
	Stärken	Schwächen
Chancen	① Einsatz der **Stärken** des Unternehmens zur Ausnutzung der **Chancen** des Umfeldes	② Überwindung der **Schwächen** des Unternehmens durch Ausnutzung der **Chancen** des Umfeldes
Risiken	③ Einsatz der **Stärken** des Unternehmens zur Minimierung der **Risiken** des Umfeldes	④ Minimierung der **Schwächen** des Unternehmens und der **Risiken** des Umfeldes

(Externe Einflussgrößen)

Abb. 5–6: SWOT-Matrix

Durch Überlagerung der internen und externen Einflussgrößen entsteht die in Abb. 5–6 dargestellte Vier-Felder-Matrix, in der die vier Handlungsmaximen, die sich aus der SWOT-Analyse ergeben, eingetragen sind. Extrempositionen sind die Felder (1) und (4). Fällt ein Analysegegenstand in Feld (1) der Matrix, ist eine Wachstumsstrategie zu verfolgen: Die sich bietenden Entwicklungsmöglichkeiten sind unter Ausnutzung der vorhandenen Stärken des Unternehmens zu nutzen. Bei einer Positionierung in Feld (4) sind hingegen durch eine Defensivstrategie die drohenden Gefahren abzuwehren.

Die SWOT-Analyse lässt sich zur Strategiefindung, zur Situationsanalyse, zur Ausrichtung der Unternehmensstrukturen und zur Entwicklung neuer Geschäftsprozesse einsetzen. Auch im Bereich des Marketings spielt sie eine wichtige Rolle. Hier dient sie zur Produktanalyse und zur Erarbeitung von konkreten Verbesserungs- oder Optimierungsvorschlägen.

5.3.2.5 Benchmarking

Das Benchmarking ist ein aus den USA stammender Ansatz, durch den über einen Vergleich mit anderen Unternehmen eine Selbstbeurteilung von Unternehmen und daraus resultierend eine Qualitätsverbesserung erreicht werden soll.

Das ehrgeizige Ziel des Benchmarking ist es, durch einen ständigen Vergleich zum „Besten der Besten" Unternehmen zu werden. Das setzt die Bereitschaft voraus, ständig die eigenen Prozesse und Verfahren kritisch zu hinterfragen und Unternehmen, deren Weg Erfolg versprechender erscheint, zu imitieren.

Im Rahmen eines Benchmarking-Prozesses werden Produkte, Dienstleistungen, aber auch innerbetriebliche Prozesse und Methoden von verschiedenen Unternehmen miteinander verglichen. Neben dem Vergleich von direkten Konkurrenten ist es auch möglich, dass bei indirekten Produktionsbereichen (z. B. Lagerhaltung, Verwaltung) ein Benchmarking-Prozess mit Unternehmen aus völlig anderen Wirtschaftssektoren durchgeführt wird.

Grundlage für die Beurteilung bilden so genannte „Benchmarks", die als quantitative und als qualitative Kenngrößen einen Vergleich ermöglichen. Die Informationen können aus Jahresberichten, aus sonstigen Publikationen des Unternehmens oder aus Fachzeitschriften gewonnen werden. Daneben ist es ein wesentlicher Bestandteil des Benchmarking-Prozesses, dass auch subjektive Eindrücke, die bei persönlichen Gesprächen und bei Unternehmensbesichtigungen gewonnen werden, in das Verfahren einfließen.

Eine Benchmarking-Analyse lässt sich in die folgenden **Phasen** untergliedern:

- **Vorbereitungsphase:** Festlegung der Vergleichsgrößen (Benchmarks) und des Vergleichsunternehmens. Gewinnung der benötigten Informationen.

- **Analysephase:** Aufzeigen von Defiziten und deren Ursachen.

- **Umsetzungsphase:** Festlegungen von Strategien, um Verbesserungen zu erzielen und Defizite zu beseitigen. Aufstellen von Aktionsplänen und deren Umsetzung im Unternehmen.

Das Benchmarking ist ein kontinuierlicher Prozess, der ständig durchgeführt werden sollte. Die Benchmarks dienen nicht nur dem Controlling und der Unternehmensführung, sondern jedem betroffenen Mitarbeiter als Orientierungspunkte, die als Zielvorgabe motivieren können. Es muss allerdings vermieden werden, dass durch zu hoch gesteckte Ziele oder ständig neue Zielvorgaben eine Demotivierung der Mitarbeiter erfolgt.

5.3.3 Instrumente zur Beurteilung von unternehmensinternen Sachverhalten

Die folgenden Instrumente dienen der Beurteilung von Produkten und Produktgruppen, von Entscheidungsalternativen oder von Unternehmensbereichen.

5.3.3.1 Rückgriff auf die Kostenrechnung

Die gesamte Kostenrechnung bildet eine wesentliche Grundlage für das Controlling eines Unternehmens. Einzelne Bereiche der Kostenrechnung sind nicht nur indirekt, sondern unmittelbar zur Beurteilung einzelner Produkte und Produktgruppen einzusetzen.

Im Rahmen der **Kalkulation** (vgl. Kap. 4.4) werden die Kosten den Kostenträgern, d. h. den Produkten oder (Dienst-)Leistungen des Unternehmens, zugerechnet. Diese Kostenzurechnung bildet die Grundlage für die Preisbildung, aber auch für weitergehende Analysen.

Die Wirtschaftlichkeit lässt sich durch eine Gegenüberstellung von geplanten und tatsächlich angefallenen Kosten überprüfen (vgl. Kap. 4.6.5 Kostenkontrolle). Daneben ermöglichen die kalkulierten Preise einen direkten Vergleich mit Konkurrenzprodukten sowie eine Positionierung der Produkte und des gesamten Unternehmens im Absatzmarkt.

Durch **Kostenvergleichsrechnungen** lassen sich unter Zuhilfenahme der Zahlen der Kostenrechnung verschiedene Produktvarianten oder Entscheidungsalternativen vergleichen. Dazu sind die entscheidungsrelevanten Kosten für einzelne Unternehmensbereiche zu ermitteln und gegenüberzustellen.

Eine höhere Aussagekraft erhalten die Zahlen der Kostenrechnung durch den Übergang von der Vollkosten- zur Teilkostenrechnung, indem die Kosten in fixe (d. h. unveränderliche) und variable Bestandteile aufgespalten werden. Dadurch wird deutlich, in welchem Umfang sich die Kosten durch unternehmerische Entscheidungen beeinflussen lassen. Auf dem Teilkostenansatz basieren z. B. die **Break-Even-Analyse** (vgl. Kap. 4.6.6) und die **Deckungsbeitragsrechnung** (vgl. Kap. 4.7). Unter Anwendung dieser Verfahren können typische Controllingaufgaben, wie die Bestimmung von **Preisuntergrenzen** oder die Planung des **Produktionsprogramms**, unterstützt werden (vgl. Kap. 4.7.3).

5.3.3.2 Produktlebenszykluskonzept

Aus dem Bereich des Marketings stammt das Produktlebenszykluskonzept. Bei diesem Ansatz wird davon ausgegangen, dass sich die Nachfrage nach einem Produkt in unterschiedliche Phasen einteilen lässt, für die ein charakteristischer Verlauf von Kosten, Umsatz und Gewinn in einem Diagramm („Lebenszykluskurve") dargestellt werden kann. Es lassen sich folgende Phasen unterscheiden:

- **Vorlauf:** Diese Phase liegt vor dem eigentlichen „Marktzyklus" und bleibt daher im Schrifttum häufig unberücksichtigt. Unter Controlling-Aspekten sollte die Vorlaufphase in die Betrachtung einbezogen werden, da in dieser Phase für das Unternehmen erhebliche Kosten für Produktentwicklung und Produktionsvorbereitung anfallen, ohne dass diesen Kosten Einnahmen gegenüberstehen.

- **Einführung:** Das Produkt wird eingeführt und muss zunächst bekannt gemacht werden; aufgrund der Werbekosten und der noch geringen Umsätze wird kein Gewinn erzielt.

- **Wachstum:** Es setzt eine starke Nachfrage ein, so dass Gewinne erzielt werden. Allerdings treten verstärkt Konkurrenten auf, die das Produkt nachahmen.

- **Reife:** Der Umsatz nimmt zu, doch die Umsatzzuwachszahlen nehmen ab.

- **Sättigung:** Der Markt ist gesättigt, der Umsatz stagniert. Aufgrund des Konkurrenzkampfes sinken die Preise, und die Werbekosten steigen an. Durch gezielte Maßnahmen (Produktdifferenzierung, Verpackungsgestaltung, neues Design) kann versucht werden, diese Phase für das Produkt zu verlängern.

- **Rückgang (Degeneration):** Der Absatz geht ständig zurück, bis das Produkt aufgegeben werden muss.

Abb. 5–7 zeigt den typischen Verlauf von Umsatz und Gewinn für ein Produkt. Der Gewinn lässt sich in Form eines Einnahmenüberschusses oder des Cashflow ausdrücken.

Im Rahmen des Controllings kann das Produktlebenszykluskonzept zur Überwachung des Produktsortiments eines Unternehmens und zur Prognose der Absatzentwicklung eingesetzt werden. Dazu ist für jedes Produkt eine eigene Lebenszykluskurve aufzustellen und ständig fortzuschreiben.

Es ist wichtig, dass das Produktsortiment eines Unternehmens Produkte aus verschiedenen Lebenszyklusphasen enthält. Das Controlling hat eventuelle Mängel in der Lebenszyklusphasenzusammensetzung der Produkte aufzuzeigen und auf Bereiche mit einem Produkt-

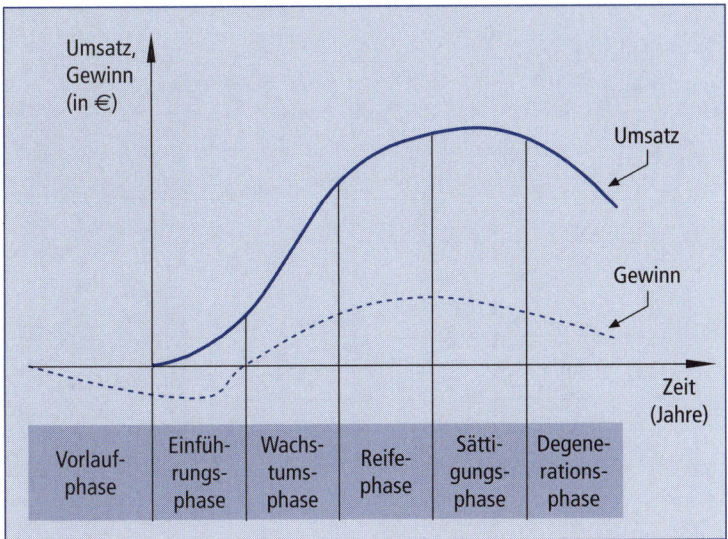

Abb. 5–7: Beispiel für eine Lebenszykluskurve für ein Produkt

innovationsbedarf hinzuweisen. Spätestens, wenn ein Produkt die Reifephase erreicht hat, muss ein Nachfolgeprodukt aufgebaut werden, um das Erfolgspotential des Unternehmens zu erhalten und um Absatzeinbrüche zu vermeiden.

5.3.3.3 Erfahrungskurvenkonzept

Das Erfahrungskurvenkonzept basiert auf dem **Lernkurveneffekt**. Eine Lernkurve verdeutlicht für bestimmte Arbeitsprozesse, dass bei zunehmender Ausbringungsmenge die benötigte Arbeitszeit pro Stück und damit die Produktionskosten pro Stück sinken. Ursache sind Lerneffekte bei den mit der Fertigung betrauten Mitarbeitern durch die wiederholte Ausführung einer Tätigkeit.

Das **Erfahrungskurvenkonzept** erweitert diese Aussage und bezieht neben dem Lerneffekt auch Größendegressionseffekte ein. Mit zunehmender Ausbringungsmenge sind

■ eine rationellere Fertigungsorganisation (Kleinserienfertigung oder Fließbandfertigung),

251

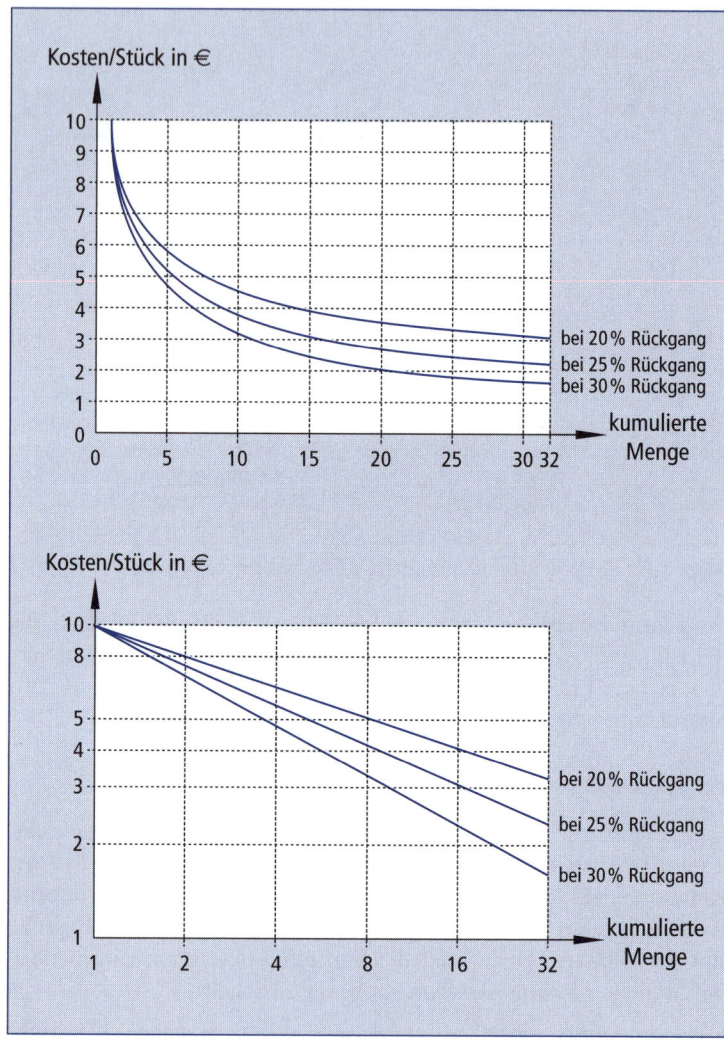

Abb. 5–8: Erfahrungskurven in arithmetischer (oben) und doppel-logarithmischer (unten) Darstellung (Quelle: *Thommen/Achleitner,* Allgemeine Betriebswirtschaftslehre, S. 1018)

- eine sinkende Fixkostenbelastung je Stück (sog. Fixkostendegression) und
- der stückzahlenabhängige Betriebsgrößeneffekt, der auch als „Economies of Scale" bezeichnet wird,

verbunden.

Die Kernaussage des Erfahrungskurvenkonzepts besagt, dass bei bestimmten Produkten bei einer Verdoppelung der kumulierten Produktionsmenge (d. h. der seit Produktionsaufnahme insgesamt hergestellten Produkte) die Stückkosten um einen konstanten Prozentsatz zurückgehen. Er liegt je nach Produktart zwischen 20 und 30 Prozent. Dieser Prozentsatz konnte für verschiedene Produkte, sowohl im industriellen wie auch im Dienstleistungsbereich empirisch nachgewiesen werden. In Abb. 5–8 sind Beispiele für derartige Erfahrungskurven dargestellt; dabei wurde bei dem unteren Diagramm ein doppellogarithmischer Maßstab gewählt, so dass die Kurven zu Geraden werden.

Die Kostensenkung tritt nur bei wertschöpfungsbezogenen Kostenkomponenten auf, d. h. auf Materialkosten hat der Effekt keinen Einfluss. Der Rückgang der Stückkosten tritt nicht automatisch in diesem Umfang auf; er muss durch entsprechende Rationalisierungsmaßnahmen gefördert werden.

Aus dem Erfahrungskurvenkonzept kann die Schlussfolgerung gezogen werden, dass es für ein Unternehmen vorteilhaft ist, mit einem Produkt möglichst schnell große Marktanteile zu erobern, weil durch einen hohen Output die internen Kosten sinken und dadurch Wettbewerbsvorteile erlangt werden können. Das Erfahrungskurvenkonzept lässt sich im Bereich des Marketings, aber auch im Rahmen des Controllings einsetzen, um Preis- und Marktstrategien festzulegen und um Rationalisierungskonzepte zu entwickeln.

5.3.3.4 Portfolio-Analyse

Der Begriff des „Portfolio" oder „Portefeuille" stammt aus dem Bereich des Wertpapier-Managements. Ein Wertpapierdepot sollte so zusammengestellt sein, dass unter Abwägung von Risiken und Erfolgsaussichten eine optimale Mischung verschiedener Wertpapiere vorliegt. Dieser Gedanke wurde auf die Bewertung der Zusammensetzung der Produktpalette oder der Geschäftsfelder eines Unternehmens übertragen.

Das theoretische Fundament der Portfolioanalyse sind das Produktlebenszyklus- und das Erfahrungskurvenkonzept. Nach diesen Konzepten durchwandern Produkte mehrere Lebensphasen, durch die der Gewinn und der Cashflow beeinflusst wird. Durch die Portfolio-Analyse werden diese Informationen verdichtet in übersichtlicher Matrixform dargestellt.

In einer Portfolio-Matrix sind jeweils zwei Entscheidungskriterien gegenübergestellt. Nach dem Aufbau der Matrix und den berücksichtigten Bewertungskriterien lassen sich verschiedene Arten der Portfolio-Analyse unterscheiden. Die wichtigsten Formen von Portfolioanalysen, die von US-amerikanischen Unternehmensberatungen entwickelt wurden, sind:

- Marktwachstum-Marktanteil-Portfolio,

- Marktattraktivität-Wettbewerbsposition-Portfolio und

- Markt-Produktlebenszyklus-Portfolio.

Am bekanntesten ist die bereits 1966 entstandene **Marktwachstum-Marktanteil-Portfolio-Matrix** der Boston Consulting Group. Das Marktwachstum drückt die Attraktivität eines Marktes aus, während der Marktanteil die Wettbewerbssituation des eigenen Unternehmens widerspiegelt. Die einzelnen Produkte oder die Geschäftsfelder des eigenen Unternehmens sind nun in einer Vierfeldermatrix zu positionieren, wobei für jedes Feld durch eine Normstrategie die weitere Vorgehensweise vorgegeben ist. In Abb. 5–9 sind die Matrix und die Bezeichnungen der Felder dargestellt.

Am günstigsten sind Produkte oder Geschäftsfelder zu beurteilen, die in Feld (1) liegen und als „Sterne" (Stars) bezeichnet werden. Sie haben ein hohes Marktwachstum, zugleich ist auch der eigene Marktanteil hoch. Diese Produkte sollen gezielt durch Investitionen gefördert werden. Bei Produkten, die in Feld (2) platziert sind („Melkkühe" oder „Cash Cows"), können die Kostenvorteile durch den hohen eigenen Marktanteil abgeschöpft werden. Der Markt

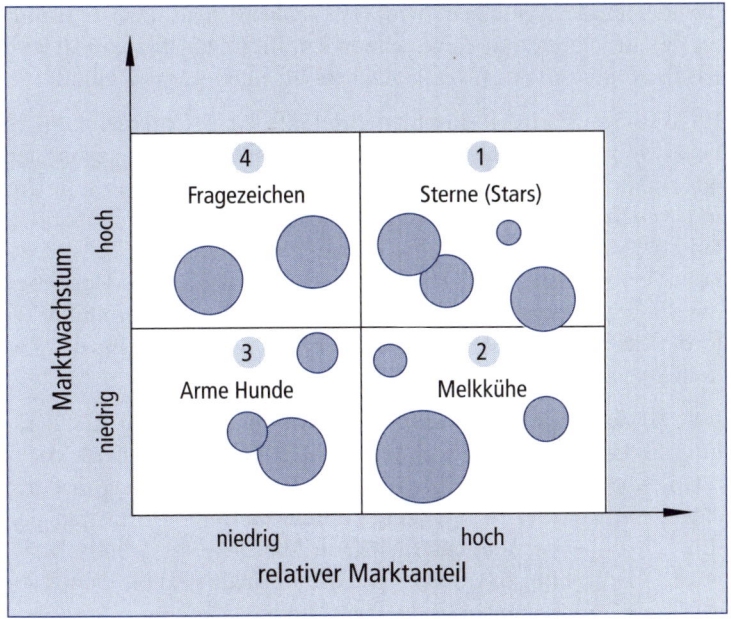

Abb. 5–9: Marktwachstum-Marktanteil-Portfolio

wächst aber nicht mehr, so dass Investitionen in diesem Bereich nicht mehr erfolgen sollten.

Produkte in Feld (3) stellen Problemfälle dar, die aufgegeben werden sollten. Aufgrund des geringen Marktwachstums erscheint die Desinvestition als die richtige Strategie. Derartige Produkte werden auch als „Arme Hunde" („Poor Dogs") bezeichnet.

Schwierig zu beurteilen sind Produkte, die in das Feld (4) fallen. Bei diesen Produkten ist das Marktwachstum zwar hoch, doch die eigene Position schlecht. Sie müssen entweder gezielt gefördert oder aufgegeben werden. Es handelt sich zumeist um Nachwuchsprodukte, die aufgrund ihres unklaren Entwicklungsweges die Bezeichnung „Fragezeichen" („Questionmark") tragen.

Ein Produkt durchwandert im Laufe seines Lebenszyklus die Matrix: Im Idealfall beginnt es als Fragezeichen, wird dann zum Stern, der in der Reifephase „gemolken" wird, um schließlich als „Armer Hund" wieder aus dem Markt zu verschwinden. Im ungünstigsten Fall wird das Produkt direkt vom „Fragezeichen" zu einem „armen Hund".

In Abb. 5–9 sind die einzelnen Produkte eines Unternehmens in Form von Kreisen dargestellt, deren Größe das Umsatzvolumen oder deren Bedeutung für das Unternehmen widerspiegelt. Ein Unternehmen besitzt ein ausgewogenes Portfolio, wenn ein hoher Anteil an „Melkkühen" und an „Sternen" vorhanden ist. Die „Melkkühe" erwirtschaften die Finanzüberschüsse, die für das Überleben des Unternehmens und für Investitionen in die Sternprodukte erforderlich sind. Die Sternprodukte sind die Grundlage für das Zukunftsgeschäft, das aufgebaut werden muss.

Das **Marktattraktivität-Wettbewerbsposition-Portfolio** des Beratungsunternehmens McKinsey ermöglicht eine stärkere Berücksichtigung von qualitativen Kriterien. Durch eine Darstellung in Form einer Neun-Felder-Matrix sind differenzierte Normstrategien möglich als bei der Vierfeldermatrix in Abb. 5–9 (vgl. *Schultz*, Basiswissen Controlling, S. 179 ff.). Das Grundprinzip und die daraus abgeleiteten Empfehlungen sind jedoch ähnlich.

Das **Markt-Produktlebenszyklus-Portfolio** des Beratungsunternehmens Arthur D. Little stellt auf die Phasen des Produktlebenszyklus ab. Die einzelnen Produkte werden nach ihrer Lebenszyklusphase und nach der Wettbewerbssituation eingeordnet.

Neben den genannten Verfahren existiert eine Vielzahl von Modifizierungen und eigenständigen Portfolio-Methoden für spezielle Anwendungsfälle (z. B. Technologie-Portfolio, vgl. *Wurl*, Controlling für technische Führungskräfte, S. 44 ff.). Die meisten Unternehmensberatungsgesellschaften propagieren eigene Portfolioanalyseverfahren, die vom Prinzip alle ähnlich aufgebaut sind.

Portfolio-Matrizen besitzen den Vorteil einer übersichtlichen Darstellung und können für grobe Analysen sinnvoll eingesetzt werden. Durch die Reduktion auf wenige Einflussparameter und die Vorgabe von sehr pauschalen Normstrategien stellen sie jedoch ein sehr einfaches Instrument dar, das durch andere Verfahren ergänzt werden muss.

5.3.3.5 ABC-Analyse

Die ABC-Analyse ist ein **Instrument zur Schwerpunktsetzung**. Sie kann in verschiedenen Bereichen, beispielsweise in der Materialwirtschaft oder beim Zeitmanagement, eingesetzt werden. Im Bereich des Controllings lässt sich die ABC-Analyse zur Identifizierung von Unternehmens- oder Produktbereichen, die näher betrachtet werden müssen, nutzen.

Bei der ABC-Analyse erfolgt eine Einteilung der zu betrachtenden Gegenstände nach ihrer Bedeutung in die drei Kategorien „wichtig" (A-Kategorie), „weniger wichtig" (B-Kategorie) und „unwichtig" (C-Kategorie). Nach der Bezeichnung der drei Kategorien erhielt die ABC-Analyse ihren Namen. In Abb. 5–10 ist eine derartige Aufteilung in Kurvenform dargestellt.

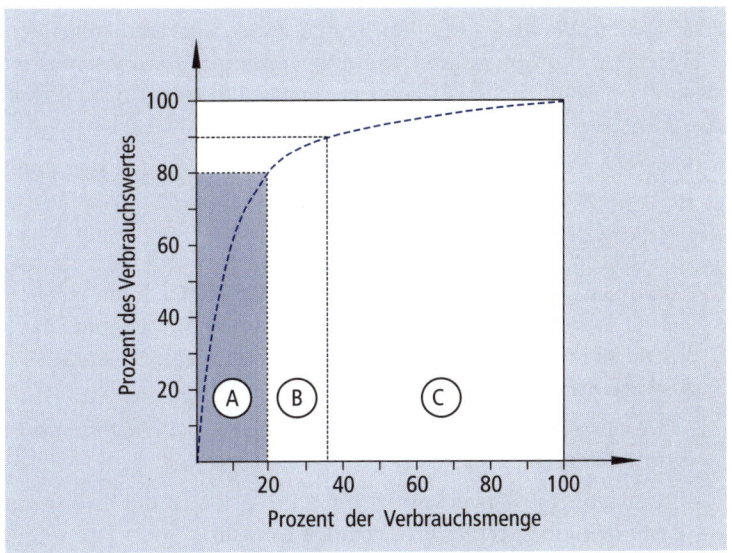

Abb. 5–10: ABC-Analyse: A-, B- und C-Kategorie

Abb. 5–10 verdeutlicht, dass die Analysegegenstände der Kategorie A einen Anteil von etwa 20 Prozent am mengenmäßigen und von 80 Prozent am wertmäßigen Verbrauch besitzen. Dies bedeutet, dass bei einer Konzentration der Controllingaktivitäten auf Untersuchungsgegenstände der Kategorie A der wichtigste Teil des Unternehmens erfasst wird. Die Gegenstände der Kategorie C, die zwar einen hohen mengenmäßigen Anteil besitzen, vom Wert aber kaum ins Gewicht fallen, bleiben bei Analysen und detaillierten Untersuchungen unberücksichtigt. Bei Gegenständen der B-Kategorie ist abzuwägen, mit welcher Intensität eine Analyse erfolgen soll.

5.3.3.6 Investitionsrechnung

Investitionsrechnungen werden durchgeführt, um die Vorteilhaftigkeit und Wirtschaftlichkeit von einzelnen Investitionsentscheidungen zu überprüfen. Als Maßstab dient die durch eine Investition erzielbare Kapitalverzinsung. Dazu werden die Einnahmen, die durch das Investitionsobjekt erzielt werden können, den Investitionsausgaben gegenübergestellt. Zur Ermittlung der Kapitalverzinsung stehen verschiedene Verfahren zur Verfügung, die sich zu den folgenden drei Gruppen von Investitionsrechnungsverfahren zusammenfassen lassen (zur ausführlichen Erläuterung der Verfahren vgl. *Schultz*, Basiswissen Betriebswirtschaft, S. 155 ff.):

- **Statische Verfahren** der Investitionsrechnung: Bei den statischen Investitionsrechnungsverfahren bleibt der zeitliche Aspekt von Ein- und Auszahlungen zur Finanzierung einer Investition unberücksichtigt. Es wird davon ausgegangen, dass jede Periode mit denselben Durchschnittswerten zu belasten ist. Dadurch ergeben sich einfache Verfahren, die aufgrund ihrer Einfachheit und Übersichtlichkeit in der Unternehmenspraxis weit verbreitet sind. Als Verfahren werden

  - Kostenvergleichsrechnung (am günstigsten ist die Investition mit den geringsten Kosten),

  - Gewinnvergleichsrechnung (am günstigsten ist die Investition mit dem höchsten zu erwartenden Gewinn),

  - Rentabilitätsrechnung (am günstigsten ist die Investition mit der höchsten Rentabilität) und

  - Amortisationsrechnung (am günstigsten ist die Investition mit der kürzesten Amortisationszeit)

  unterschieden.

- **Dynamische Verfahren** der Investitionsrechnung: Die dynamischen Verfahren berücksichtigen Ein- und Auszahlungen während der Nutzungsdauer einer Investition, indem Zahlungsreihen gebildet und diese auf- oder abgezinst werden. Als Verfahren lassen sich die Kapitalwertmethode, die interne Zinsfußmethode und die Annuitätenmethode unterscheiden.

- **Simultane Optimierungsmodelle:** Während bei statischen und dynamischen Verfahren der Investitionsrechnung lediglich einzelne Investitionsprojekte betrachtet werden, lassen simultane Optimierungsmodelle die Berücksichtigung aller finanziellen Zusammenhänge zu. Allerdings ist die Erstellung dieser Modelle sehr aufwendig, so dass sie in der Praxis nur wenig eingesetzt werden.

5.3.3.7 Nutzwertanalyse

Die Nutzwertanalyse dient zur Beurteilung von Handlungsalternativen. Im Gegensatz zu den Verfahren der Investitionsrechnung, bei denen eine Beurteilung von verschiedenen (Investitions-)Alternativen auf rein monetärer Basis vorgenommen wird, lassen sich bei der Nutzwertanalyse auch qualitative Größen in den Entscheidungsprozess einbeziehen. Die Beurteilung der einzelnen Kriterien erfolgt über Bewertungspunkte (Scores), die zu einem Gesamtwert zusammengefasst werden. Daher spricht man auch von einem Punktbewertungsmodell oder Scoring-Modell.

Die Nutzwertanalyse eignet sich sowohl zum Vergleich von verschiedenen Realisierungsalternativen oder Projekten als auch zur Beurteilung von Einzelvorhaben. Entscheidungskriterium ist der **Nutzwert**. Diejenige Alternative, für die der höchste Nutzwert ermittelt wird, ist am vorteilhaftesten.

Der Nutzwert wird in einem mehrstufigen Verfahren bestimmt:

- **Festlegung der Beurteilungskriterien:** Die Beurteilungskriterien werden aus den Zielsetzungen und den gestellten Anforderungen abgeleitet. Dabei lassen sich sowohl quantitative als auch qualitative Kriterien berücksichtigen.

- **Festlegung der Kriteriengewichte:** Da nicht alle Kriterien die gleiche Bedeutung haben, ist für jedes Kriterium dessen Einfluss auf die Gesamtentscheidung festzulegen.

- **Bestimmung der Kriterienerfüllung:** Auf einer mehrstufigen Skala (z. B. fünf oder zehn Stufen) wird für jede Alternative und jedes Kriterium der Grad der Kriterienerfüllung in Form eines Punktwertes bestimmt.

- **Errechnen des Nutzwertes:** Der Nutzwert für eine Alternative errechnet sich aus der Aufsummierung der gewichteten Punktwerte.

Der Vorteil der Nutzwertanalyse besteht darin, dass eine Entscheidung systematisch, unter Berücksichtigung von qualitativen Einflussgrößen und unter Einbeziehung eines mehrdimensionalen Zielsystems („Zielvielfalt") getroffen werden kann. Nachteilig ist, dass die Entscheidung wesentlich durch die einbezogenen Kriterien und die Festlegung der Kriteriengewichte bestimmt wird. Damit kann das Ergebnis subjektiv beeinflusst sein, ohne dass dies allen Beteiligten deutlich wird.

5.3.3.8 Profitcenter-Konzept

Zur Beurteilung von Unternehmensteilbereichen und zu deren Steuerung lässt sich das so genannte **„Profitcenter-Konzept"** nutzen. Hierbei werden aus dem Gesamtunternehmen einzelne Bereiche in Form von „Profitcentern" abgegrenzt, die mit den notwendigen Ressourcen ausgestattet sind und die dann relativ eigenständig als „Unternehmen im Unternehmen" geführt werden. Die Abgrenzung von Profitcentern kann sich an bestimmten Produkten, Projekten, Kundengruppen oder Regionen orientieren.

Die Verknüpfung mit dem Gesamtunternehmen geschieht über den „Profit" des Teilbereichs, also durch die Vorgabe von zu erzielenden Periodengewinnen, von zu erwirtschaftenden Deckungsbeiträgen oder der Optimierung von Kenngrößen (wie z. B. des „Return on Investment", vgl. Kap. 3.7). Der Weg, der zur Erreichung der Zielvorgaben beschritten wird, kann von den Profitcenter-Managern selbstständig gewählt werden. An die Stelle einer zentralistischen Steuerung des Unternehmens treten dadurch dezentrale Organisationsstrukturen mit einer dezentralen Gewinnverantwortung. Derartige eigenverantwortlich geleitete Unternehmensteilbereiche werden auch als „Responsibility Center" bezeichnet.

Eine Umsetzung dieses Konzeptes ist nur möglich, wenn Kosten und Erlöse des Unternehmens auch verursachungsgerecht dem Profitcenter und seinen Leistungen zugerechnet werden können. Das setzt das Bestehen einer leistungsfähigen Kostenstellenrechnung voraus, wobei mehrere Kostenstellen zu einem Profitcenter zusammengefasst werden. Ferner sollten alle Größen, die das Periodenergebnis des Profitcenters beeinflussen, weitgehend durch Entscheidungen des Profitcenter-Managements beeinflussbar sein.

Günstige Voraussetzungen für die Anwendung des Profitcenter-Konzepts liegen bei Unternehmen mit Spartenorganisation vor, wenn die Sparten jeweils einen eigenen Beschaffungs- und Absatzmarkt besitzen und zudem unabhängig von anderen Bereichen des Unternehmens sind. Jede Sparte kann dann als Profitcenter geführt werden. Schwieriger ist die Umsetzung des Profitcenter-Konzepts, wenn starke innerbetriebliche Leistungsverflechtungen vorliegen. Hierbei besteht das Problem, dass fiktive Verrechnungspreise für die Verrechnung der Leistungen festgesetzt werden müssen, die eventuell nicht den tatsächlichen Marktpreisen entsprechen. Ist ein Profitcenter gezwungen, bestimmte Leistungen innerbetrieblich zu nicht marktgerechten Preisen „einzukaufen", schränkt das die Entscheidungsfreiheit des Profitcenter-Managements ein; dies kann zu Konflikten führen, wenn die zu zahlenden innerbetrieblichen Verrechnungspreise höher sind als entsprechende Angebote von Lieferanten außerhalb des Unternehmens. Ein ähnlicher Effekt tritt ein, wenn das Profitcenter-Management aus gesamtunternehmenspolitischen Überlegungen gezwungen ist, bei bestimmten Lieferanten einzukaufen.

Aus dieser Problematik werden die beiden gegenläufigen Grundbedingungen eines Profitcenters deutlich: Zum einen bildet die Unabhängigkeit des Profitcenter-Managements einen wesentlichen Bestandteil des Konzepts. Zum anderen müssen die Ziele, die durch das Profitcenter verfolgt werden, vereinbar („kompatibel") mit den übergeordneten Unternehmenszielen sein. Ansonsten besteht die Gefahr, dass die einzelnen Profitcenter gegeneinander arbeiten und dadurch die einzelnen Bereiche des Unternehmens auseinanderdriften.

Als Vorteile des Profitcenter-Konzepts gelten die

- Steigerung der Motivation der Profitcenter-Mitarbeiter durch die größere Eigenverantwortung,

- Entlastung des Top-Managements von operativen Aufgaben sowie die

- Schaffung von kleinen, überschaubaren Organisationseinheiten, die eine größere Marktnähe, eine höhere Flexibilität und schnellere Reaktionsmöglichkeiten besitzen.

Problematisch ist die Koordination zwischen den einzelnen Profitcentern und dem Gesamtunternehmen, die eher kurzfristige Gewinnorientierung des Profitcenter-Managements sowie die einseitige Ausrichtung auf wenige Steuergrößen.

5.3.4 Budgetierung

Unter **Budgetierung** wird die Aufstellung eines Budgets verstanden. In der Betriebswirtschaftslehre bildet ein **Budget** einen kurzfristigen Plan, durch den einem Verantwortungsbereich (z. B. einer Kostenstelle) Ressourcen (Finanzmittel, Personal, u. a.) für eine Abrechnungsperiode verbindlich zugewiesen werden. Im Rahmen von Budgets können Ausgaben, Kosten oder Umsätze, aber auch die zur Verfügung stehende personelle Kapazität festgelegt werden.

Durch die Budgetierung werden die Unternehmensziele und die Vorgaben der Unternehmensführung in quantitative Größen überführt und damit operationalisiert. Über die Zuweisung von Mitteln im Rahmen eines Budgets können bestimmte Unternehmensbereiche gefördert, andere hingegen zurückgesetzt werden. So lässt sich das Verhalten der einzelnen Unternehmensbereiche wirkungsvoll und zielgerecht steuern und kontrollieren. In Form von regelmäßigen **Budgetkontrollen** ist zu überprüfen, ob die Vorgaben tatsächlich eingehalten werden. Abweichungen sind zu analysieren.

Nach der **Geltungsdauer** lassen sich Monats-, Quartals-, Jahres- und Mehrjahresbudgets unterscheiden, wobei die Fristigkeit in Abhängigkeit von der Kostenstelle festgelegt werden sollte. So sind für Forschungs- und Entwicklungsbereiche Jahresbudgets anzusetzen, während bei Fertigungsabteilungen Monatsbudgets üblich sind. Bei größeren Schwankungen von Produktion oder Umsatz zwischen den Monaten eines Jahres sollte die Budgetierung dieser Bereiche monatlich erfolgen und nicht etwa durch eine Zwölftelung eines Jahresbudgets ermittelt werden.

Durch das Zusammenführen der Einzelbudgets der einzelnen Organisationseinheiten zu einem Unternehmensgesamtbudget besitzt die Budgetierung eine Koordinationsfunktion. Das Gesamtbudget bildet ein System, das das Unternehmen vollständig und differenziert abbildet. Zur Festlegung eines Budgets sind verschiedene Vorgehensweisen denkbar, die im Folgenden vorgestellt werden.

5.3.4.1 Hierarchische Budgetierung

Bei einer hierarchischen Budgetierung wird das Budget ohne Beteiligung der betroffenen Abteilungen nach dem Top-Down-Verfahren erstellt. Den einzelnen Unternehmensbereichen werden Budgets zugewiesen, die dann weiter auf niedrigere Organisationseinheiten aufgeteilt werden.

Durch eine hierarchische Budgeterstellung wird erreicht, dass die Ziele des Unternehmens und die Vorgaben der Unternehmensleitung im Budget Berücksichtigung finden. Diese Vorgehensweise ist für kleinere Unternehmen geeignet, die überschaubar sind, so dass die Budgeterstellung durch eine zentrale Stelle erfolgen kann.

Bei größeren Unternehmen treten Probleme auf, da die tatsächlichen Notwendigkeiten und Erfordernisse auf unteren Budgetierungsebenen aufgrund der komplexen Strukturen und Zusammenhänge nur unzureichend berücksichtigt werden, so dass es zu erheblichen Fehlplanungen kommen kann. Zudem wirkt es für die Entscheidungsträger auf unteren Ebenen demotivierend, wenn sie keine Mitwirkungsmöglichkeiten besitzen.

Deutlich wird der Nachteil einer hierarchischen Budgetierung am Beispiel des öffentlichen Haushaltswesens, aus dem der Grundgedanke der Budgetierung ursprünglich stammt. Dort werden die zur Verfügung stehenden Mittel den einzelnen Dienststellen häufig durch den Gesetzgeber (d. h. das Parlament) nach dem Top-Down-

Prinzip vorgegeben. Die Mittel sind starr nach Einnahmen- und Ausgabentiteln gegliedert, die nicht miteinander verrechnet werden können. Dies kann dazu führen, dass im letzten Quartal eines Jahres für bestimmte Aufgaben keine Mittel mehr zur Verfügung stehen, während in anderen Bereichen überschüssige Mittel verpulvert werden.

5.3.4.2 Budgetierung im Gegenstromverfahren

Bei der Budgetierung im Gegenstromverfahren erfolgt zunächst eine Top-Down-Vorgabe von Eckwerten, Planungsprämissen oder von vorläufigen Budgetansätzen, auf deren Basis Teilbudgets und Detailplanungen dezentral auf unteren Unternehmensebenen erstellt werden können. Dabei erfolgt die Aufstellung der Teilbudgets durch die zuständigen Verantwortungsträger (z. B. Abteilungs- oder Kostenstellenleiter). Das Controlling hat die Aufgabe, die erforderlichen Informationen und Planungsinstrumente zur Verfügung zu stellen.

Anschließend werden die Teilbudgets zentral zu einem Unternehmensbudget zusammengefasst. Unstimmigkeiten zwischen den Teilplänen sind unter Beteiligung der betroffenen Entscheidungsträger auszuräumen. Die Koordination der Teilbudgets zu einem Gesamtbudget ist ein aufwendiger Prozess, der häufig mehrere Durchgänge („Iterationsschleifen") benötigt. Damit durch eine Gegenstromplanung termingerecht ein Budget erstellt wird, ist ein frühzeitiger Beginn sowie eine genaue Terminierung der einzelnen Budgetierungsschritte erforderlich.

5.3.4.3 Zero-Base-Budgeting

Die Festlegung der Budgetansätze für eine neue Periode orientiert sich häufig an vorangegangenen Budgetansätzen, die fortgeschrieben werden. Das führt zu Inflexibilität, zur Fortschreibung von früheren Planungsfehlern und damit zur Unwirtschaftlichkeit.

Zur Beseitigung dieser Unwirtschaftlichkeit und zur Senkung der Gemeinkosten wurde das Zero-Base-Budgeting (kurz: ZBB) entwickelt. Durch dieses Budgetierungsverfahren werden die Kostenstellenverantwortlichen dazu gezwungen, ihr Budget immer wieder vollständig neu zu begründen. Dabei wird gedanklich davon ausgegangen, dass das Unternehmen neu zu gründen ist und somit keinerlei Zwänge bestehen (Ausgangsbasis ist die Stufe „Null").

Das ZBB wird im Regelfall nicht für das gesamte Unternehmen, sondern nur für Bereiche, die einen hohen Gemeinkostenanteil aufweisen, angewandt. Unter Verwendung eines neunstufigen Vorgehensschemas sind zunächst die Unternehmensziele zu fixieren und daraus schrittweise Teilaufgaben und ihre Bedeutung für die Zielerreichung herauszuarbeiten. Die Teilaufgaben werden unter Abwägung der Kosten und des Nutzens in eine Rangfolge gebracht, die die Grundlage für die Zuweisung der zur Verfügung stehenden Mittel bildet. Nur für die wichtigsten Teilaufgaben werden finanzielle Mittel bereitgestellt.

Die Durchführung des ZBB ist sehr zeitaufwendig und kann durch die systemimmanente Infragestellung aller Bereiche erhebliche Unruhe in ein Unternehmen bringen. Daher sollte das Verfahren nicht ständig zur Budgetierung angewandt werden. Es dient weniger der kurzfristigen Mitteleinsparung als der Fokussierung des Unternehmens auf die Unternehmensziele. Durch die Einbeziehung von Führungskräften der unteren Hierarchieebenen lassen sich zusätzliche Potentiale nutzen.

5.3.4.4 Gemeinkostenwertanalyse

Die Gemeinkostenwertanalyse ist ein Verfahren, durch das die Budgets von Gemeinkostenstellen, insbesondere im Verwaltungsbereich, gesenkt werden sollen. Ähnlich wie beim Zero-Base-Budgeting erfolgt eine kritische Abwägung der anfallenden Kosten und des Nutzens von einzelnen Unternehmensbereichen. Unter Beteiligung von externen Beratern wird versucht, die Kreativität von Mitarbeitern des betroffenen Unternehmens zum Auffinden von Lösungswegen zu mobilisieren und systematisch (Gemein-)Kosten durch die Verminderung von unnötigen Leistungen zu reduzieren. Das Verfahren setzt sich aus drei **Phasen** zusammen:

- **Vorbereitungsphase:** Schaffung der organisatorischen Grundlage zur Verfahrensdurchführung und der Schulung der Beteiligten.
- **Analysephase:** Im Rahmen der Analysephase werden die Kosten und Leistungen der betrachteten Kostenstelle gegenübergestellt

und in Gruppendiskussionen versucht, Einsparungsmöglichkeiten zu entwickeln. Als Zielvorgabe werden üblicherweise Kosteneinsparungen in Höhe von 40 Prozent vorgegeben. Einsparungen werden insbesondere durch den Wegfall oder die Reduzierung von Leistungen erzielt. Die Entscheidung, welche der herausgearbeiteten Maßnahmen tatsächlich umgesetzt werden, trifft die Unternehmensleitung.

- **Umsetzungsphase:** Realisierung der beschlossenen Maßnahmen und Pläne.

Die Gemeinkostenwertanalyse ist ein effizientes und vielfältig einsetzbares Verfahren zur Ermittlung des vorhandenen Kosteneinsparungspotentials. Bei der Umsetzung der Vorschläge treten häufig Akzeptanzprobleme auf. Dazu trägt auch der Personalabbau bei, der im Regelfall aus den Kosteneinsparungsvorschlägen resultiert.

5.3.4.5 Better Budgeting und Beyond Budgeting

Die traditionellen Verfahren der Budgetierung gemäß Kap. 5.3.4.1 f. stehen immer wieder im Kreuzfeuer der Kritik. Insbesondere wird bemängelt, dass diese Verfahren

- sehr zeitaufwendig (in manchen Unternehmen werden dadurch 50 % der Tätigkeit von Controllingabteilungen gebunden),

- zu teuer,

- unzureichend mit Steuerungsinstrumenten verknüpft (da nur an Finanzzahlen orientiert und nicht an Vergütungssysteme angebunden),

- inputorientiert,

- unflexibel (weil auf ein Jahr festgelegt) und daher

- ineffizient

sind. Deshalb wird gefordert, den Budgetierungsprozess zu verbessern (Better Budgeting, Advanced Budgeting) oder ganz abzuschaffen (Beyond Budgeting).

Im Rahmen des **Better Budgeting** wird versucht, auf die Kritikpunkte einzugehen und einen starren Budgetierungsprozess durch eine flexiblere Vorgehensweise abzulösen. Insbesondere soll die jahresweise Budgetierung durch eine rollierende Quartalsplanung abgelöst werden. Ein weiteres Ziel ist es, den zeitlichen und finanziellen Budgetierungsaufwand zu verringern, beispielsweise durch eine Verminderung des Detaillierungsgrades der Planung.

Die Vertreter des **Beyond Budgeting** (= „jenseits der Budgetierung") gehen radikaler vor: Sie empfehlen, auf traditionelle Budgets ganz zu verzichten. Damit dies funktioniert, ist eine organisatorische und mentale Umorientierung des Unternehmens erforderlich. Hierarchien sind abzubauen, Verantwortung ist konsequent zu delegieren und die lokale Autonomie zu stärken. Durch größtmögliche Transparenz sollen die Mitarbeiter motiviert und Misstrauen beseitigt werden. Investitionsentscheidungen werden dezentral getroffen, die Steuerung der Mittelbereitstellung erfolgt über einen „unternehmensinternen Markt" mit Hilfe eines internen Zinssatzes. Als Hilfsmittel zur Umsetzung dienen Zielvereinbarungen mit den Unternehmensbereichen, monatliche oder quartalsweise Voraussagen („Forecasts") sowie der Einsatz von Controllinginstrumenten wie das Benchmarking (Kap. 5.3.2.5) oder die Balanced Scorecard (Kap. 5.3.5.5).

Während das Better Budgeting als sinnvoller Reformansatz auf breiter Ebene begrüßt wird, gibt es beim Beyond Budgeting eifrige Befürworter und große Skeptiker. Hauptprobleme von Unternehmen, die auf eine Budgetierung verzichten, sind die Abstimmung der einzelnen Unternehmensbereiche, die Nutzung von Synergieeffekten sowie die Liquiditätssicherung. Deshalb ist dieses Verfahren bei Unternehmen mit einem großen Koordinationsbedarf eher ungeeignet.

5.3.5 Informationsversorgung

5.3.5.1 Informationsbedarfsanalyse

Durch **Informationsbedarfsanalysen** wird aufgezeigt, welche Informationen in welchem Umfang für die Erfüllung der vorliegenden Planungs- und Kontrollaufgaben benötigt werden. Fehlende Informationen können die Durchführung der anstehenden Aufgaben ebenso behindern wie ein Überangebot an Informationen. Ein **In-**

formationsüberschuss erschwert nicht nur den Überblick, es werden auch unnötige personelle Ressourcen dadurch vergeudet, dass Arbeitszeit zur Ermittlung, Aufbereitung und Speicherung von später nicht benötigten Informationen aufgewendet wird (vgl. *Schultz*, Projektkostenschätzung, S. 67). Deshalb muss es das Ziel eines Unternehmens sein, aus einem Minimum an verdichteten Informationen ein hinreichend genaues Ergebnis zu erhalten.

Bei Informationen, die das Controlling der Unternehmensleitung oder den Kostenstellenverantwortlichen zuleitet, ist darauf zu achten, dass nur relevante Informationen in einem anwendungsgerechten Verdichtungsgrad präsentiert werden.

Zur Bestimmung des Informationsbedarfs stehen verschiedene Verfahren zur Verfügung. Der Informationsbedarf lässt sich durch eine **Analyse**

- der zu lösenden Aufgaben,

- der ablaufenden Informationsverarbeitungsprozesse,

- der zur Verfügung stehenden Dokumente oder

- von Informationen, die bei vergleichbaren, früheren Problemen benötigt wurden,

ermitteln. Daneben ist es möglich, durch eine Befragung oder eine Beobachtung der Entscheidungsträger deren Informationsbedarf zu bestimmen.

5.3.5.2 Kostenrechnung als Informationsinstrument

Die Kostenrechnung bildet das wichtigste und im Regelfall auch das am besten ausgebaute Informationsinstrument des Controllings. Eine entsprechend gestaltete Kostenrechnung kann sowohl Informationen für die Planung, als auch für die Kontrolle liefern.

Die Kostenrechnung, wie sie im vierten Kapitel dargestellt wird, ist in der Praxis entstanden und durch die Wissenschaft weiterentwickelt. Aus dem umfangreichen Instrumentarium der Kostenrechnung lässt sich ein unternehmensspezifisches Kostenrechnungssystem zusammenstellen. Damit dieses Kostenrechnungssystem als Grundlage für das Controlling dienen kann, sollte es einigen Anforderungen genügen, die im Folgenden (geordnet nach Kostenrechnungsteilgebieten) erläutert werden.

Kostenartenrechnung (vgl. Kap. 4.2): Im Rahmen der Kostenartenrechnung werden die Kosten erfasst. Die Gliederung der Kosten in Kostenarten muss nach einem Schema erfolgen, das eine detaillierte Kostenzurechnung und zugleich eine Kostenaggregation ermöglicht. Durch eine sehr detaillierte Kostenerfassung steigt der Informationsgehalt, aber zugleich auch der Erfassungsaufwand.

Die im Rahmen der Kostenartenrechnung ermittelten Daten müssen so abgelegt werden, dass sie durch das Controlling nutzbar sind. Einem Kostenbetrag sind unterschiedliche Merkmale (betroffene Produktarten, Unternehmensbereiche, Kundengruppen, Absatzgebiete) zuzuordnen, damit später eine Auswertung unter diesen Aspekten erfolgen kann.

Eine besondere Bedeutung für das Controlling besitzt die Aufteilung der Kosten in fixe und variable Bestandteile, da nur dann aussagekräftige Analysen der Veränderung des Beschäftigungsgrads oder der Ausbringungsmengen durchgeführt werden können. Für weitergehende Analysen muss der Fixkostenblock nach der zeitlichen Disponierbarkeit („Abbaubarkeit") gegliedert sein.

Eine weitere wichtige Unterscheidung ist die Aufteilung nach der Zurechenbarkeit der Kosten in Einzel- und Gemeinkosten.

Kostenstellenrechnung (vgl. Kap. 4.3): Durch die Einteilung des Unternehmens in Kostenstellen werden Verantwortungs- und Kontrollbereiche festgelegt, denen die angefallenen Kostenarten zugerechnet werden. Das Controlling hat die angewandten Verfahren zu überwachen und sicherzustellen, dass eine verursachungsgerechte Kostenzurechnung erfolgt. Dazu sind einmal getroffene Prämissen zu überprüfen und an die aktuelle Entwicklung anzupassen.

Die Kostenstellenrechnung bildet für das Controlling die Grundlage für die laufende Überwachung der Kostenstellen, indem die angefallenen Istkosten und die im Rahmen der Budgetierung vorgegebenen Planwerte miteinander verglichen werden. Dazu ist sicherzustellen, dass der Kostenstellenplan das Unternehmen vollständig abbildet und keine Informationslücken bestehen.

Kalkulation (vgl. Kap. 4.4): Die Kalkulation dient zur Ermittlung der Herstell- und der Selbstkosten. Damit bildet sie die Grundlage für die Festlegung der Preisuntergrenze, der Verkaufspreise und für produktbezogene Analysen.

Kurzfristige Erfolgsrechnung (vgl. Kap. 4.5): Zur Ermittlung des Betriebsergebnisses im Rahmen der kurzfristigen Erfolgsrechnung stehen zwei Verfahren, das Gesamt- und das Umsatzkostenverfahren, zur Verfügung. Die produktweise Gliederung, die beim Umsatzkostenverfahren zur Anwendung kommt, besitzt den Vorteil, dass der Anteil, den das einzelne Produkt zum Periodenerfolg beiträgt, deutlich wird. Bei Anwendung des Gesamtkostenverfahrens sind diese Informationen durch eine Sonderrechnung zu ermitteln.

Eine große Bedeutung besitzen für das Controlling auch die **Plankostenrechnung** (Kap. 4.6) und die in deren Rahmen möglichen Abweichungsanalysen. Die Break-Even-Analyse (Kap. 4.6.6) und die **Deckungsbeitragsrechnung** (Kap. 4.7) sind so in das Controlling integriert, dass sie auch als Controllinginstrumente im Rahmen dieses Kapitels hätten vorgestellt werden können.

5.3.5.3 Leistungs- oder Erlösrechnung

Es wäre einseitig, wenn nur die entstehenden Kosten betrachtet würden und Leistungen außer Acht blieben. Jede Ermittlung eines Periodenergebnisses betrachtet neben den Ausgaben, Aufwendungen oder Kosten auch entsprechende positive Größen (vgl. dazu Kap. 1.3). Zur Beurteilung und zur Analyse einzelner Unternehmensbereiche sind Leistungen unverzichtbar.

In einer Vielzahl von Veröffentlichungen wird die Bezeichnung „Kosten- und Leistungsrechnung" angewandt, so dass der Aufbau eines entsprechenden Systems problemlos erscheint. Dieser erste Eindruck täuscht jedoch. Während Aufgaben und Fragestellungen der Kostenrechnung im Schrifttum ausführlich behandelt werden, beschränken sich die Ausführungen zur Leistungsrechnung auf wenige Bereiche. Daher wird in der vorliegenden Veröffentlichung bewusst auf die Bezeichnung „Kosten- und Leistungsrechnung" verzichtet und stattdessen von „Kostenrechnung" gesprochen.

Ursprünglich wurden in der Betriebswirtschaftslehre „Leistungen" als Gegenbegriff zu „Kosten" definiert; in Analogie zum Kostenbegriff (vgl. Kap. 1.3) bildeten Leistungen eine bewertete, sachzielbezogene Gütererstellung. In jüngerer Zeit wird dafür verstärkt der Begriff **„Erlös"** verwendet, während Leistungen als die Mengenkomponente des Erlöses interpretiert werden. Es gilt demnach:

Erlös = Leistung · Wertansatz (z. B. Verkaufspreis)

Konsequenterweise wird dann auch von einer **Erlösrechnung** statt von einer Leistungsrechnung gesprochen, wobei deren Aufbau sowohl in der Praxis als auch in der Theorie eine unbedeutende Rolle im Vergleich zur Kostenrechnung spielt.

Aus Sicht des Controllings besitzen die Erlösrechnung und als deren Grundlage die Leistungsrechnung eine große Bedeutung. Insbesondere im Dienstleistungs- und im Verwaltungsbereich bereitet die Erfassung von Leistungen und deren Bewertung erhebliche Probleme, die durch ein entsprechendes Erfassungs- und Bewertungssystem vermindert werden könnten.

Das Hauptproblem einer Leistungsrechnung stellt die fehlende oder zu grobe Leistungserfassung dar. Daneben bereitet vor allem im Dienstleistungsbereich die Festlegung eines geeigneten Wertansatzes Schwierigkeiten. In diesem Zusammenhang sei als Beispiel auf die Diskussionen zur Bewertung der Leistung von Professoren hingewiesen: Als Mengengröße könnten die Anzahl der Vorlesungsstunden, der betreuten Studenten oder der Veröffentlichungen dienen; doch wie sind diese Größen zu bewerten (d. h. in € umzurechnen), welchen Stellenwert besitzen sie?

Auf ähnliche Weise entziehen sich im Verwaltungs- und Dienstleistungssektor große Bereiche einer Leistungserfassung, da die herkömmlichen Methoden ungeeignet sind. Zum Aufbau einer Leistungsrechnung sind neue Leistungsgrößen festzulegen. Dadurch werden die Bereiche nicht nur transparenter, sie können auch einer Analyse unterzogen und leichter in die Budgetierung einbezogen werden. Durch die Analyse lassen sich Leistungen, die nicht mehr benötigt werden oder die durch externe Lieferanten günstiger erbracht werden können, aufdecken.

Häufig werden Gemeinkostenbereiche in einem Unternehmen von den übrigen Abteilungen als „Wasserkopf" bezeichnet, der nur Kosten verursacht. Durch das Aufzeigen der Leistungen kann dieser Argumentation entgegengewirkt werden. Es wird deutlich, welche für das Gesamtunternehmen notwendigen (Service-)Leistungen erbracht werden, die ansonsten von Dritten eingekauft werden müssten. Das Controlling kann diese Zahlen zu Kostenvergleichen nutzen und notwendige Maßnahmen (Rationalisierung, Ausbau) empfehlen.

5.3.5.4 Kennzahlen und Kennzahlensysteme

Kennzahlen stellen verdichtete betriebswirtschaftliche Informationen dar, die einen raschen Überblick über einen Sachverhalt erleichtern. Sie dienen allen Hierarchieebenen im Unternehmen zur schnellen Information. Daneben erleichtern sie Zeitvergleiche, innerbetriebliche Vergleiche (von verschiedenen Fachabteilungen) und zwischenbetriebliche Vergleiche (z. B. Branchenvergleich). Kennzahlen können eine Vorgabefunktion besitzen, wenn bestimmte Kennzahlenwerte als Vorgabegröße („Richtzahl" oder „Sollgröße") festgesetzt werden. Durch die laufende Überwachung der Kennzahlen lassen sich Abweichungen und Veränderungen frühzeitig registrieren.

Es ist eine Aufgabe des Controllings, die für die Planung und die Kontrolle benötigten Kennzahlen festzusetzen und auszuwerten. Dabei ist auf die Qualität der Kennzahlen zu achten. Die **Qualität einer Kennzahl** hängt von den verarbeiteten Daten, von ihrem Aussagegehalt und von dem theoretischen Hintergrund ab. Kennzahlen mit einem fehlenden oder sogar falschen theoretischen Hintergrund können zu gefährlichen Fehlinterpretationen führen. Dies ist auch möglich, wenn Kennzahlen isoliert ohne Berücksichtigung des Umfeldes oder von qualitativen Einflussgrößen betrachtet werden. Durch eine zu starke Verdichtung der Informationen besteht die Gefahr eines Informationsverlustes.

Kennzahlen lassen sich nach folgenden Gesichtspunkten klassifizieren (vgl. *Reichmann*, Controlling mit Kennzahlen und Management-Tools, S. 20 f.):

- Statistische Form: Nach der statistischen Form lassen sich absolute und relative Kennzahlen unterscheiden. **Absolute Kennzahlen** treten in Form von Einzelkennzahlen (z. B. durchschnittlicher Deckungsbeitrag), Summen (z. B. Bilanzsumme) oder Differenzen auf. **Relative Kennzahlen**, die meist eine höhere Aussagekraft besitzen, stellen Zahlenverhältnisse dar (z. B. Eigenkapitalquote).

- Zielorientierung: Als Kennzahlen, die auf ein bestimmtes Ziel gerichtet sind, lassen sich **Liquiditätskennzahlen** (z. B. Liquiditätsgrade) und **Erfolgskennzahlen** (Rentabilitätskennzahlen wie der Return on Investment) unterscheiden (zu den genannten Kennzahlen vgl. Kap. 3.7).

- Objektbereich: Kennzahlen können sich auf das **Gesamtunternehmen** oder auf **Teilbereiche** (einzelne Sparten, Produktbereiche oder sonstige Organisationseinheiten) beziehen.

- Handlungsbezug: Nach dem Handlungsbezug unterscheidet man normative und deskriptive Kennzahlen. **Normative Kennzahlen** geben Handlungshinweise, während **deskriptive Kennzahlen** lediglich bestimmte Sachverhalte abbilden und einer weitergehenden Interpretation bedürfen.

Aufgrund des begrenzten Aussagegehaltes von Einzelkennzahlen wurde versucht, verschiedene Größen durch einfache mathematische Verknüpfungen (Addition, Multiplikation, Division) zu einem System zusammenzufügen. Ein derartiges, pyramidenförmig aufgebautes System wird als **Kennzahlensystem** bezeichnet.

Ein Kennzahlensystem ist aufgrund der vielfältigen Eingangsgrößen und Abhängigkeiten aussagefähiger als eine Einzelkennzahl. Das bekannteste Kennzahlensystem wurde bereits im Jahre 1919 durch den Chemiekonzern DuPont entwickelt. Als Spitzenkennzahl fungiert der „Return on Investment", die sich in mehreren Stufen aus anderen Verhältniszahlen und absoluten Größen errechnen lässt. Das **DuPont-Kennzahlensystem** ist in Abb. 5–11 dargestellt.

Ein weiteres bekanntes Kennzahlensystem wurde 1969 vom Zentralverband der elektrotechnischen Industrie (ZVEI) entwickelt. Dieses monetär geprägte System ist in die Bereiche „Wachstumsanalyse" und „Strukturanalyse" untergliedert. Es fand auch in anderen Branchen große Zustimmung und ist heute weit verbreitet.

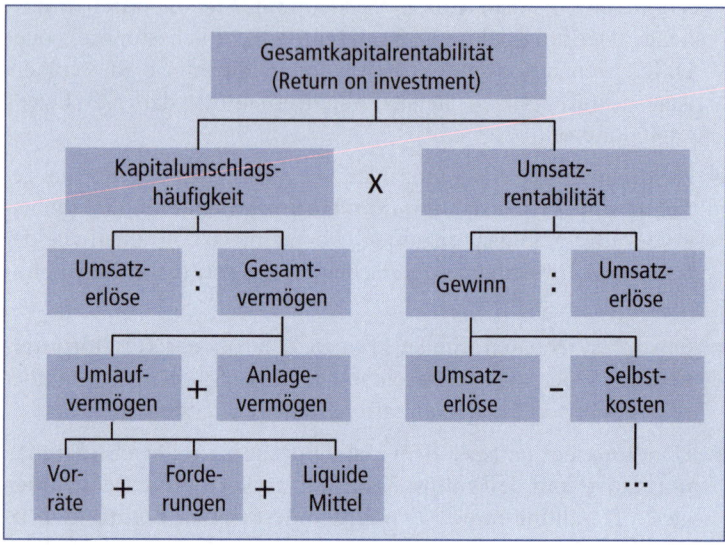

Abb. 5–11: DuPont-Kennzahlensystem

Ein neueres Kennzahlensystem, das einige Unternehmen zur wertorientierten Unternehmenssteuerung einsetzen, ist der „Return on Capital Employed" (**ROCE**), der das Betriebsergebnis (in der Definition des EBIT, vgl. Kap. 3.7) in Verhältnis zum eingesetzten Kapital setzt. Damit wird die Ertragskraft des eingesetzten Kapitals abgebildet. Die Komponenten des ROCE und deren mathematische Verknüpfung sind in Abb. 5–12 dargestellt.

Kennzahlen stellen ein wichtiges Informationsinstrument dar, das eine schnelle Orientierung ermöglicht. Es darf aber nicht übersehen werden, dass durch Kennzahlen und Kennzahlensysteme eine Informationsverkürzung erfolgt. Daher sollten Kennzahlen immer mit einer kritischen Distanz betrachtet und regelmäßig hinterfragt werden, ob sie noch Gültigkeit und ihre Aussage einen Wert besitzen.

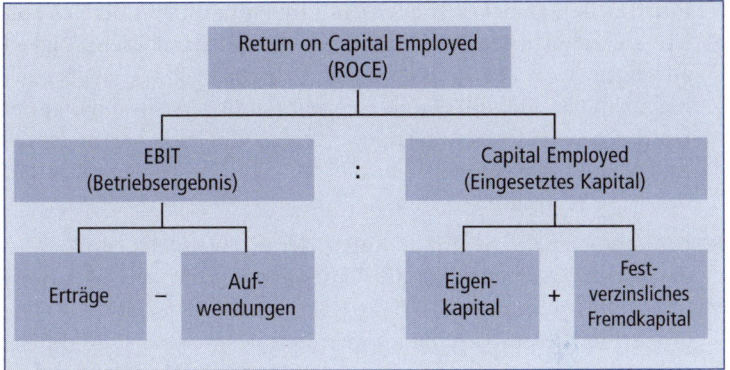

Abb. 5–12: ROCE-Kennzahlensystem

5.3.5.5 Balanced Scorecard

Die „Balanced Scorecard" ist ein kennzahlenbasiertes Informationsinstrument, das Anfang der 1990er Jahre in den USA entwickelt
wurde und sich seitdem stark ausgebreitet hat. Vereinfacht lässt sich
die Balanced Scorecard als ein **Beurteilungsbogen** („Scorecard")
verstehen, mit dem die bedarfsgerechte Informationsversorgung des
Managements sichergestellt werden soll. Auf dem Bogen sind verschiedene Bereiche unterschieden, in denen in einem ausgewogenen
Verhältnis („Balance") **aufeinander abgestimmte Kennzahlen und
Indikatoren** dargestellt werden.

Im Gegensatz zu einem Kennzahlensystem, bei dem überwiegend
finanzielle Kennzahlen in einer hierarchischen, pyramidenförmigen
Struktur angeordnet sind (vgl. Abschnitt 5.3.5.4), wird bei der
Balanced Scorecard versucht, eine ausgewogene Mischung von Er-
gebnis- und Leistungskennzahlen zusammenzustellen. Insbesondere
sollen neben finanziellen Kennzahlen auch qualitative Einflussgrößen und zukunftsorientierte Indikatoren berücksichtigt werden,
die aus den Unternehmenszielen abzuleiten sind. Dabei werden alle
Größen, auch die nicht-finanziellen, auf den finanzwirtschaftlichen
Erfolg des Unternehmens als oberstes Ziel ausgerichtet.

Die im Rahmen der „Scorecard" zusammengestellten Kennzahlen
und Indikatoren lassen sich folgende **vier „Perspektiven"** zuweisen:

- **Finanzielle Perspektive:** Die Kenngrößen in diesem Bereich sollen die finanziellen Auswirkungen der Unternehmenstätigkeit aufzeigen (z. B. Periodengewinn, Betriebsergebnis, aber auch Eigenkapitalrentabilität) und spiegeln damit die Attraktivität des Unternehmens für Kapitalanleger wider. Zugleich bilden sie die Endziele für die Kenngrößen aus den übrigen Perspektiven der Balanced Scorecard.

- **Kundenperspektive:** Im Rahmen der Kundenperspektive wird dargestellt, welchen Platz das Unternehmen auf den relevanten Märkten einnimmt und welche Rolle die Kunden spielen. Kenngrößen in diesem Bereich können beispielsweise die „Marktanteilsentwicklung" oder die „Kundenzufriedenheit" sein.

- **Perspektive der internen Prozesse:** Mit dieser Perspektive wird der Blick auf interne Geschäftsprozesse gelenkt. Dabei sind vor allem die „Kernprozesse" des Unternehmens von Bedeutung, die einen direkten Einfluss auf die Erreichung der Unternehmensziele besitzen.

- **Entwicklungsperspektive:** Um das Wachstumspotential des Unternehmens zu erhalten, ist gezielt das Mitarbeiterpotential, die Motivation und das Informationssystem zu fördern. Diese Maßnahmen sind Investitionen in die Zukunft des Unternehmens, deren Veränderung durch eigene Kennzahlen abgebildet werden sollen.

Die vier Perspektiven stellen die **Grundvariante** einer Balanced Scorecard dar, die in Abb. 5–13 in graphischer Form dargestellt ist. Je nach Art und Branche eines Unternehmens können einzelne Perspektiven wegfallen oder zusätzliche Perspektiven hinzukommen.

Für jede Perspektive sind etwa fünf, höchstens jedoch sieben Kennzahlen oder Indikatoren festzulegen. Jede der einbezogenen Kennzahlen sollte auf ein finanzielles Ziel zurückführbar und zugleich mit der Unternehmensstrategie verknüpft sein, damit die Scorecard nicht ein Sammelsurium von isolierten Größen darstellt, sondern ein zukunftsgerichtetes System bildet.

Die Balanced Scorecard ist ein Informationsinstrument, das eine Orientierung in den bestehenden „Zahlenfriedhöfen" und eine Fokussierung auf die wesentlichen Größen bieten soll. Doch der Im-

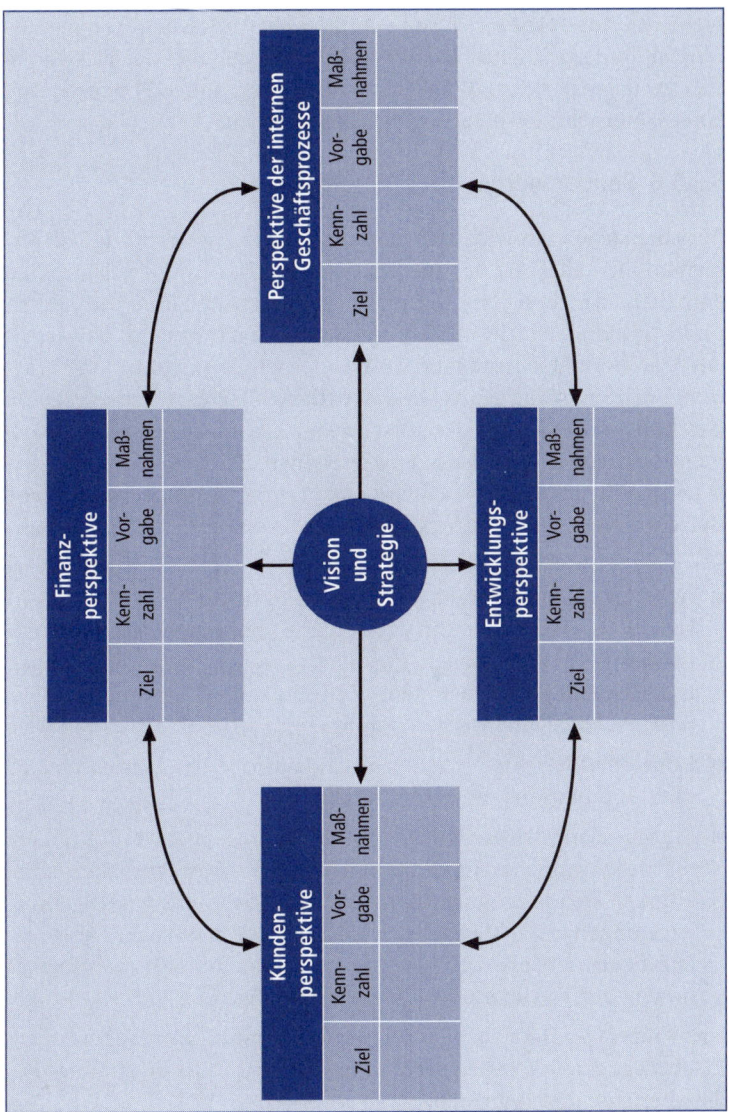

Abb. 5–13: Grundmodell der Balanced Scorecard (Quelle: *Schultz*, Basiswissen Controlling, S. 86)

plementierungsprozess ist aufwendig. Die Anpassung des Verfahrens an unternehmensindividuelle Strukturen und die Festlegung von geeigneten Kenngrößen kann häufig nur unter Hinzuziehung einer Unternehmensberatung bewältigt werden.

5.3.5.6 Berichtswesen

Berichte stellen ein wichtiges Instrument zur Weiterleitung von Informationen aller Art dar. Sie können Kennzahlen und Diagramme enthalten, daneben aber auch Informationen in Form von Texten und Abbildungen, in denen qualitative Sachverhalte dargestellt werden. **Berichtsempfänger** sind Unternehmensexterne oder Unternehmensangehörige. Während **externe Berichte** (wie z. B. ein Geschäftsbericht) die Geschäftstätigkeit des Unternehmens dokumentieren sowie Anteilseigner, Geschäftspartner, Kreditgeber, den Staat und die interessierte Öffentlichkeit informieren, haben **interne Berichte** (wie z. B. ein Verkaufsbericht) zusätzlich folgende Aufgaben zu erfüllen:

- Auslöser für betriebliche Aktivitäten: Berichte über Abweichungen (z. B. Umsatzrückgang) oder über bevorstehende Veränderungen (z. B. Ölpreisanstieg) sollten Aktivitäten der zuständigen Bereiche eines Unternehmens auslösen, damit notwendige Maßnahmen eingeleitet werden können.

- Kontrolle: Berichte erleichtern die Kontrolle des Betriebsablaufs (z. B. Produktions- oder Absatzzahlen).

- Entscheidungsvorbereitung: Durch Statistiken oder Zeitreihen, die neben anderen Informationen in Berichten enthalten sind, können Trends prognostiziert und Hinweise für zukünftige Entwicklungen (z. B. Marktentwicklung) gegeben werden. Diese Daten dienen, ebenso wie zusammengefasste Hintergrundinformationen, der Vorbereitung von Entscheidungen.

Nach ihrem Einsatz im Planungs- und Kontrollprozess und ihrer Erscheinungsweise lassen sich Standard-, Abweichungs- und Bedarfsberichte unterscheiden.

Standardberichte werden regelmäßig erstellt und verteilt, wobei Aufbau und Darstellungsform im Regelfall gleich bleiben. Sie richten sich an einen größeren Personenkreis, jeder Empfänger muss die für ihn relevanten Informationen selbst herausfiltern. **Abweichungsberichte** werden nur dann erstellt, wenn die ermittelten Istwerte bestimmte Toleranzgrenzen überschreiten. Der Berichtsempfänger erhält nur im Ausnahmefall, wenn die Situation es erfordert, einen Bericht. Dies vermindert eine Informationsüberflutung der Entscheidungsträger. **Bedarfsberichte** werden fallweise angefertigt und berücksichtigen den speziellen, zur Lösung einer Aufgabe erforderlichen Informationsbedarf. Entsprechend aufwendig ist ihre Erstellung.

Ein Bericht muss nicht immer in Papierform vorliegen. Im Zeitalter von vernetzten Rechnern erleichtern EDV-gestützte Bildschirm-Dialogsysteme die Informationsversorgung. So können beispielsweise Bedarfsberichte zeitnah und kostengünstig durch den Anfrager selbst über Direktzugriffe auf Datenbanken generiert werden.

Damit die Informationsaufgaben erfüllt werden, sollte das Berichtswesen folgende **Anforderungen** erfüllen:

- Zielorientierung: Berichte sollten sich stets an den Zielen des Unternehmens orientieren.

- Empfängerorientierung: Die Empfängerorientierung des Berichtswesens berührt die **Gestaltung von Berichten**, sowohl in Papier- als auch in elektronischer Form (z. B. Bildschirmmasken). Hierbei ist sicherzustellen, dass zum einen der vorhandene Informationsbedarf gedeckt und zum anderen eine hohe **Benutzerakzeptanz** erzielt wird. Dazu sollte die Informationsmenge auf den Berichtsempfänger zugeschnitten sein, indem eine an die Hierarchiestufe des Berichtsempfängers angepasste Verdichtung der Informationen erfolgt. Dies ist umso leichter möglich, je enger der Adressatenkreis abgesteckt werden kann. Unaufbereitete Zahlenkolonnen („Zahlenfriedhöfe") sollten vermieden werden. Eine klare, schnörkellose Sprache, eine sachliche Darstellung und ein standardisierter, einheitlicher Aufbau der Berichte („**Berichtdesign**") erhöhen deren Akzeptanz ebenso wie graphische Darstellungen, durch die sich Informationen rascher erfassen lassen. Zahlenwerte sollten immer in einen Zusammenhang gestellt werden; so lassen sich Daten durch die Angabe von Vergleichsgrößen

(z. B. Plandaten, Abweichungen oder Vergangenheitsdaten) relativieren und damit besser beurteilen. Auf außergewöhnliche Sachverhalte und Besonderheiten ist ausdrücklich hinzuweisen.

- Ausgewogenheit: Stets muss darauf geachtet werden, dass ein Bericht ausgewogen ist und die Wirklichkeit nicht verzerrt wiedergibt. Trotz aller Verdichtung dürfen weder die „Wahrheit" des Berichtes noch entscheidungsrelevante Informationen verloren gehen.

- Kontinuität: Die Berichterstattung sollte vergleichbar sein, Begriffe sind einheitlich zu verwenden und zu definieren.

- Aktualität: Berichte sollten die größtmögliche Aktualität besitzen.

- Wirtschaftlichkeit: Der Aufwand für die Generierung von Zahlen und Berichten muss sich durch den entstehenden Nutzen rechtfertigen lassen.

Der letzte Aspekt gilt nicht nur für das Berichtswesen, sondern auch für das Controlling, die Kostenrechnung und für das Rechnungswesen insgesamt. Die Informationswirtschaft soll zum einen die Effizienz des Unternehmens sicherstellen, unterliegt zum anderen aber selbst Kosten-Nutzen-Betrachtungen: Ein guter Controller hat auch die **„Kosten der Kostenrechnung"** (und die des gesamten Rechnungswesens) stets kritisch zu hinterfragen!

Literaturempfehlungen zum Thema „Controlling"

Horváth, Péter: Controlling. 11. Auflage. München: Vahlen 2009
Küpper, Hans-Ulrich: Controlling. 5. Auflage. Stuttgart: Schäffer-Poeschel 2008
Reichmann, Thomas: Controlling mit Kennzahlen und Management-Tools. 7. Auflage. München: Vahlen 2006
Schultz, Volker: Basiswissen Controlling – Instrumente für die Praxis. München: Beck-Wirtschaftsberater im dtv, Band 50907, 2010.
Weber, Jürgen/Schäffer, Utz: Einführung in das Controlling. 12. Auflage. Stuttgart: Schäffer-Poeschel 2008
Ziegenbein, Klaus: Controlling. 9. Auflage. Ludwigshafen: Kiehl 2007

Literaturverzeichnis

Aufgeführt ist die zitierte sowie die im Anschluss an die einzelnen Kapitel empfohlene Literatur.

Coenenberg, Adolf Gerhard/ Haller, Axel/ Schultze, Wolfgang: Jahresabschluss und Jahresabschlussanalyse. 21. Auflage. Landsberg/Lech: Verlag Moderne Industrie 2009

Eisele, Wolfgang: Technik des betrieblichen Rechnungswesens. 7. Auflage. München: Vahlen 2002.

Förschle, Gerhart; Holland, Bettina; Kroner, Matthias: Internationale Rechnungslegung: US-GAAP, HGB und IAS. 6. Auflage. Bonn: Economia 2003.

Herrling, Erich; Mathes, Claus: Der Buchführungs-Ratgeber. 5. Auflage. München: Beck-Wirtschaftsberater im dtv Band 5836, 2006.

Horváth, Péter: Controlling. 11. Auflage. München: Vahlen 2009.

Institut der deutschen Wirtschaft (Hrsg.): Deutschland in Zahlen, Ausgabe 2010. Köln: Deutscher Institutsverlag 2010.

Kloock, Josef; Sieben, Günter; Schildbach, Thomas; Homburg, Carsten: Kosten- und Leistungsrechnung. 9. Auflage. Stuttgart: UTB 2005.

Küpper, Hans-Ulrich: Controlling. 5. Auflage. Stuttgart: Schäffer-Poeschel 2008.

Olfert, Klaus: Kostenrechnung. 14. Auflage. Ludwigshafen: Kiehl 2005.

Quick, Reiner/Wolz, Matthias: Bilanzierung in Fällen: Grundlagen, Aufgaben und Lösungen nach HGB und IFRS. 4. Auflage. Stuttgart: Schäffer-Poeschel 2009

Reichmann, Thomas: Controlling mit Kennzahlen und Management-Tools. 7. Auflage. München: Vahlen 2006.

Riebel, Paul: Einzelkosten- und Deckungsbeitragsrechnung. 7. Auflage. Wiesbaden: Gabler 1994.

Scheffler, Eberhard: Bilanzen richtig lesen. 8. Auflage. München: Beck-Wirtschaftsberater im dtv Band 5827, 2009.

Schöttler, Jürgen; Spulak, Reinhard: Technik des betrieblichen Rechnungswesens. 10. Auflage. München, Wien: Oldenbourg 2009.

Schultz, Volker: Basiswissen Betriebswirtschaft. Management, Finanzen, Produktion, Marketing. 3. Auflage. München: Beck-Wirtschaftsberater im dtv Band 50863, 2008.

Schultz, Volker: Basiswissen Controlling. Instrumente für die Praxis. München: Beck-Wirtschaftsberater im dtv Band 50907, 2010.

Schultz, Volker: Projektkostenschätzung. Wiesbaden: Gabler 1995.

Schweitzer, Marcell; Küpper, Hans-Ulrich: Systeme der Kosten- und Erlösrechnung. 9. Auflage. München: Vahlen 2008.

Tanski, Joachim S.: Internationale Rechnungslegungsstandards. IFRS/IAS Schritt für Schritt. 3. Auflage. München: Beck-Wirtschaftsberater im dtv Band 50852, 2010.

Thommen, Jean-Paul; Achleitner, Ann-Kristin: Allgemeine Betriebswirtschaftslehre. 6. Auflage. Wiesbaden: Gabler 2009.

Weber, Jürgen; Schäffer, Utz: Einführung in das Controlling. 12. Auflage. Stuttgart: Schäffer-Poeschel 2008.

Wöhe, Günter: Einführung in die Allgemeine Betriebswirtschaftslehre. 23. Auflage. München: Vahlen 2008.

Wurl, Hans-Jürgen: Controlling für technische Führungskräfte. Weinheim: Wiley-VCH 2005.

Ziegenbein, Klaus: Controlling. 9. Auflage. Ludwigshafen: Kiehl 2007.

Sachverzeichnis

E

F

Betriebs- und Volkswirtschaft, Wirtschaftsrecht

Fragen und Antworten für das Management

Starthilfen für Unternehmer

Bonnemeier
Praxisratgeber Existenzgründung
Erfolgreich starten und auf Kurs bleiben.
Wirtschaftsberater
3. Aufl. 2010. 702 S.
€ 19,90. dtv 50874
Konkrete Handlungsempfehlungen für alle Phasen der Existenzgründung.

Weißer
Endlich selbstständig!
Ratgeber für die erfolgreiche Existenzgründung.
Rechtsberater
1. Aufl. 2010. 250 S.
€ 16,90. dtv 50701
Der Ratgeber klärt zuverlässig alle Fragen, die sich die Existenzgründer stellen und erläutert zudem, welche finanziellen Möglichkeiten und Hilfen es gibt und wie man diese optimal nutzt. Mit zahlreichen Beispielen aus der Praxis.

Waldner/Wölfel
So gründe und führe ich eine GmbH
Vorteile nutzen · Risiken vermeiden.
Rechtsberater
9. Aufl. 2009. 252 S.
€ 10,90. dtv 5278
Haftungsbeschränkung, Gründungsvoraussetzungen, Vertragsgestaltung, Geschäftsführer, Gesellschafterversammlung, Liquidation, Steuer- und Kostenrecht.

Kühn
GmbH-Geschäftsführer
Pflichten, Anstellung, Haftung, Haftungsvermeidung, Abberufung und Kündigung.
Rechtsberater
1. Aufl. 2009. 217 S.
€ 15,90. dtv 50703
Das notwendige rechtliche Wissen für den Geschäftsführer vom Anstellungsvertrag über Haftungsvermeidung bis zur Abberufung. Mit vielen Beispielen, Tipps und Mustern

Weisbach/Sonne-Neubacher
**Unternehmensethik
in der Praxis**
Vorgaben und Richtlinien sinnvoll und zielführend umsetzen.
Wirtschaftsberater
1. Aufl. 2009. 221 S.
€ 14,90. dtv 50922

Ethisch orientierte Führung ist ohne wirksame Handlungsvorgaben nicht möglich. Wie es gelingt, Vorgaben und Richtlinien sinnvoll, zielführend und frei von Widersprüchen zu gestalten, zeigt der neue Wirtschaftsberater.

Ottersbach
Der Businessplan
Praxisbeispiele für Unternehmensgründer und Unternehmer.
Wirtschaftsberater
2. Aufl. 2011. Rd 250 S.   **Neu**
Ca. € 12,90. dtv 50875
In Vorbereitung für Frühjahr 2011

Funktion, Inhalt und Darstellungsform eines Businessplans werden anhand zahlreicher Beispiele erläutert.

Girlich/Maier/Steindl
**Steuerwissen
für Existenzgründer**
Praktische Tipps zu Steuern, Recht und Sozialversicherung.
Wirtschaftsberater
5. Aufl. 2009. 349 S.
€ 19,90. dtv 50831

Die Autoren zeigen Gefahren und Tücken des komplizierten Steuerrechts auf und helfen mit verständlichen Anregungen, Beispielen und Checklisten, häufige Fehler in der Startphase zu vermeiden.

Buchhaltung, Rechnungswesen, Controlling

Herrling/Mathes
Der Buchführungsratgeber
Grundlagen und Beispiele.
Wirtschaftsberater   **Neu**
6. Aufl. 2011. Rd. 380 S.
Ca. € 12,90. dtv 5836
In Vorbereitung für Februar 2011

Dieser Band vermittelt die Grundlagen in anschaulicher Form, anhand konkreter Beispiele werden auch komplexe Buchungen verständlich erklärt.

Jossé
Basiswissen Kostenrechnung
Kostenarten, Kostenstellen, Kostenträger, Kostenmanagement.
Wirtschaftsberater   **Toptitel**
5. Aufl. 2008. 266 S.
€ 10,–. dtv 50811

Buchhaltung, Rechnungswesen, Controlling
Die bewährten Systeme der Kostenrechnung.

Schultz
Basiswissen Rechnungswesen
Buchführung, Bilanzierung, Kostenrechnung, Controlling.
Wirtschaftsberater   **Toptitel**
6. Aufl. 2011. 316 S.   **Neu**
€ 11,90. dtv 50815
Neu im Januar 2011

Grundlagen der Unternehmensführung. Dieser Überblick über das gesamte betriebliche Rechnungswesen zeigt mit Beispielen und Übersichten die Verzahnung von Buchführung, Bilanzierung, Kostenrechnung und Controlling.

Scheffler
Lexikon der Rechnungslegung
Buchführung, Finanzierung,
Jahres- und Konzernabschluss
nach HGB und IFRS.
Wirtschaftsberater
2. Aufl. 2007. 502 S.
€ 15,–. dtv 50814

Dieses Lexikon ist Nachschlage-
werk und Ratgeber für alle
Fragen zur Darstellung und
Beurteilung der Vermögens-,
Finanz- und Ertragslage von
Unternehmen und Konzernen.

Tanski
**Internationale Rechnungs-
legungsstandards**
IFRS/IAS Schritt für Schritt.
Wirtschaftsberater
3. Aufl. 2010. 399 S.
€ 19,90. dtv 50852

Viele Beispiele und grafische
Übersichten machen das Ver-
ständnis der IAS (International
Accounting Standards) leicht
und zeigen die markanten
Unterschiede zur HGB-
Bilanzierung.

Scheffler
Bilanzen richtig lesen
Rechnungslegung nach HGB
und IAS/IFRS.
Wirtschaftsberater `Toptitel`
8. Aufl. 2009. 265 S.
€ 11,90. dtv 5827

Bilanz, Bewertung, Gewinn-
und Verlustrechnung, Bilanzanalyse, Bilanzpolitik.

Schneck
Rating
Wie Sie Ihre Bank überzeugen.
Wirtschaftsberater
2. Aufl. 2008. 258 S.
€ 12,50. dtv 50871

Wie läuft ein Rating ab, welche
Kriterien sind maßgeblich, und
wie kann man sich als Unter-
nehmen darauf vorbereiten?
Mit Beispielen, Fällen und
Anwendungsberichten.

Witt
Controlling-Lexikon
Von ABC-Analyse bis Zwischen-
bericht.
Wirtschaftsberater
1. Aufl. 2002. 907 S.
€ 24,–. dtv 50851

Schultz
Basiswissen Controlling
Instrumente für die Praxis.
Wirtschaftsberater `Toptitel`
1. Aufl. 2010. 278 S.
€ 12,90. dtv 50907

Von der Informationsver-
sorgung über operative
Planungs- und Kontrollinstru-
mente bis hin zu Analyse- und
Prognosemethoden stellt das
Buch die ganze Palette der
Verfahren vor.

Horváth & Partners
Das Controllingkonzept
Der Weg zu einem wirkungs-
vollen Controllingsystem.
Wirtschaftsberater `Toptitel`
7. Aufl. 2009. 360 S.
€ 14,90. dtv 5812

Wie setzt man Controlling in
die Praxis um? Arbeitsschritte
und Fallbeispiele.

Management und Marketing

Rittershofer
Wirtschafts-Lexikon
Über 4000 Stichwörter für
Studium und Praxis.
Wirtschaftsberater Toptitel
4. Aufl. 2009. 1103 S.
€ 24,90. dtv 50844

Schneck
**Lexikon der
Betriebswirtschaft**
3500 grundlegende und aktuelle
Begriffe für Studium und Beruf.
Wirtschaftsberater Toptitel
8. Aufl. 2011. Rd. 1100 S. Neu
Ca. € 19,90. dtv 5810
In Vorbereitung für März 2011

Schultz
**Basiswissen
Betriebswirtschaft**
Management, Finanzen, Produk-
tion, Marketing.
Wirtschaftsberater Toptitel
3. Aufl. 2008. 329 S.
€ 10,–. dtv 50863
Das Buch bietet einen
Überblick über die gesamte
Betriebswirtschaft und ist glei-
chermaßen Nachschlagewerk
wie Handbuch für Studium
und Praxis.

Schäfer
**Management & Marketing
Dictionary**
Englisch–Deutsch/
Deutsch–Englisch.
Wirtschaftsberater
3. Aufl. 2004. 768 S.
€ 19,50. dtv 50887
26000 Stichwörter.

Becker
Das Marketingkonzept
Zielstrebig zum Markterfolg!
Wirtschaftsberater Toptitel
4. Aufl. 2010. 252 S.
€ 9,90. dtv 50806
Die notwendigen Schritte für
schlüssige Marketingkonzepte,
systematisch und mit Fallbei-
spielen.

Röthlingshöfer
Mundpropaganda-Marketing
Was Unternehmen wirklich
erfolgreich macht.
Wirtschaftsberater Toptitel
1. Aufl. 2008. 217 S.
€ 10,–. dtv 50914
Alles über die Grundlagen, das
aktuelle Wissen mit Erfolgs-
beispielen, Checklisten und
praxisnahen Tipps.

Wissmeier
**Marketing mit kleinem
Budget**
Der Praxisratgeber für Selbst-
ständige, kleine und mittlere
Unternehmen.
Wirtschaftsberater Toptitel
1. Aufl. 2010. 145 S.
€ 12,90. dtv 50908
Marktinformationen,
Marktstrategien, Marketing-
Instrumente, Marketing-Mix,
Marketingbudget, Marketing-
plan, Erfolgskontrolle,
Erfolgsfaktoren.